AF332372

DICTIONNAIRE

DU

TIMBRE

DES

QUITTANCES, REÇUS ET DÉCHARGES

PAR MM.

PAUL DUCROQUET
1er Commis de Direction

ÉMILE ASTRIÉ
Vérificateur

DE L'ENREGISTREMENT, DES DOMAINES ET DU TIMBRE

LÉGISLATION — JURISPRUDENCE

PARIS

DELAMOTTE & FILS, ÉDITEURS

Administrateurs du Répertoire général
et du Répertoire périodique de l'Enregistrement

9 — RUE CHRISTINE-DAUPHINE — 9

1873

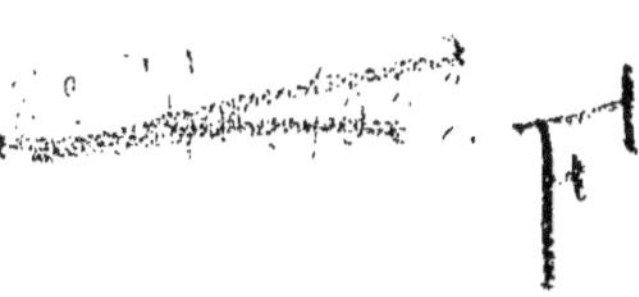

AVERTISSEMENT

~~~~~~~~~

L'impôt du timbre sur les quittances, reçus et décharges, *établi par l'article 18 de la loi du 23 août 1871, présente un caractère d'universalité qui le distingue de tous les autres impôts. Il s'applique aux actes les plus élémentaires et les plus fréquents de la vie civile. S'il importe au particulier de se familiariser avec les principes qui le régissent, le négociant, le banquier et l'homme d'affaires doivent, en outre, connaître les divers cas dans lesquels son application offre de sérieuses difficultés.*

Mais c'est surtout aux comptables publics, qu'il est indispensable d'avoir une connaissance complète de la législation nouvelle et des décisions, déjà si nombreuses, qui l'ont interprétée.

Nous avons donc pensé être utiles à bien des personnes, et en particulier à nos camarades, en publiant un ouvrage qui renferme, — sous forme de dictionnaire, — l'ensemble des lois, règlements, instructions et décisions spéciales relatives au timbre des quittances, reçus et décharges.

L'ordre dictionnairique adopté permet de trouver, sans aucune perte de temps, la disposition législa-
~~~~~~~~~

tive que l'on désire consulter, ou la solution rendue sur une question particulière.

On a reproché à certains dictionnaires de renvoyer trop souvent d'un mot à un autre et de rendre ainsi les recherches longues et fatigantes. Pour éviter ces inconvénients, nous n'avons pas hésité à reproduire les mêmes décisions aux différents titres sous lesquels la recherche peut en être faite.

Les questions relatives aux récépissés de chemins de fer nous ont paru avoir avec notre sujet une assez grande connexité pour être traitées dans le même livre. Nous n'avons pas cru, non plus, sortir de notre cadre en mentionnant les divers cas dans lesquels les comptables de deniers publics doivent faire usage du timbre spécial de 25 centimes, établi par l'article 4 de la loi du 8 juillet 1865.

Nous prévenons une fois pour toutes, que si une quittance est indiquée comme étant passible du timbre de 10 centimes ou de 25 centimes, il est entendu qu'il s'agit d'une quittance de plus de 10 francs.

Nous avons réuni en appendice, à la fin du volume :

1° Un extrait du rapport fait à l'Assemblée nationale, le 20 juillet 1871, par M. Mathieu Bodet;

2° Un extrait de la discussion (séance du 22 août 1871);

3° Les textes législatifs, annotés avec soin des dispositions anciennes demeurées en vigueur;

4° Enfin, les décrets, règlements d'administration

publique et arrêtés rendus pour assurer l'exécution de la loi.

Ces documents seront un précieux commentaire pour ceux qui voudront se pénétrer de l'esprit et de la portée de la nouvelle législation.

Nous avons l'espoir que notre recueil sera consulté avec fruit. Il facilitera la tâche des agents chargés de veiller à l'exécution de la loi; il pourra encore servir de guide aux magistrats qui auraient à décider en cas de contestation, et aux officiers publics et ministériels désireux d'éclairer leurs clients.

Nous ne prétendons pas avoir prévu toutes les questions qui peuvent se présenter; mais les décisions que nous faisons connaître sont assez nombreuses pour permettre au lecteur de se former, le cas échéant, une opinion par voie d'analogie.

Ce livre n'est pas notre œuvre exclusive. Plusieurs de nos camarades ont pris une large part à notre collaboration en nous adressant, soit des questions à résoudre, avec leur avis motivé, soit des solutions intervenues et non publiées dans les recueils périodiques. Qu'ils nous permettent de leur donner ici le témoignage de notre gratitude.

Foix, le 1er septembre 1873.

PRINCIPALES ABRÉVIATIONS

Arr............... Arrêté ministériel.

Art.............. Article.

Av. Cons. d'Et. .. Avis du Conseil d'Etat.

Cass .... Arrêt de la Cour de cassation.

Circ............. Circulaire de l'Enregistrement.

Circ. Comp....... Circulaire de la comptabilité publique.

C. C............. Code civil.

C. P............. Code de procédure civile.

Déc. m. f........ Décision du ministre des finances.

   —   just.....   —   de la justice.

   —   int......   —   de l'intérieur.

Décr. .... Décret.

Dél .... Délibération de l'Administration de l'Enregistrement.

Inst.............. Instruction de la même administration.

Inst. m. f........ Instruction du ministre des finances.

J. E.............. Journal de l'Enregistrement.

Jug.............. Jugement.

L................ Loi.

Ord. .... Ordonnance.

Rép. gén........ Répertoire général de M. Garnier.

Rép. pér........ Répertoire périodique du même auteur.

Sol............... Solution de l'Administration de l'Enregistrement.

V................ Voyez.

DICTIONNAIRE

ABONNEMENT.

1. Publications. — Prix d'abonnement recouvrés par les Receveurs des finances. — Les récépissés délivrés à des communes ou à des commissaires de police par les receveurs des finances ou par les percepteurs, pour prix de leur abonnement à certaines publications, sont soumis au timbre de 25 centimes. — *Déc. m. f. 11 octobre 1865 ; Inst. 2341, § 12.*

2. Journaux. — Prix d'abonnement payé aux directeurs ou gérants. — Mais la quittance donnée soit à un receveur municipal, soit à un particulier, par le directeur d'un journal, pour prix d'abonnement à ce journal, est passible du timbre spécial de 10 centimes.

2 bis. Chemins de fer. — Cartes d'abonnement. — *V. Chemins de fer.*

3. Communes. — Balayage. — Sont soumises au droit de timbre de 25 centimes, les quittances délivrées par les receveurs municipaux aux particuliers, du prix de leur abonnement pour *le balayage.* — *Sol., 27 mars 1859.*

4. Communes. — Entretien de la Mairie. — Allocation annuelle. — Les quittances données *par le* *maire* au receveur municipal des sommes allouées annuellement, par *abonnement*, pour l'entretien de la maison commune (propriété communale) sont, comme pièces · d'ordre intérieur, exemptes de timbre. — *Déc. m. f., 31 mars 1824; Inst. 1132,* § *16.*

5. Maîtres-ouvriers militaires. — États d'abonnement. — L'exemption du timbre s'applique, en vertu de l'article 16 de la loi du 13 brumaire an 7, aux quittances relatives aux états d'abonnement des maîtres-ouvriers pour les travaux dont le prix est à la charge *des hommes de troupe.* — *Circ. Comp. 14 juin 1872.*

6. Bains. — Cartes d'abonnement ou de saison. — Les cartes d'abonnement délivrées par le directeur ou régisseur d'un établissement de bains, donnent lieu à l'apposition du timbre de 10 centimes. — Il est dû un droit pour *chaque* carte dont le prix est de plus de dix francs, même quand plusieurs de ces cartes ont été prises par une seule personne, par exemple, par un père de famille pour plusieurs membres de sa famille.

ACCUSÉS DE RÉCEPTION.

7. Correspondant ou représentant. — Les accusés de réception donnés par une maison de commerce à ses représentants ou correspondants sont passibles du timbre de 10 centimes, à moins qu'ils ne soient relatifs à des effets de commerce dans les cas prévus par l'article 4 de la loi du 30 mars 1872. — *V. Lettre missive.*

A-COMPTE.

8. Principe. — Toute quittance de somme, même au-dessous de 10 fr., doit être revêtue du timbre, *si le montant total de la créance principale* est supérieur à 10 fr. — *L. 23 août 1871, art. 18 et 20.*

9. Quittance de terme de loyer. — Chaque terme de loyer constitue une créance distincte. Dès lors la quittance d'un terme inférieur à 10 fr. est exempte du timbre, bien que le loyer annuel soit supérieur à 10 fr.

Il n'en serait pas ainsi de quittances inférieures à 10 fr., données pour à-compte d'un *terme supérieur à cette somme.*

10. Traitements. — Payements partiels. — Le traitement annuel des employés et fonctionnaires ne constitue pas une créance unique pour laquelle chaque payement partiel forme un *à-compte.*

Il n'y a dette et créance, au contraire, que pour le temps de service *expiré;* il existe autant de créances distinctes que *de payements* séparés. D'où il suit que chaque quittance *isolée* n'est sujette au timbre que lorsqu'elle s'applique à une portion de traitement au-dessus de 10 fr.

11. Payements à des comptables de deniers publics. — Les dispositions de l'article 23 de la loi du 13 brumaire an 7, d'après lesquelles il peut être donné plusieurs quittances sur une même feuille de papier timbré, pour à-compte d'une *seule et même créance* ou d'un *seul terme de fermage ou de loyer*, sont applicables aux quittances délivrées par les comptables de deniers publics, qui sont restées soumises à leur législation spéciale. (L. 23 août 1871, art. 20).

Ces comptables ont donc la faculté, dans les cas ci-dessus spécifiés, de constater, *à la suite* d'une première quittance revêtue du timbre mobile à 25 centimes, les payements subséquents, sans apposer de nouveaux timbres sur les formules de quittance à souche correspondant aux articles qui mentionnent ces payements. — *V. acte à la suite.*

12. Payements à des particuliers ou entre particuliers. — Mais on doit considérer ces dispositions comme abrogées, en ce qui regarde les quittances ou acquits prévus par l'article 18 de la loi du 23 août 1871.

Toutes quittances s. s. p., données à la suite d'une première quittance et sur la même feuille pour à-compte d'une même créance, sont, sauf les cas prévus par l'article 20 de cette loi, assujetties au droit de timbre de 10 centimes, lors même que la première quittance aurait été rédigée sur papier timbré de dimension. — *V. acte à la suite.*

13. Marchandises. — Livraisons successives. — Les reçus donnés séparément ou les uns à la suite des autres sur un même carnet, et constatant les *livraisons successives de marchandises* ayant fait l'objet d'un même traité, doivent être revêtus *chacun* d'un timbre mobile de 10 centimes.

Il en est ainsi même dans le cas où la fourniture ferait l'objet, ultérieurement , d'une seule facture générale.

ACTE A LA SUITE.

14. **Quittance à la suite du titre de la créance.** — La taxe de 10 centimes sur les quittances, reçus et décharges, constitue un droit spécial perçu sous forme de timbre sur *chaque écrit libérataire*. (Inst. 2413, § 7).

Il en résulte que les quittances s. s. p., données à la suite du titre de la créance, *dûment timbré au timbre de dimension*, sont soumises à ce droit spécial. — Les dispositions de l'article 23 de la loi du 13 brumaire an 7 ne sont plus applicables aux quittances assujetties à la nouvelle taxe.

15. Prix de vente ou d'obligation. — Ainsi , la quittance du prix d'une vente ou du montant d'une créance, écrite à la suite du contrat de vente ou d'obligation , doit acquitter le droit de timbre de 10 centimes.

16. Loyers ou fermages. — Il en est de même de la quittance de loyers ou fermages mise à la suite de l'acte de bail, etc.

17. Mémoire. — Ainsi encore, l'acquit donné au pied d'un mémoire rédigé sur timbre, est passible du droit de 10 centimes.

18. Certificats pour travaux. — Même décision pour les quittances à la suite des certificats pour pàyements d'à-compte ou de solde, des certificats d'avancement de travaux ou de procès-verbaux de réception définitive, délivrés aux entrepreneurs de travaux publics.

19. Coût d'un exploit. — Idem pour l'acquit du coût d'un exploit mis en marge ou à la suite de cet exploit.

20. Décharges de prix de vente mobilière. — Les décharges sous signature privée mises à la suite ou en marge des procès-verbaux de ventes de meubles dressés par les notaires, greffiers, commissaires-priseurs et huissiers, sont également passibles du timbre de 10 centimes.

21. Décharges de dépôt. — Il en est de même des décharges *sous signature privée* de dépôt de pièces ou de sommes d'argent rédigées à la suite des actes de dépôt.

22. Quittances à la suite les unes des autres. — Les quittances s. s. p., données à la suite les unes des autres, soit au pied du titre constitutif de la créance, *soit sur une feuille séparée*, doivent être revêtues *chacune* du timbre de 10 centimes, bien que le titre ou la première quittance ait été rédigée sur papier au timbre de dimension. — Il en est ainsi, que les quittances soient relatives ou non à la même créance ou à la même personne.

L'interdiction résultant de l'article 23 de la loi du 13 brumaire an 7, de donner plusieurs quittances sur une même feuille de papier, a été abrogée par les articles 18 et 20, dernier alinéa, de la loi du 23 août 1871.

23. Comptables publics. — Mais les dispositions de l'article 23 de la loi du 13 brumaire an 7, d'après lesquelles il ne peut être donné, sans contravention, plusieurs quittances *sur une même feuille de papier timbré, que dans le cas d'un à-compte d'une seule et même créance ou d'un seul terme de fermage ou loyer,* sont encore applicables aux *quittances délivrées par les comptables de deniers publics,* qui sont restées soumises à la législation qui leur est spéciale. — *L. 23 août 1871, art. 20.*

24. Timbre à 25 centimes. — **Fermage.** — **Loyer.** — En conséquence, le receveur d'une commune ou d'un établissement public ne contrevient pas à la loi, en délivrant, à la suite les unes des autres, sur une feuille revêtue d'un *seul timbre mobile de 25 centimes,* plusieurs quittances pour à-compte d'un terme de fermage ou de loyer.

25. Emprunt départemental ou communal. — Par le même motif, lorsque la quittance d'un terme d'emprunt communal ou départemental a été assujettie au timbre de 25 centimes, les quittances écrites à la suite, qui constatent les versements ultérieurs, en sont affranchies. — *Circ. Comp. 14 avril 1872.*

ACTES CONTENANT D'AUTRES DISPOSITIONS.

26. Ils sont assujettis au timbre de dimension ordinaire, attendu que le droit de timbre de 10 centimes n'est applicable qu'aux actes faits sous signature privée *et ne contenant pas de dispositions autres que quittance, reçu ou décharge.* — *L. 23 août 1871, art. 18.*

ACTES PRODUITS EN JUSTICE.

27. Tout acte produit en justice, portant quittance, reçu ou décharge, sans être revêtu du timbre de 10 centimes (même les lettres missives), est passible de l'amende.

ACTES PUBLICS.

28. Ils sont assujettis au timbre de dimension ordinaire, même quand ils ne contiendraient pas d'autres dispositions que quittance, reçu ou décharge, attendu que le timbre de 10 centimes n'est applicable *qu'aux actes faits sous signature privée.* — *L. 23 août 1871, art. 18.*

ACTIONS ET OBLIGATIONS.

29. Accusés de réception. — Les accusés de réception de titres d'actions et obligations doivent être revêtus du timbre de 10 centimes. Ces titres ne rentrent pas dans l'exception admise par l'article 4 de la loi du 30 mars 1872, quand bien même il s'agirait de titres amortis ou remboursés *à encaisser.*

30. Versements de termes sur des titres non libérés. — **Mention de payement.** — La mention de paiement des termes échus ou appelés, inscrite au dos d'un titre non libéré, est assujettie au timbre de 10 centimes, même quand cette mention ne résulte que de l'apposition d'une griffe. Il y a, dans ce dernier cas, un reçu non signé, passible de la taxe.

AFFOUAGE.

31. Taxes d'affouage. — Les quittances des taxes imposées sur l'affouage, délivrées par les receveurs municipaux, sont sujettes au droit de timbre de 25 centimes comme constituant une créance et non un impôt. — *Déc. m. f. 31 décembre 1844; Inst. 1732, § 17. — Inst. m. f. 20 juin 1859, art. 845.*

32. Coupes d'affouage. — Sont passibles du même droit, les quittances délivrées par ces comptables par suite du payement du prix des coupes affouagères. — *Déc. m. f. 30 décembre 1831, Inst. 1391.*

AGENTS DE CHANGE.

33. Récépissés. — Les récépissés, délivrés par les agents de change, des sommes que leurs clients déposent entre leurs mains pour achat de rentes ou autres valeurs cotées à la Bourse, sont assujettis au droit de timbre de 10 centimes. — *V. déc. m. f. 10 février 1865. Inst. 2341, § 9.*

34. Bordereau quittancé. — Les bordereaux d'agents de change sont assujettis au timbre de dimension par l'article 19 de la loi du 22 juillet 1862 (60 centimes pour les négociations de 10,000 francs et au-dessous, et 1 fr. 80 pour celles de plus de 10,000 fr.). Lorsqu'ils portent un acquit ils doivent, de plus, être revêtus du timbre de 10 centimes à raison de cet acquit.

35. Mandats délivrés par la Banque. — Les mandats délivrés par la Banque de France à des agents de change débiteurs de leurs collègues, mandats qui permettent à ces derniers de faire transporter le montant de leur créance du compte de leur débiteur au crédit de leur propre compte, sont passibles du droit de timbre de 10 centimes. Ces mandats sont assimilables aux chèques. — *J. E. 19120-3.*

AGENTS DE LA FORCE PUBLIQUE.

V. Commissaires de police, Gardes champêtres, Gendarmes.

AGENTS-VOYERS.

36. Traitement et salaires. — Les quittances des sommes payées aux agents-voyers pour leur traitement ou pour *salaire de leur surveillance*, sont soumises au timbre de 10 centimes, lorsque ces sommes excèdent 10 francs.

ALIÉNÉS.

37. Aliénés indigents. — Les quittances des sommes payées par une commune à un hospice d'aliénés pour la pension des aliénés indigents à la charge de cette commune sont exemptes du timbre, par appli-

cation de l'art. 16 de la loi du 13 brumaire an 7.
— *Déc. m. f. 18 octobre 1838. Inst. 1577, § 26.*

38. Il en est de même des quittances des pensions payées par les départements pour les indigents placés dans des asiles publics ou dans des établissements particuliers d'aliénés. — *Déc. m. f. 28 juillet 1845. Inst. 1767, § 14.*

39. Aliénés non indigents. — Mais les quittances des pensions payées par les familles des aliénés *non indigents* sont sujettes au timbre de 25 centimes. — *Inst. m. f. 20 juin 1859, art. 631.*

AMENDES.

40. Reçu non timbré — Toute contravention aux dispositions de l'art. 18 de la loi du 23 août 1871 est punie d'une amende de 50 francs (60 francs en y comprenant le double décime.)

L'amende est due par chaque acte, écrit, quittance, reçu ou décharge, pour lequel le droit de timbre n'aurait pas été acquitté. — *L. 23 août 1871, art. 23.*

41. Débiteur de l'amende. — Le droit de timbre est à la charge du débiteur ; néanmoins, le créancier qui a donné quittance, reçu ou décharge en contravention aux dispositions de l'art. 18, est tenu personnellement et sans recours, nonobstant toute stipulation contraire, du montant des droits, frais et amendes. — *L. 23 août 1871, art. 23.*

42. Refus de communication. — Tout refus par les Sociétés, compagnies, assureurs, entrepreneurs de transports et tous autres assujettis aux vérifications des agents de l'enregistrement, de communiquer à ces agents leurs livres, registres, titres, pièces de recette, de dépense et de comptabilité, est constaté par procès-verbal et puni d'une amende de 100 à 1,000 fr. — *L. 23 août 1871, art. 22.* — Cette disposition ne s'applique pas aux notaires et autres officiers publics et ministériels. — *Inst. 2413.*

43. Enregistrement d'un écrit non timbré. — Il est défendu aux receveurs de l'enregistrement d'admettre à la formalité, sans constater la contravention, tout acte ou écrit qui ne serait pas revêtu du timbre prescrit, à peine de dix francs d'amende. — *L. 13 brumaire an VII, art. 25 et 26; L. 16 juin 1824, art. 10.*

44. Timbre mobile. — Emploi irrégulier. — Lorsque le timbre mobile n'a pas été employé et oblitéré dans les conditions prescrites par la loi et par les décrets des 20 juillet 1863 et 27 novembre 1871, l'écrit sur lequel il est apposé est considéré comme non timbré. Dès lors, l'amende de 50 francs en principal est exigible, et il est dû un *nouveau* droit de timbre. — *L. 2 juillet 1862, art. 22 ; décret du 20 juillet 1863, art. 5, inst. 2260 ; L. 23 août 1871, art. 23 et 24, inst. 2413. Décret du 27 nov. 1871, inst. 2424.*

45. Timbre ayant déjà servi. — Sont également considérés comme non timbrés les actes, pièces et écrits sur lesquels a été apposé un timbre ayant déjà servi. — *L. 23 août 1871, art. 24.* — Même amende exigible.

Ceux qui ont sciemment employé, vendu ou tenté de vendre des timbres ayant servi sont, en outre, poursuivis devant le tribunal correctionnel et punis d'une amende 'de 50 à 1,000 fr. En cas de récidive, la peine est d'un emprisonnement de cinq jours à un mois et l'amende est double. Il peut être fait application de l'article 463 du Code pénal. — *L. 11 juin 1859, art. 21.*

46. Groupage. — Contraventions. — Chaque contravention aux dispositions de la loi relativement au groupage, est punie d'une amende de 50 fr., et, s'il y a récidive dans le délai d'un an, l'amende est portée à 100 fr. — *L. 30 mars 1872, art. 2. Inst. 2441-2.* — *V. Chemins de fer.*

47. Comptables publics. — Responsabilité. — Aux termes de l'art. 3 du décret du 27 nov. 1871, les mandats de toute nature payables sur les caisses publiques peuvent être revêtus du timbre mobile par les agents chargés du payement. Le timbre doit être oblitéré dans les conditions prescrites. Les comptables sont responsables des contraventions commises à raison des pièces acquittées à leur caisse. — *Inst. 2424.*

48. Sociétés et compagnies. — Responsabilité. — Les sociétés et compagnies assujetties aux vérifications des employés de l'enregistrement peuvent également, *sous leur responsabilité*, user de la faculté qui précède, en ce qui concerne les dividendes et intérêts , payables au porteur , ainsi que toutes les autres pièces de dépense , états de solde et d'émargement, bulletins de dépôt. — *Inst. 2424.* — Cette responsabilité est applicable non pas lorsqu'il n'a été apposé aucun timbre, mais lorsque ce timbre a été oblitéré sans l'accomplissement de toutes les conditions prescrites. Ainsi, dans le premier cas, l'amende ne peut être légalement réclamée qu'au créancier. — V. n° 41.

49. Attribution des amendes. — Aux termes de l'art. 23 de la loi du 23 août 1871 , il est attribué, aux agents qui ont constaté les contraventions , un quart des amendes *recouvrées.* — *Inst. 2413.*

Cette disposition ne concerne que les amendes de contraventions à l'article 18 de cette loi (défaut de timbre). — L'amende de 100 fr. à 1,000 fr. dont parle l'article 22, ne donne lieu à aucune attribution.

Si la contravention a été signalée par un agent des postes , l'attribution du quart de l'amende recouvrée est partagée entre l'agent des postes qui a droit à sept dixièmes et l'agent de l'enregistrement , rédacteur du procès-verbal, qui a droit à trois dixièmes. — *Déc. m. f. 14 janvier 1873. Inst. 2463.*

50. Attribution. — Remise gracieuse. — L'attribution à laquelle ont droit les rédacteurs des procès-verbaux de contravention ne fait pas obstacle à l'exercice du droit de grâce. En conséquence, le Ministre, en vertu de la délégation qui lui est conférée, peut remettre, à titre gracieux, les amendes encourues, et même en ordonner la restitution et réduire ainsi ou supprimer l'attribution de l'agent rédacteur du procès-verbal. — *Sol. 9 juillet 1873.*

ARCHITECTES.

51. Frais et honoraires. — Sont assujetties au timbre de 10 centimes, les quittances données par les architectes pour frais et honoraires, ou pour le montant de leur traitement.

ARCHIVISTES.

52. Traitement. — Sont également soumises au timbre de 10 centimes les quittances de traitement données par les archivistes, bibliothécaires et conservateurs des musées nationaux, départementaux ou communaux.

ARRÉRAGES.

53. Rentes sur l'État. — Les quittances d'arrérages de rentes sur l'État sont exemptes du timbre. — *Déc. m. f. 27 novembre 1871. — Circ. Comp. 1ᵉʳ décembre 1871 et 14 avril 1872.*

54. Obligations trentenaires. — Il en est de même des quittances relatives aux arrérages des obligations trentenaires, cette nature de valeurs étant assimilable aux rentes sur l'État. — *Circ. Comp. 14 avril 1872.*

55. Obligations de l'emprunt de 250 millions. — Même solution pour les quittances concernant les arrérages des obligations de l'emprunt de 250 millions. — *Même circ.*

56. Rentes viagères d'ancienne origine et de la vieillesse. — Mais les quittances des arrérages des rentes viagères *d'ancienne origine* et des rentes viagères de la Caisse des retraites pour la vieillesse sont assujetties au timbre de 10 centimes.

57. Pensions de toute nature. — Sont également soumises au timbre de 10 centimes les quittances des arrérages de pensions de toute nature et, spécialement, des arrérages des pensions de retraite payés aux anciens fonctionnaires et employés de l'État, des départements, des communes et des établissements publics.

58. Cautionnements. — Les quittances données par les fonctionnaires des arrérages de leur cautionnement sont passibles du timbre de 10 centimes. — Il n'existe aucune analogie entre ces quittances et celles relatives aux arrérages de rente sur l'État.

ARROSAGE.

59. Taxes d'arrosage. — Les quittances concernant les taxes d'arrosage autorisées par le Gouvernement et perçues au profit des concessionnaires de canaux d'irrigation ne sont pas soumises au timbre. Ces taxes, par leur nature et leur destination, ont un caractère spécial d'utilité publique, qui permet d'appliquer aux quittances données aux débiteurs l'exemption accordée par l'article 16 de la loi du 13 brumaire an 7, pour les pièces relatives aux contributions directes. — *Déc. m. f. 30 octobre 1858. Inst. 2167, § 5.*

ASSISTANCE PUBLIQUE.

60. Enfants assistés. — Secours. — Les quittances de secours accordés aux enfants assistés ne sont pas assujetties au timbre de 10 centimes. Elles sont considérées comme quittances de secours payés aux indigents dans le sens de l'art. 16 de la loi du 13 brumaire an 7.

61. Enfants assistés. — Mois de nourrice. — Il en est de même des quittances de mois de nourrice payés par un hospice. — *Déc. m. f. 10 janvier 1834, Inst. 1447.*

62. Enfants assistés. — Sommes versées par les parents. — Mais les quittances de sommes versées aux caisses spéciales pour le compte d'enfants en nourrice, par leurs parents, sont soumises au timbre de 25 centimes fixé pour les quittances délivrées par les comptables publics. — *Circ. Comp. 14 avril 1872.*

63. Enfants assistés. — Indemnités aux nourrices. — Les quittances de l'indemnité de cinquante francs, accordée aux nourrices qui ont conservé jusqu'à l'âge de douze ans des enfants assistés, sont exemptes du timbre. — *Déc. m. f. 8 août 1835. J. E. 11231.*

64. Enfants assistés. — Honoraires de médecins et autres dépenses. — Les quittances, même pour créances excédant dix francs, relatives aux dépenses faites dans l'intérêt des enfants assistés, spécialement les quittances des médecins pour soins donnés à ces enfants, sont exemptes du timbre. — *Sol. 12 mars 1859. — V. circ. comp. 14 avril 1872, n° 59.*

65. Enfants placés dans les établissements spéciaux. — Les quittances des sommes payées par la caisse de l'assistance publique, pour pension des enfants placés, soit dans les colonies agricoles, soit dans les maisons spéciales d'éducation, sont exemptes de timbre. — *Sol. 15 décembre 1859.*

66. Enfants assistés. — Apprentissage. — Sont également exemptes de timbre les quittances des sommes payées pour prix d'apprentissage des enfants assistés. — *Déc. m. f. 14 août 1838.*

67. Enfants assistés. — Subventions aux établissements de bienfaisance. — Il en est de même des quittances de subventions accordées aux établissements de bienfaisance pour le service des enfants assistés.

68. Enfants assistés. — Deniers pupillaires. — La quittance des deniers pupillaires, donnée par un enfant assisté lors de sa majorité et après la reddition de son compte de tutelle, est aussi dispensée du timbre. — *Inst. m. f. 20 juin 1859, art. 1542-126.*

69. Enfants assistés. — Frais de voyage. — Les quittances de frais de voyage payés aux nourrices, conducteurs et surveillants des enfants assistés, sont sujettes au timbre de 10 centimes, parce qu'il s'agit d'indemnités de déplacement payées à des personnes non indigentes, et non de secours de première nécessité appliqués directement aux enfants assistés. — *Trib. Seine 26 février 1845. — Sol. 15 décembre 1858.*

70. Enfant réclamé. — Remboursement des frais.

Les quittances de sommes payées aux hospices pour remboursement des frais d'entretien et d'éducation d'un enfant réclamé, sont sujettes au timbre de 25 centimes. — *Sol. 12 mars 1859.*

ASSURANCES.

71. Payement des primes. — Les quittances des sommes payées aux compagnies d'assurances pour primes s'élevant à plus de 10 francs, sont sujettes au timbre de 10 centimes.

72. Avertissement. — Lorsque les primes se payent d'après un avertissement remis à l'avance par l'agent de la compagnie, cet avertissement est sujet au timbre s'il porte quittance de tout ou partie d'une prime supérieure à 10 francs. — *Sol. 10 mai 1843.*

73. Mandat de payement timbré. — **Quittance non timbrée.** — Lorsque l'agent d'une compagnie acquitte un mandat *timbré* qui lui a été délivré pour le montant d'une prime au-dessus de 10 francs et donne *en même temps* une quittance particulière, cette quittance n'est pas sujette au timbre comme étant une pièce d'ordre et formant double emploi avec l'acquit du mandat. — *Sol. 29 mars 1864; R. Pér. 1934, § 6.* — *V. Mandat de payement.*

74. Traitement des agents. — **Signe conventionnel.** — L'agent d'une compagnie d'assurance, pour toucher son traitement à la caisse de cette compagnie, remet au caissier un bon, connu sous le nom de *ticket*, contenant son nom et la somme lui revenant.

Ce *ticket* constitue , entre les mains du caissier , un titre libératoire passible du timbre à 10 centimes , bien que la signature de l'agent qui a touché son traitement ne figure nulle part, si, d'ailleurs, le payement résulte des écritures du caissier (soumises aux investigations des agents de l'enregistrement'. — *V. Signature.*

ASSUREURS.

75. — Les assureurs sont tenus de représenter aux agents de l'enregistrement leurs livres , registres , titres , pièces de recette , de dépense et de comptabilité afin qu'ils surveillent l'exécution des lois sur le timbre. — *L. 23 août 1871 , art. 22.* — *V. Communication.*

ATELIERS.

76. Ateliers de charité.—Les quittances délivrées par les maires aux receveurs municipaux des sommes allouées pour réparation de chemins , au moyen d'ateliers de charité , sont exemptes du timbre , lorsqu'il n'y a ni fournisseurs ni entrepreneurs , et que l'on n'emploie que des *indigents*. — *L. 13 brum. an 7., art. 16.* — *Inst. 1132, § 16.*

77. Ateliers militaires. — Produit du travail. — Les récépissés pour versements du produit du travail dans les ateliers militaires sont soumis au timbre de 25 centimes , quand les versements sont faits directement par les redevables. Ils sont exempts de timbre lorsque ces versements ont lieu par *intermédiaire* , c'est-à-dire par un agent comptable qui a dù exiger le timbre au moment de la constatation de la recette réelle. — *Circ. comp. 14 avril 1872. — V. Intermédiaire.*

78. Chemins vicinaux. — Ouvriers indigents. — L'exemption du timbre s'applique aux quittances données en marge d'un état de salaires par des ouvriers employés auxiliairement aux chemins vicinaux, lorsque *l'indigence* de ces ouvriers est régulièrement constatée.— *Déc. m. fin. 31 décembre 1853. Inst. 2003, § 5.*

ATTRIBUTIONS.

79. Attributions d'amendes aux communes et hospices. — Les quittances à souche délivrées aux receveurs de l'enregistrement par les receveurs municipaux et receveurs des bureaux de bienfaisance, du montant des amendes ou des portions d'amendes attribuées aux communes et hospices, ainsi que les mandats de payement quittancés *par duplicata* par ces comptables, sont exempts de timbre comme pièces d'ordre intérieur. — *Déc. m. f. 23 septembre 1829. Inst. 1307, § 15. — Sol. 15 janvier 1873.*

80. Attributions d'amendes. — Département. — Fonds commun. — Il en est de même des quittances remises aux receveurs de l'enregistrement par les trésoriers-payeurs généraux, du montant des amendes ou portions d'amendes attribuées au département ou concernant *le fonds commun.*

81. Attributions d'amendes et confiscations. —

Douanes. — **Quittances entre comptables**. — Les quittances données par le receveur principal des douanes à son collègue des contributions indirectes, pour les attributions allouées aux agents des douanes par suite des procès-verbaux dressés par eux, en matière de contributions indirectes, sont exemptes de timbre, comme quittances entre deux *comptables de l'État*.

Mais les quittances données par les agents verbalisateurs au receveur principal qui leur paie l'attribution doivent être timbrées à 10 centimes.

82. Amendes et confiscations. — **Octrois**. — Le droit de timbre à 10 centimes est exigible sur les quittances données par le receveur du bureau central de l'octroi au receveur des contributions indirectes pour les attributions revenant aux employés de l'octroi, à raison des procès-verbaux que ces agents ont dressés dans l'intérêt des contributions indirectes. — *Sol. 10 mars 1865. Circ. Comp. 12 juillet 1865. — V. Octrois.*

83. Attributions d'amendes et confiscations. — **Caisse des invalides de la marine**. — Les quittances du produit des amendes et confiscations en matière de contravention aux lois et règlements maritimes, ou concernant la pêche côtière, données aux receveurs de l'enregistrement par le trésorier de la caisse des invalides de la marine, sont exemptes de timbre comme documents d'ordre administratif ou intérieur.

84. Patentes. — **Attributions aux communes**. — Sont encore affranchies du timbre, comme pièces de pure administration , les quittances délivrées par les receveurs municipaux aux receveurs des finances pour payement des attributions aux communes sur la contribution des patentes. — *Déc. m. f. 30 décembre 1831. Inst. 1391.*

85. Amendes attribuées. — Divers agents. — Mais les acquits donnés au pied des mandats de payement par les agents rédacteurs des procès-verbaux , du montant des portions d'amendes de *condamnation* ou de *contravention* qui leur sont attribuées , sont soumis au timbre de 10 centimes.

86. Gendarmes. — Toutefois , les quittances données par les gendarmes sont affranchies du timbre , attendu qu'ils sont considérés comme gens de guerre. — *L. 13 brumaire an 7 , art. 16, et 23 août 1873 , art. 20.*

87. Quotité de l'attribution aux agents verbalisateurs sur les amendes de contravention à l'art. 18 de la loi du 23 août 1871. — *V. Amendes.*

AVANCES.

88. Frais de travaux d'intérêt public à la charge des particuliers. — Les ingénieurs et agents des ponts et chaussées et des mines sont appelés à effectuer différents travaux d'intérêt public dont les frais , *à la charge des particuliers* , sont avancés par les départements au moyen d'un crédit spécial inscrit à leur budget. — Les acquits dont sont revêtus les mandats d'avances délivrés par les préfets aux ingénieurs, sur ce crédit, au fur et à mesure des besoins , sont sujets au timbre de 10 centimes. — *Déc. m. f. 13 mars 1865, inst. 2341, § 5.*

89. Services régis par économie. — Mandats d'avances. — Dans les services régis par économie, les quittances données par les intermédiaires, sur les mandats d'avances, sont exemptes de timbre; mais les acquits des créanciers réels donnés ultérieurement à l'appui de ces mandats sont soumis au timbre de 10 centimes. — *Circ. Comp. 14 avril 1872.*

90. Canaux et rivières. — Travaux de curage. — Payement au conducteur de ces travaux. — Ainsi, la quittance apposée sur le mandat délivré pour l'avance faite à l'agent qui a été chargé de la direction des travaux de *curage des canaux et rivières*, est exempte du timbre. — Mais les états de journées émargés par les ouvriers employés à l'exécution de ces travaux, sont passibles d'un timbre de 10 centimes pour chaque quittance au-dessus de 10 fr. — *Déc. m. f. 16 août 1853. Inst. 2003, § 4.*

91. Entrepreneurs. — Remboursement. — Mais les quittances de sommes payées à des entrepreneurs de travaux publics, par exemple, pour remboursement d'avances, sont sujettes au timbre de 10 centimes.

92. Frais de poursuites. — Receveurs de l'Enregistrement et autres. — Sont exemptes du timbre, comme se rapportant à des opérations d'ordre, les quittances de remboursement de frais de toute nature avancés par les receveurs de l'enregistrement.

93. Frais avancés par les Receveurs municipaux. — Sont également affranchies du timbre les quittances délivrées par les receveurs des communes pour remboursement de frais de poursuites, dont ils ont fait l'avance en matière de contributions relatives aux chemins vicinaux. — *Déc. m. f. 17 octobre 1837, art. 11900. J. E.*

AVOUÉS.

94. Adjudication judiciaire — Quittance des frais taxés. — Les quittances de frais d'enchères que délivrent les avoués comme officiers publics, dans les cas prévus par l'art. 713 du Code de p. c., et qui doivent être annexées à la minute des jugements, copiées à la suite du jugement d'adjudication, et *enregistrées*, doivent être délivrées, comme formant des titres véritables, sur timbre de dimension, et non pas seulement être timbrées à 10 centimes. — *Sol. 5 sept. 1872.*

95. Frais et honoraires. — La quittance des sommes payées aux avoués pour frais et honoraires, est sujette au timbre de 10 centimes, alors même qu'elle est souscrite au pied d'un mémoire de frais rédigé sur papier timbré.

96. Communication de pièces. — Récépissé. — Les récépissés que les avoués se délivrent les uns aux autres, en exécution des articles 106 et 189 du C. P., pour constater les communications de pièces, sont incontestablement soumis au timbre de 10 centimes. — *Circ. m. j. 5 mai 1866;* *Inst. 2341, § 8.*

97. Décharges de pièces produites dans un ordre. — Les décharges de titres produits dans un ordre judiciaire données par les avoués des créanciers produisants, en marge du procès-verbal, sont assujetties au timbre de 10 centimes.

Mais les décharges constatées par un acte écrit en marge ou à la suite du procès-verbal d'ordre, et signé tant du créancier que du greffier, ne tombent pas sous l'application de l'article 18 de la loi du 23 août 1871.

98. Production. — Décharge au greffier. — Est passible du timbre de 10 centimes la décharge de pièces, donnée par un avoué au greffier, en marge du registre des productions (article 115 du Code de procédure civile).

BAGAGES.

99. Chemins de fer. — Bulletins de bagages. — Assujettis au timbre de 10 centimes, quand la somme payée excède 10 fr. — *Inst. 2424.* — *V. Chemin de fer.*

99 bis. Hôtels. — Bulletins de dépôt de bagages. — Les bulletins de *dépôt de bagages,* délivrés par les hôtels aux voyageurs qui les habitent, ou à ceux qui, quittant l'hôtel, y laissent leurs bagages, sont assujettis, *dans tous les cas,* au droit de timbre de 10 centimes. — *Sol. 24 déc. 1872.*

BAINS (Établissements de).

100. Cartes d'abonnement. — Les cartes d'abonnement délivrées par un établissement de bains donnent lieu à l'apposition du timbre de 10 centimes pour chaque carte à raison de laquelle il a été versé une somme de plus de 10 fr.

Il importe peu que le prix de plusieurs cartes ait été payé par la même personne, par exemple par un père pour tous les membres de sa famille.

101. Casino. — **Billets de saison.** — Il en est de même des billets d'entrée au casino d'une station balnéaire pour toute une saison. — *V. Billets de place.*

BANQUE DE FRANCE.

102. Dépôt de valeurs. — **Récépissé.** — Les récépissés délivrés par la Banque de France, pour constater les dépôts volontaires de titres, effets publics et objets reçus par elle, sont soumis au droit de timbre de 10 centimes. — *Déc. m. f. 6 février 1865.* — *Inst. 2341, § 10.* — *V. Dépôt.*

103. Prêts sur titres. — **Récépissés.** — Mais les récépissés de garde de titres déposés en nantissement d'un prêt, ne sont plus de simples récépissés. Ils constatent les conditions du prêt et autres stipulations. Ils sont des actes sujets au timbre de dimension.

104. Récépissés aux Trésoriers généraux. — Lorsque les trésoriers généraux versent leurs fonds disponibles dans la caisse des succursales de la

Banque de France, le récépissé qui leur est délivré est exempt du timbre. La Banque de France est, en effet, un intermédiaire entre le Trésor et le trésorier général. — *V. Intermédiaire.*

105. Factures portant l'acquit du bénéficiaire et la signature du débiteur. — Les factures de commerce, portant l'acquit du bénéficiaire et la signature du débiteur précédée ou non des mots « *accepté* » ou « *visé* », doivent être considérées comme des effets de commerce, et, comme tels, soumises au timbre proportionnel. — *D. m. f. 15 mars 1873.*

En conséquence, la Banque de France repousse des bordereaux présentés à l'encaissement toute facture commerciale non revêtue du timbre proportionnel. — *Journal officiel du 20 mars 1873, p. 1932.*

105 bis. Agents de change. — Mandats bleus. — Les mandats bleus à l'usage exclusif des agents de change, qui ont pour objet de transporter du compte d'un agent au compte d'un de ses collègues, les sommes dont le premier est redevable envers le second, pour résultats de négociations de bourse, sont soumis au timbre de 10 centimes. — *Déc. m. f. 30 nov. 1871.*

BANQUIERS.

106. Accusés de réception sur formules imprimées. — Les bordereaux dont se servent les banquiers pour accuser réception, soit à d'autres banquiers, soit à leurs clients, de titres, coupons ou valeurs, sont passibles du timbre de 10 centimes, à moins qu'il ne s'agisse d'effets de commerce.

107. Récépissés de titres nominatifs.— Les récépissés donnés par un banquier de titres nominatifs à lui déposés pour encaissement des dividendes, doivent être revêtus du timbre de 10 centimes.

BAUX.

V. Loyers, Fermages, Péage.

BIENS DE MAIN-MORTE.

108. Taxes. — Les quittances à souche délivrées par les percepteurs, constatant le payement des taxes de biens de main-morte, sont exemptes de timbre. Ces taxes sont assimilées aux contributions directes. — *L. 13 brumaire an 7, art. 16.* — *V. Contributions directes.*

BILLARDS.

109. Taxes. — Les quittances délivrées par les percepteurs du montant des taxes sur les billards sont exemptes du timbre, attendu que ces taxes sont assimilées aux contributions directes. — *L. 13 brumaire an 7, art. 16.* — *V. Contributions directes.*

BILLETS A ORDRE.

110. Acquits. — Les acquits inscrits sur les billets

à ordre sont exceptés du droit de timbre. — *L. 23 août 1871, art. 20.*

BILLETS DE PLACE.

111. Les billets de place de chemins de fer, les billets de théâtre, les billets d'entrée aux courses de chevaux, ceux de saison pour le casino dans les stations balnéaires, et tous autres billets ou cartes d'entrée quelconques sont assujettis au timbre, quand la somme payée est supérieure à 10 francs. — *Inst. 2424.* — *V. Chemins de fer.*

BONS DE CHARITÉ.

112. Les bons d'argent, de pain, de viande, etc., *délivrés aux indigents*, sont exempts de timbre.

BONS DU TRÉSOR.

113. **Acquits et décharges**. — Les bons du Trésor constituent des valeurs négociables qui peuvent être assimilées, sous tous les rapports, aux effets de commerce ordinaires. Ces bons rentrent donc, par leur nature, dans l'exemption établie par l'article 20 de la loi du 23 août 1871, et le droit de timbre ne doit pas être exigé pour les acquits et décharges dont ils peuvent être revêtus. — *Circ. Comp. 14 avril 1872.*

114. **Reconnaissances de dépôts faits pour achat de bons du Trésor**. — Les bons du Trésor ne pouvant, par suite des règlements, être émis qu'à la caisse centrale, à Paris, les reconnaissances de dépôts délivrées par les receveurs des finances sont de simples pièces d'ordre intérieur, et ne sont conséquemment pas assujetties au timbre. — *Circ. Comp. 14 avril 1872. — V. déc. m. f. 10 février 1865. — Inst. 2341-9.*

BORDEREAUX.

115. Agent de change. — Bordereau acquitté. — Le droit de timbre de 10 centimes, exigible sur un bordereau d'agent de change acquitté, est indépendant du droit de 60 centimes ou de 1 fr. 80 établi par la loi du 2 juillet 1862.

116. Coupons de titres au porteur. — Bordereaux signés du créancier. — L'Administration avait cru pouvoir soutenir qu'il était dû un droit de timbre de *10 centimes*, à l'occasion de *l'acquit* mis par le créancier sur le bordereau de coupons présenté à une compagnie lors du payement des intérêts ou dividendes, ou, tout au moins, que le bordereau, signé ou non signé, était soumis au *timbre de dimension*, comme constituant un écrit s. s. p. pouvant être produit pour justification, demande ou défense. Cette doctrine n'a pas prévalu devant le Tribunal de la Seine (jugements des 31 août 1872 et 19 avril 1873, dont le second a été déféré à la Cour de Cassation, *J. E. 19250*). Mais la question perd aujourd'hui de son intérêt en présence de la disposition introduite dans le projet de loi portant fixation du budget de l'exercice de 1874, et qui est ainsi conçue : « Art. 6. Le droit de timbre auquel sont

« assujettis , par l'art. 18 de la loi du 23 août 1871 ,
« les quittances d'intérêts et dividendes de titres
« nominatifs , ainsi que les bordereaux ou tout autre
« écrit servant à constater la remise au débiteur des
« coupons au porteur , pourra être acquitté au moyen
« d'un abonnement consenti annuellement par le
« Ministère des finances. » — *J. E. 19249.*

117. Banquiers. — Sociétés. — Accusés de réception. — Les bordereaux dont se servent les banquiers ou les agents des Sociétés ou Compagnies pour accuser réception des titres, coupons et autres valeurs qui sont déposés en garde dans leur caisse ou remis pour encaissement des dividendes, sont passibles du droit de timbre de 10 centimes.

118. Contributions indirectes. — Bordereaux d'escompte. — Les bordereaux d'escompte portant acquit des sommes bonifiées aux redevables des contributions indirectes qui paient comptant les droits pour lesquels ils auraient pu souscrire des obligations à terme, ne se rapportant pas à une dépense effective, sont exempts du timbre comme documents d'ordre intérieur.

BOURSES.

119. Écoles du Gouvernement. — Lycées. — Écoles normales primaires. — Colléges communaux. — Séminaires. — Les récépissés ou quittances à souche délivrés par les trésoriers généraux et autres agents comptables, pour prix de bourses créées par les départements, les communes, les établissements charitables et les particuliers sont assujetties au timbre de 25 centimes.

Les mandats imputables sur le budget du département, de la commune ou de l'établissement ne sont pas soumis au timbre, parce que les récépissés timbrés sont annexés à ces mandats qui sont simplement quittancés pour ordre. — *Circ. Comp. 14 avril 1872.*

120. Institutions de sourds-muets ou d'aveugles. — Les quittances à souche délivrées par les Trésoriers généraux aux départements, communes ou hospices qui entretiennent des boursiers dans les institutions de sourds-muets ou d'aveugles sont également sujettes au timbre de 25 centimes, attendu que les bourses, dans ces institutions, constituent le prix de faveurs qui, accordées dans un but d'humanité et *sans constatation d'indigence*, profitent indirectement aux institutions dans lesquelles les élèves boursiers sont accueillis. — *Sol. 29 décembre 1869.* — *Inst. 2400, § 6.*

121. Remboursements de prix de bourses. — Sont soumis au timbre de 25 centimes les récépissés des receveurs des finances constatant les restitutions de prix de bourses, à l'État ou aux départements, par d'anciens élèves des écoles normales primaires. — *Circ. Comp. 14 avril 1872.*

BREVETS D'INVENTION.

122. Taxes. — Les récépissés des receveurs des

finances pour versement de taxes ou annuités de brevets d'invention, concernant des intérêts privés et opérant la libération des débiteurs, sont soumises au timbre de 25 centimes. — *R. P. 2182.* — *Circ. Comp. 14 avril 1872.*

123. Restitutions. — Les quittances des parties, en cas de restitution de ces taxes, sont passibles du droit de timbre de 10 centimes. — *Même circ.*

BULLETINS.

124. Conservateurs des hypothèques. — **Bulletins de dépôt.** — Les bulletins de dépôt que les conservateurs des hypothèques délivrent aux déposants (C. C. 2200) sont soumis au timbre de dimension et non à la taxe de 10 centimes, attendu que l'expression *papier timbré* dont se sert l'art. 2200 C. C. ne peut s'entendre *d'un droit spécial perçu sous forme de timbre,* comme la taxe de 10 centimes. — *Sol. 11 octobre 1872.*

125. Chemins de fer. — Les bulletins délivrés aux voyageurs par les agents des compagnies de chemins de fer pour recettes supplémentaires, pour les bagages, pour les chiens, pour les voitures de correspondance, etc., sont assujettis au droit de timbre de 10 centimes. — *Inst. 2424.*

126. Magasins à fourrages militaires. — **Sucreries.** — **Bulletins de livraison.** — Le bulletin remis à un cultivateur par le fournisseur des fourrages militaires ou par l'agent d'une sucrerie et constatant la quantité de fourrages ou de betteraves livrés est soumis au même droit de timbre.

BUREAUX DE BIENFAISANCE.

127. Communication. — Les bureaux de bienfaisance sont classés parmi les établissements publics dont les actes, registres et pièces justificatives de recette et de dépense doivent être communiqués aux agents de l'enregistrement. — *Déc. 4 messidor an 13, art. 1er.* — *Inst. m. f. 20 juin 1859, art. 1328.* — *V. Communication.*

128. Quittances des Receveurs. — Les quittances délivrées par les receveurs des bureaux de bienfaisance sont détachées d'un registre à souche. Elles doivent être revêtues du timbre mobile à 25 centimes si elles ne rentrent pas dans les cas d'exemption prévus par les lois et règlements spéciaux. — *L. 8 juillet 1865, art. 4.*

129. Quittances des créanciers à divers titres. — Les quittances ou acquits donnés par les créanciers à divers titres des bureaux de bienfaisance sont soumis, sauf les exceptions prévues, au timbre de 10 centimes. — *L. 23 août 1871, art. 18 et 20.*

130. Subventions accordées par l'État. — Les quittances délivrées par les receveurs des bureaux de bienfaisance, du montant des subventions allouées sur les fonds généraux de l'État sont passibles du timbre à 25 centimes, à moins que ces quittances ou les mandats auxquels elles sont jointes n'indiquent que ces subventions ont une affectation spéciale de bienfaisance et qu'elles s'appliquent, par exemple, à des ateliers de charité, à des distributions de vivres, à des fournitures ou à des secours au profit des pauvres. — *Sol. 21 décembre 1869. — Inst. 2400, § 5. — V. Indigents.*

131. Subventions allouées par les communes. — Cette solution est, sans le moindre doute, applicable aux quittances de subventions allouées aux bureaux de bienfaisance sur les budgets communaux.

132. Souscriptions volontaires. — Indigents. — Les listes de cotisations volontaires ou de souscriptions en faveur des indigents, remises aux receveurs des bureaux de bienfaisance, forment des titres de nature à fonder une action contre les souscripteurs. Dès lors, les quittances délivrées à ces derniers, constatant le payement des sommes dues non pas aux indigents, mais bien au bureau de bienfaisance, sont passibles du droit de timbre à 25 centimes.

133. Distribution d'argent par intermédiaire. — Lorsque les bureaux de bienfaisance font faire des distributions d'argent par l'intermédiaire de personnes autres que les receveurs de ces établissements, les quittances des sommes distribuées que donnent ces personnes, au lieu et place des indigents qui ont reçu les secours, sont exemptes du timbre, en vertu de l'art. 16 de la loi du 13 brumaire an 7. — *Sol. 10 mai 1843. — R. G. 5982-4.*

134. Religieuses. — Secours aux indigents. — Les reçus délivrés par les religieuses attachées aux bureaux de bienfaisance pour médicaments, pain, viande et autres secours à distribuer *aux indigents,* sont exempts du timbre, par application du même article.

135. Religieuses. — Menues dépenses. — Les quittances que les mêmes religieuses délivrent aux receveurs des bureaux de bienfaisance lors du payement de leurs menues dépenses et des frais de blanchissage de leur linge, sont passibles du timbre de 10 centimes. — *Sol. 12 mars 1859.*

BUREAUX DE CHARITÉ.

136. Secours. — Sont exemptes de timbre les quittances de sommes allouées à titre de secours aux bureaux de charité. — *Déc. m. f. 31 mars 1824. Inst. 1132, § 16.*

BUREAU DES NOURRICES.

137. Quittances. — Sont sujettes au timbre de 10 centimes les quittances au-dessus de 10 francs :

1° Des sommes versées par les parents des enfants pour le payement des nourrices ;

2° Des honoraires des médecins qui ont visité les enfants ;

3° Des frais de voyage des nourrices ;

4° Des appointements des employés ;

5° Des frais de bureau et de toutes autres dépenses faites dans l'intérêt de l'établissement. — *Sol 12 mars 1859.*

CAISSES D'ÉPARGNE.

138. Quittances sur livrets. — Autres quittances. — Le Ministre des Finances a décidé, le

10 décembre 1872, que les mentions inscrites sur les livrets de caisse d'épargne pour constater le versement ou le remboursement des sommes appartenant aux déposants, ne sont pas sujettes au timbre. (L'article 9 de la loi du 5 juin 1835 a exempté du timbre les livrets de caisse d'épargne).

Mais toutes les autres quittances données ou reçues par la caisse d'épargne sont passibles du timbre de 10 centimes. — *Journal officiel du 11 déc. 1872. — J. E. 19151, 7. — R. P. 3553.*

139. Registres spéciaux. — Quand des caisses d'épargne tiennent des registres spéciaux, sur lesquels sont portés des acquits de parties prenantes, il doit être apposé un timbre sur chaque acquit de somme supérieure à 10 francs. Ce registre ne saurait bénéficier de l'exemption accordée aux livrets.

140. Récépissés de livrets. — Le récépissé délivré par le caissier d'une caisse d'épargne en échange du livret laissé en dépôt *provisoire*, pour la régularisation des écritures, n'est pas passible du timbre de 10 centimes. On peut le considérer comme une pièce d'ordre.

141. Reçus et quittances entre comptables. — Les reçus et quittances qui s'échangent entre les caissiers des caisses d'épargne et d'autres comptables, par exemple, les reçus concernant les transferts de caisse à caisse, les récépissés relatifs aux versements de fonds à la trésorerie générale ou au retrait des fonds versés, ceux donnés à ladite trésoreric pour les achats de rentes , ne sont pas passibles du timbre comme pièce d'ordre.

141 bis. Reçus de titres par les parties.— Mais les reçus de titres de rente donnés aux caissiers par les parties sont sujets au timbre de 10 centimes.

142. Communication. — Les caisses d'épargne ne sont tenues à aucune communication envers les agents de l'enregistrement. — *Déc. m. f. 25 mars 1855.*

CAISSE DES DÉPOTS ET CONSIGNATIONS.

143. Récépissés de dépôts de sommes.— Les récépissés de sommes déposées à la caisse des dépôts et consignations , qui étaient assujettis au timbre de dimension par les anciennes lois , ne sont plus passibles que du timbre de 10 centimes. — *Sol. 13 août 1872.*

Suivant que les agents de la caisse agissent comme comptables de deniers publics ou comme représentants d'intérêts privés, les quittances qu'ils délivrent sont soumises au droit, soit de 25 centimes, soit de 10 centimes. Il appartient au directeur général de la caisse d'apprécier, pour chaque opération et d'après sa nature, quelle est celle des deux qualités qu'il convient d'attribuer à ses agents.

144. Cautionnement d'adjudicataires. — Consignation par les Receveurs municipaux. — Les récépissés délivrés par la caisse des dépôts et consignations aux receveurs municipaux, pour la consignation des cautionnements d'adjudicataires, sont passibles du timbre de 10 centimes, bien que le versement de ces cautionnements ait déjà fait l'objet de quittances à souche délivrées par les receveurs municipaux.

145. Monts de Piété. — Fonds placés à la caisse. — Les récépissés délivrés aux Monts de Piété pour versement de fonds placés à la caisse des dépôts, doivent être revêtus du timbre de 10 centimes, s'ils ne constituent pas des effets négociables ou des obligations ordinaires. Dans le cas contraire, ils sont exempts du timbre, par application de la loi du 24 juin 1851.

Le droit de timbre à 10 centimes est exigible sur les reçus constatant le retrait des fonds déposés à la caisse par les Monts de Piété.

146. Communes. — Remboursement d'emprunts. — Les récépissés délivrés par le caissier de la caisse des dépôts et consignations aux receveurs municipaux, pour remboursement d'emprunts, sont sujets au timbre de 10 centimes, comme formant titre libératoire en faveur des communes débitrices. — *J. E. 16256-3.*

147. Remise des obligations quittancées. — Mais les acquits qui seraient inscrits sur les titres des obligations remboursées ne donneraient pas lieu à l'apposition du timbre.

148. Cautionnements de personnes à représenter en justice. — Consignations par le receveur

des domaines. — Le récépissé donné au receveur
des domaines par le préposé de la caisse des dépôts
et consignations , du cautionnement d'une personne
à représenter en justice , n'est pas passible du timbre. C'est une quittance d'ordre , de comptable à
comptable. La véritable quittance , délivrée par le
receveur à la partie , a supporté le droit de timbre.
— *Inst. m. f. 20 juin 1859 , art. 523.*

**149. Autres consignations par les receveurs des
domaines.** — Sont , en outre , dispensés du timbre
les récépissés délivrés aux receveurs des domaines
pour la consignation des sommes provenant des
successions vacantes *(Inst. 1203 , § 1)* , des prix
de vente d'effets déposés dans les greffes *(Inst. 2275)* ,
des condamnations pour délits dans les bois en litige
(Inst. 1350), de la vente des bestiaux saisis dans les
bois des particuliers *(C. F., art. 168 et 189)* , des
amendes en matière de presse *(Inst. 1976)*.

**150. Oppositions sur traitements. — Expropria-
tion pour cause d'utilité publique.** — Sont également exempts de timbre les récépissés donnés par
le préposé de la caisse des dépôts :

1° Des sommes saisies-arrêtées entre les mains des
comptables publics , notamment de celles provenant
d'oppositions sur traitements ;

2° De sommes provenant de prix de ventes de
terrains expropriés.

**151. Dépôt par les gardiens chefs des prisons
de sommes appartenant aux détenus.** — On doit
considérer comme des pièces d'ordre administratif

exemptes du timbre, les récépissés de versements de sommes appartenant aux détenus , fournis par la caisse des dépôts et consignations aux gardiens chefs des prisons.

152. Caisses d'épargne et de la vieillesse. — Sont exempts de timbre les récépissés délivrés par la caisse des dépôts pour versements de fonds provenant des caisses d'épargne et de la vieillesse , ainsi que les décharges qui lui sont données lors du retrait de ces fonds. Ces pièces constatent des opérations d'ordre entre comptables.

153. Décharges données par les ayants droit autres que l'État. — Les décharges sous signatures privées données par les ayants droit autres que l'État à la caisse des dépôts , sont assujetties au timbre de 10 centimes , lorsqu'elles ne contiennent pas d'autres dispositions.

154. Décharges par les comptables de l'État. — Mais les décharges données à la même caisse par les administrations publiques de toutes sommes dues à l'État et devant entrer dans les caisses du Trésor , sont exemptes du timbre.

155. Pluralité. — Les sommes déposées à la caisse des dépôts et consignations ne forment qu'une seule créance relativement au propriétaire du dépôt ; mais les droits des créanciers de ce propriétaire sont distincts et les décharges données à la caisse , qui le représente , sont passibles d'un droit de timbre particulier pour chaque créance remboursée , comme elles l'auraient été en cas de payement direct par le débiteur lui-même. — *Déc. m. f. 17 mai 1831, 10013 J. E.*

156. — Faillites. — Répartitions. — Décharges et quittances. — La décharge des sommes déposées à la caisse par le syndic d'une faillite (art. 489 C. Co.) est soumise au droit de timbre de 10 centimes, indépendamment du droit de même nature auquel sont assujetties les quittances données par les créanciers en marge de l'état de répartition (art. 569 C. Co.). Ces titres constatent, en effet, une double libération : celle de la caisse des dépôts et celle du syndic.

157. Cautionnement en rentes. — Arrérages. — La quittance donnée à la caisse des dépôts et consignations par le titulaire d'un cautionnement *en rentes* déposé à cette caisse, des arrérages que la caisse a touchés pour son compte, est assujettie au timbre de 10 centimes, comme constatant, non la libération du Trésor, mais la libération de la caisse.

158. Communication. — Les agents de l'enregistrement sont autorisés à vérifier les actes et pièces justificatives, concernant la caisse des dépôts et consignations. — *Inst. m. f. 20 juin 1859, art. 536.*

CAISSE DE LA VIEILLESSE.

159. Versements des intermédiaires. — Les récépissés de versements effectués à la caisse des retraites pour la vieillesse par les comptables intermédiaires qui ont reçu les fonds destinés à être placés à cette caisse, sont exempts de timbre comme pièces d'ordre de comptabilité.

160. Versements directs. — Mais lorsque les versements sont faits par les parties intéressées , les récépissés qui les constatent sont soumis au timbre de 10 centimes.

160 bis. Retenues. — Versements. — Les acquits donnés par certains agents aux receveurs des finances relativement aux sommes provenant de retenues exercées sur leurs salaires et qui sont immédiatement versées à la caisse de la vieillesse , constituent des opérations d'ordre, exemptes de timbre. — Il en est de même du récépissé de versement que le receveur des finances se délivre à lui-même comme agent comptable de la caisse de la vieillesse.

161. Cantonniers. — Retenues irrégulières. — Remboursements. — Les quittances de sommes remboursées à des cantonniers pour retenues irrégulièrement opérées sur leurs traitements , au profit de la caisse des retraites pour la vieillesse, sont exemptes de timbre. — *Déc. m. f. 13 déc. 1869. — Inst. 2400; § 8.*

162. Rentes viagères. — Arrérages. — Les quittances des rentiers viagers de la caisse de retraites pour la vieillesse sont assujetties au timbre de 10 centimes.

CAMIONNAGE.

163. Registres de factage ou de camionnage. — Sont assujettis au timbre de 10 centimes les reçus et décharges d'objets transportés et livrés dont les destinataires émargent les registres de factage, de camionnage, de livraison ou autres. — *Inst. 2424.*

164. Livraison des marchandises transportées par chemins de fer. — Lorsque les marchandises livrées au destinataire ont été transportées par chemins de fer, la décharge donnée à la compagnie ou à son camionneur ne nécessite pas l'apposition du timbre mobile, parce que le droit de timbre est ajouté d'avance à celui du récépissé ou de la lettre de voiture. — *L. 28 fév. 1872, art. 11.* — *Inst. 2433, ch. 6.*

165. Étendue du droit. — **Pluralité.** — Il est dû sur les registres de factage un droit de timbre de 10 centimes pour chaque reçu ou décharge d'objets transportés ou livrés, quels que soient la valeur de l'objet transporté et le prix du transport.

166. Défaut de mention de décharge. — Si les registres de factage ne contiennent aucune mention ou signature de décharge de la part des destinataires, le droit de timbre de 10 centimes ne doit pas être exigé.

167. Chemins de fer. — **Décharge à la Compagnie.** — Il n'est pas dû un droit de timbre particulier pour la décharge de colis donnée à une compagnie de chemins de fer par les camionneurs ou correspondants. Ces décharges peuvent être considérées comme des pièces d'ordre intérieur.

167 bis. Chemins de fer. — **Quittances à la**

Compagnie et réciproquement. — Mais le camionneur qui a un traité avec la compagnie, n'est pas un agent de cette compagnie, il est un mandataire salarié ; par conséquent, les quittances qui interviennent entre le camionneur qui a reçu le prix du transport des destinataires et la compagnie, à laquelle il rend compte des sommes touchées par lui, ne sont pas des quittances d'ordre entre deux agents de la même compagnie, qui, à ce titre, pourraient être exemptes de timbre ; elles doivent être soumises au timbre de 10 centimes quand elles s'appliquent à des sommes excédant 10 francs. — *Sol. 22 juillet 1873.*

168. Timbre à l'extraordinaire. — Les registres de factage ou de camionnage peuvent être timbrés à l'extraordinaire quand le droit à percevoir, par chaque page, correspond à l'une des quotités du timbre de dimension en vigueur. — *Déc. 27 nov. 1871, art. 5. — Inst. 2424.*

CANAUX ET RIVIÈRES.

169. Curage et entretien. — Taxes. — Les quittances délivrées aux débiteurs des taxes destinées à pourvoir au curage des canaux et rivières et à l'entretien des digues, sont exemptes du timbre. — Ces taxes ont, en effet, un caractère d'utilité générale qui permet d'appliquer aux quittances l'exemption prononcée par l'article 16 de la loi du 13 brumaire an 7. — *Déc. m. f. 7 juin 1808. — Inst. 387, § 1.*

170. États de journées d'ouvriers. — Les acquits donnés par les parties prenantes en marge des états de journées d'ouvriers employés à l'exécution des travaux de curage sont soumis au timbre de 10 centimes par chaque salaire payé excédant 10 fr. — *L. du 23 août 1871, art. 18.*

171. Avance. — Mais le mandat délivré pour la régularisation de l'avance faite par l'agent chargé de la direction des travaux, et acquitté, est exempt de timbre, comme pièce d'ordre intérieur. — *Déc. m. f. 16 août 1853. — Inst. 2003, § 4.*

CANTONNIERS.

172. Traitements. — Salaires. — Gratifications. — Les quittances de traitements, de salaires ou de gratifications données par les cantonniers ou leurs auxiliaires, sont soumises au timbre de 10 centimes lorsque les sommes payées excèdent 10 fr.

173. Retenues versées à la caisse d'épargne. — La quittance donnée au Receveur des finances par un cantonnier, pour les sommes provenant de retenues sur les salaires et qui sont ensuite versées à la caisse d'épargne, est soumise au timbre de 10 centimes; le paiement de ces retenues aux cantonniers et leur encaissement par la caisse d'épargne, *sont effectués par deux comptables différents.* La quittance constate qu'une somme est sortie de la caisse du receveur des finances et a été réellement touchée par un tiers; elle emporte donc libération.

**174. Retenues versées à la caisse de la vieillesse. — L'acquit donné au même comptable par le même agent, pour les sommes de même provenance et qui sont immédiatement versées à la caisse de la vieillesse, est une pièce d'ordre exempte de timbre ; le receveur des finances est en effet ici le trésorier agent comptable de la caisse de la vieillesse (loi du 18 juin 1850) ; le paiement des retenues et leur versement immédiat à ladite caisse constituent de simples opérations de trésorerie.

175. Retenues irrégulières. — Remboursements. — Les quittances de sommes remboursées à des cantonniers, pour retenues irrégulièrement opérées sur leurs traitements au profit de la caisse de la vieillesse, sont également affranchies du timbre. — *Déc. m. f. 13 décembre 1869.* — *Inst. 2400, § 8.*

CARNETS.

176. Reçus de sommes ou de marchandises inscrits périodiquement sur un carnet. — Les reçus inscrits successivement sur un carnet, constatant le versement de sommes ou la livraison de marchandises, doivent supporter le timbre de 10 centimes pour chaque opération.

Il en est ainsi, même dans le cas où les reçus de marchandises sont relatifs à une même opération donnant lieu à des livraisons par à-compte, et encore que les livraisons successives fassent l'objet, ultérieurement, d'un règlement général par une même facture.

CARTES D'ABONNEMENT.

177. Établissements de bains. — Théâtre. — Les cartes d'abonnement délivrées par un établissement de bains donnent lieu à l'apposition du timbre de 10 centimes pour chaque carte à raison de laquelle il a été versé une somme de plus de 10 fr.

Il importe peu que le prix de plusieurs cartes ait été payé par la même personne, par exemple, par un père pour toute sa famille.

Il en est de même des cartes d'abonnement de théâtre. — *V. Chemins de fer, n° 206.*

CARTES POSTALES.

178. Reçus et décharges. — Les cartes postales sont de véritables lettres missives à découvert. Elles doivent être revêtues, outre le timbre-poste, du timbre spécial de 10 centimes, lorsqu'elles contiennent quittance, reçu ou décharge. Il n'y a d'exception que lorsqu'elles constatent la remise d'effets de commerce à négocier, à accepter ou à encaisser, ce genre de reçus étant formellement exempté du timbre par l'art. 4 de la loi du 30 mars 1872. — *Journal officiel du 29 janvier 1873. — J. E. 19174. — R. p. 3570. — Recherche des contraventions. V. Postes.*

CASUEL.

179. Indemnité. — Prix de services religieux. — Les quittances de sommes au-dessus de 10 fr. payées aux prêtres catholiques ou protestants, pour indemnité de casuel ou pour prix de services religieux, sont assujetties au timbre de 10 centimes. — *Sol. 12 mars 1859.*

CAUTIONNEMENTS.

180. Comptables. — Officiers publics et ministériels et autres. — Versements. — Les récépissés pour versements de cautionnements fournis à l'État par les comptables et autres fonctionnaires ou officiers publics sont passibles du timbre à 25 centimes , attendu qu'il s'agit d'intérêts privés et que les récépissés opèrent libération. — *Circ. Comp. 14 avril 1872 , n° 26.*

181. Remboursements. — Les quittances de remboursement des cautionnements versés en numéraire ou en rentes sur l'État sont sujettes au timbre de 10 centimes. — *Circ. Comp. 14 avril 1872 , art. 26 et 42.*

182. Dépôts de garantie. — Récépissés. — Les récépissés de dépôts de garantie délivrés par les receveurs des finances et les receveurs des communes et établissements publics, aux soumissionnaires de travaux ou de fournitures, sont soumis au droit de timbre de 25 centimes. — *Déc. m. f. 11 octobre 1856.* — *Inst. 2341 , § 12.*

Il n'y a aucune distinction à établir, pour la perception de ce droit , entre les dépôts en *numéraire* et ceux qui sont effectués en rentes sur l'État. — *Circ. Comp. 14 avril 1872 , art. 42.*

183. Cautionnements de liberté provisoire. — Récépissés. — Sont exempts de timbre les récépissés des receveurs des finances pour la consignation faite à la caisse des dépôts, par les receveurs des domaines, des cautionnements de personnes à représenter en justice. — *Inst. m. f. 20 juin 1859 , art. 523.*

184. Arrérages ou intérêts. — Quittances. — Les quittances d'intérêts de cautionnements sont sujettes au timbre de 10 centimes. — *Circ. Comp. 14 avril 1872 , n° 21.*

185. Receveurs des hospices et des établissements de bienfaisance. — Intérêts. — Les récépissés pour versements *de comptable à comptable* des intérêts de cautionnements ne sont pas soumis au timbre ; mais les quittances données par les titulaires de ces cautionnements sont passibles du timbre à 10 centimes.— *Circ. Comp. 14 avril 1872 , art. 58.*

CENTIMES COMMUNAUX.

186. Payements aux communes. —Les quittances délivrées par les receveurs des communes aux receveurs des finances ou aux payeurs du Trésor public , pour payement des centimes communaux ordinaires et extraordinaires , sont exemptes du timbre comme pièces de pure administration. — *Déc. m. f. 30 décembre 1831. — Inst. 1391.*

187. Restitutions. — Les quittances concernant les restitutions de centimes communaux jouissent de l'exemption de timbre édictée par les art. 16 de la loi du 13 brumaire an 7 et 20 de la loi du 23 août 1871. — *Circ. Comp. 14 avril 1872, art. 24 , n° 8.*

CENTRALISATION DE FONDS.

188. Récépissés ou quittances. — Sont exempts de timbre les récépissés ou quittances délivrés à un comptable par un autre comptable chargé de centraliser les fonds à titre d'opération de trésorerie.

189. Fournitures de l'imprimerie nationale. — Versements des comptables. — Ainsi, les récépissés délivrés par les receveurs des finances aux comptables de l'État, aux receveurs des communes et des établissements publics, pour versements du prix des fournitures de l'imprimerie nationale, sont exempts de timbre, ces versements constituant une opération d'ordre intérieur et ayant pour but de centraliser les fonds destinés au payement des fournitures. — *Circ. Comp. 14 avril 1872, art. 55.*

190. Cotisations municipales. — L'exemption du timbre est encore applicable aux récépissés délivrés par les receveurs des finances pour versements de cotisations opérés par les communes et les établissements publics. — *Circ. Comp. 14 avril 1872, art. 39.*

191. Communes. — Dépenses d'intérêt commun. — Il y a également exemption de timbre pour le récépissé ou la quittance délivré par un receveur municipal à ses collègues de diverses communes, de la part contributive de celles-ci dans une dépense à supporter collectivement. — *Sol. 23 décembre 1852.*

CERCLES.

192. Taxes. — Les quittances à souche délivrées

par les percepteurs, du montant des taxes sur les cercles, sont exemptes de timbre, ces taxes étant assimilées aux contributions directes. — *Circ. Comp. 14 avril 1872, art. 1.*

CERTIFICATS.

193. Réception d'objets. — Les certificats de réception qui tiennent lieu de décharges ou de reçus d'objets sont passibles du droit de timbre de 10 centimes, en vertu de l'article 18 de la loi du 23 août 1871.

Ainsi, le certificat qui constaterait, par exemple, la réception par un horloger d'une montre ou d'un bijou à réparer, par un teinturier de pièces de drap à teindre ou à nettoyer, par un relieur d'ouvrages à relier, etc., devrait être soumis à ce droit de timbre. — Il en serait de même des certificats délivrés à un messager, constatant la réception de sacs vides rapportés à une usine. — *V. au mot Bulletins, n° 126.*

194. Dépôt au greffe des registres de l'état civil. — Les certificats que les greffiers délivrent aux maires, lors de la remise faite au greffe des registres de l'état civil, sont exempts de timbre, cette remise étant une mesure d'ordre public. — *Déc. m. f. 28 juin 1822. — Inst. 1051, § 2.*

195. Certificats pour travaux. — **Quittance à la suite.** — Les certificats pour payement d'à-compte ou de solde, ou les certificats d'avancement de travaux et les procès-verbaux de réception définitive délivrés aux entrepreneurs, ne tombent pas sous l'application de l'article 18 de la loi du 23 août 1871. Ils demeurent soumis au timbre de dimension. Mais les quittances que les entrepreneurs fournissent au pied de ces certificats ou procès-verbaux sont soumises au timbre de 10 centimes.

196. Certificats de quitus. — Sont assujettis non au timbre de 10 centimes, mais au timbre de dimension, les certificats de quitus délivrés aux entrepreneurs ou soumissionnaires après l'exécution de leur marché. Ces certificats leur permettent d'obtenir le remboursement du cautionnement qu'ils ont fourni.

CHASSE.

196 bis. Payement des attributions aux communes. — Les quittances données aux receveurs de l'enregistrement pour attribution aux communes des amendes de chasse sont exemptes de timbre. — *Déc. m. f. 23. septembre 1829.* — *Inst. 1307, § 15.*

196 ter. Payement des gratifications aux agents. —Les quittances de gratifications allouées aux agents verbalisateurs sont soumises au timbre de 10 centimes, à l'exception de celles données par les gendarmes, qui sont des militaires ou gens de guerre. — *L. 13 brumaire an 7, art. 13.* — *Baux de chasse. V. Fermages.*

CHEMINS DE FER.

§ Iᵉʳ. — Billets de place et autres billets ou bulletins. — N° 197.

§ Ier. — Billets.

197. Assujettissement au timbre de 10 centimes. — Les billets ou bulletins dont le prix excède 10 francs et qui sont délivrés dans les gares de chemins de fer pour la circulation des voyageurs, pour recettes supplémentaires, pour les bagages, pour les chiens, pour les voitures de correspondance, etc., tombent sous l'application de l'article 18 de la loi du 23 août 1871, et doivent supporter le droit de timbre de 10 centimes.

198. Dispense de la formalité. — Mode de paiement du droit. — Ces billets ou bulletins peuvent, si la demande en est faite par les compagnies de chemins de fer, n'être revêtus d'aucun timbre. — (*Déc. du 27 nov. 1871 , art. 6.*)

Les compagnies qui veulent user de cette faculté perçoivent, pour le compte du Trésor, sous leur responsabilité et à leurs risques et périls, les droits exigibles.

Le montant de ces droits est versé par chaque compagnie, pour toutes les gares de son réseau, à l'expiration de chaque mois et dans les cinq jours du mois suivant, au bureau de l'enregistrement désigné à cet effet. — *Arrêté du directeur général de l'enregistrement du 29 déc. 1871 , art. 1er.*

199. États à l'appui des paiements. — Erreurs. — Omissions. — A l'appui du versement des droits, il est fourni par le directeur de la compagnie un état indiquant distinctement, par *chaque gare de départ*, le nombre de billets ou de bulletins assujettis au timbre et délivrés :

1° Pour la circulation des voyageurs ;

2° Pour recettes supplémentaires ;

3° Pour les bagages ;

4° Pour les chiens ;

5° Pour les voitures de correspondance.

Cet état est certifié conforme aux écritures de la compagnie. Il est totalisé, et le montant des droits de timbre est provisoirement liquidé et payé en conséquence.

Si par suite de vérifications faites par les compagnies, il est reconnu des erreurs ou omissions, les droits se rapportant à ces erreurs ou omissions font l'objet d'un état spécial et détaillé indiquant les différences en plus ou en moins. Cet état est fourni avec celui du mois pendant lequel ces erreurs ou omissions ont été constatées. — *Arrêté du 29 décembre 1871, art. 2.*

200. Contrôle de l'Administration. — Vérifications. — Suppléments ou excès de perception. — L'Administration peut faire vérifier, tant au siége social que dans les gares du réseau, si elle le juge convenable, l'exactitude des états susmentionnés.

A cet effet, tous les documents de comptabilité et autres, nécessaires pour la vérification, sont conservés par les compagnies pendant trois mois au moins, à partir du jour du versement des droits, pour être communiqués aux agents de l'enregistrement.

Si de cette vérification il résulte un complément de droit au profit du Trésor, il doit être acquitté immédiatement. Dans le cas où la vérification fait ressortir un excédant dans les versements effectués par les compagnies, cet excédant est imputé sur le montant du plus prochain versement. — *Arrêté du 29 déc. 1871, art. 3.*

L'exactitude des états de versement est vérifiée, autant que possible, avant l'expiration des trois mois pendant lesquels les compagnies sont tenues de conserver tous leurs documents de comptabilité. Après les 3 mois, l'Administration peut encore faire vérifier, mais elle doit alors se contenter des documents que les compagnies ont jugé convenable de conserver dans l'intérêt de leur responsabilité et de leur service. La vérification est faite au siége social. Elle n'a lieu dans les gares du réseau qu'en cas d'insuffisance des documents trouvés au siége social ou administratif, ou d'erreurs présumées dans ces documents.

Les agents de l'Administration ne doivent pas moins se rendre périodiquement dans toutes les gares afin de s'assurer de l'exécution des lois sur le timbre en ce qui concerne, notamment, les factures, les reçus et quittances et les décharges. — *Inst. 2431, p. 2.*

201. Retard de paiement. — Poursuites. — A défaut de versement des droits dans les délais et suivant les formes prescrites, le recouvrement en est poursuivi contre les compagnies par voie de contrainte. — *Arrêté du 29 déc. 1871, art. 4.*

202. Compagnies qui timbrent leurs billets. — Surveillance. — Les agents de tout grade doivent exercer une surveillance spéciale sur les billets, bulletins et actes de toute nature émanant des compagnies de chemins de fer et autres entreprises qui n'ont pas usé de la faculté de s'affranchir de l'apposition du timbre par la remise d'états dans la forme prescrite.

Les employés des contributions indirectes doivent aussi concourir à la répression des contraventions. — *Inst. 2431, p. 3.*

203. Oblitération des timbres mobiles. — Les compagnies de chemins de fer qui timbrent leurs billets et bulletins, ne sauraient être dispensées de se conformer aux prescriptions du règlement d'administration publique du 27 nov. 1871, en ce qui concerne l'oblitération des timbres mobiles. — *Sol. 20 déc. 1871. Ariége.*

204. Billets militaires. — Ils doivent supporter le droit de timbre de 10 centimes quand le prix dépasse 10 fr. Il n'est pas possible de faire rentrer ces billets dans l'une des exceptions établies par l'art. 16 de la loi du 13 brumaire an 7.

205. Billets d'aller et retour. — Ils sont passibles du timbre de 10 centimes dès que la somme payée (aller et retour compris) excède 10 francs. Il s'agit en effet d'une seule créance, d'un seul acquit, bien que le billet se sépare en deux parties, l'une pour *l'aller* et l'autre pour le *retour*. Cela est si vrai, que celui qui ne profite pas du billet de retour n'a droit à aucun remboursement.

206. Cartes d'abonnement. — Billets collectifs. Pèlerinages. — En matière de quittances, le législateur de 1871 a voulu atteindre non pas le paiement même, mais le *titre* libératoire.

Lorsqu'il n'y a *qu'un seul titre*, il n'est dû qu'un seul droit de timbre, alors même que le titre contiendrait quittance de plusieurs paiements antérieurs ou simultanés. Chacun des titres libératoires, cartes d'abonnement, billets collectifs, bulletins de correspondance, billets d'aller et retour, délivré par la compagnie aux voyageurs, est donc passible ou exempt du droit de timbre de 10 centimes, suivant qu'il constate le paiement d'une somme supérieure ou inférieure à 10 francs, *quels que soient d'ailleurs le prix et le nombre de places* compris dans le titre.

Mais si, indépendamment du *titre unique* remis *par la compagnie*, par exemple, au *directeur d'un pèlerinage*, ce directeur délivre à chacun des pèlerins un écrit constatant qu'il a reçu le prix afférent à sa place, — ou si la compagnie remet à *chaque pèlerin* une carte de circulation ou un laisser-passer qui, en définitive, atteste ce même paiement, cet écrit doit être soumis au droit de timbre de 10 centimes, toutes les fois que la somme payée, représentée par ce titre, excède 10 francs. — *Sol. 25 juillet 1873.*

207. Bulletin de consignation ou dépôt de bagages. — MM. les rédacteurs du *Journal de l'Enregistrement* pensent que le bulletin de consignation de bagages doit être assimilé, en ce qui concerne le timbre, au bulletin de bagages ordinaire ; il doit donc être passible, comme ce bulletin, du droit de timbre de 10 centimes dans le cas seulement où la somme perçue par la compagnie excède 10 francs. — *J. E. 19147-1.*

§ II. — Récépissés. — Décharges. — Quittances.

208. Récépissés de marchandises ou colis. — Il est dû un droit de décharge pour la remise au destinataire des colis transportés par les chemins de fer. — *L. 23 août 1871, art. 18.*

Ce droit est réuni à la taxe déjà imposée aux récépissés de chemins de fer et lettres de voiture délivrés par les compagnies et préalablement timbrés à l'extraordinaire.

Par suite, les registres de factage et de camionnage, constatant la livraison des colis *transportés par les chemins de fer*, peuvent être revêtus de la signature pour décharge du destinataire, *sans l'apposition du timbre de 10 centimes*, puisque le droit se trouve ainsi payé d'avance sur le récépissé.

Mais cette disposition ne concerne pas les quittances de prix de transport supérieurs à 10 francs, ni les décharges de colis transportés par d'autres voies que les chemins de fer. — *L. 28 février 1872, art. 11. — Inst. 2433, ch. 6.*

209. Récépissés de grande vitesse. — Le droit de timbre de ces récépissés est de 35 centimes, y compris le droit de décharge. — *L. 13 mai 1863; 23 août 1871 ; 28 février 1872; 30 mars 1872. — Inst. 2433-2441.*

210. Récépissés de petite vitesse. — Le droit de timbre des récépissés obligatoires pour tous les transports effectués par chemins de fer autrement qu'en grande vitesse, est de 70 centimes y compris le droit de décharge.

Mais les récépissés au timbre de 70 centimes *peuvent servir de lettres de voiture* pour les transports qui, indépendamment des voies ferrées, empruntent ensuite les routes, canaux et rivières. De plus, les modifications qui pourraient survenir en cours d'expédition, tant dans la destination que dans le prix et les conditions du transport, peuvent alors être écrites sur ces récépissés. — *L. 30 mars 1872, art. 1ᵉʳ.* — *Inst. 2441.*

211. Marchandises venant de l'étranger. — Les récépissés des marchandises venant de l'étranger et qui doivent être transportées par les chemins de fer français, doivent être timbrés à 35 centimes (y compris le droit de décharge) pour les transports en grande vitesse, et à 70 centimes (droit de décharge également compris) pour les autres transports.

Les récépissés dont il s'agit sont timbrés, à leur arrivée en France, par les agents des douanes, au moyen de timbres-mobiles. Les agents de l'enregistrement se concertent, à cet effet, avec ceux des douanes. — *Inst. 2443, p. 6.*

212. Transport de colis. — Intermédiaires. — Un seul droit de décharge. — Le droit de décharge du colis remis au destinataire étant compris dans le récépissé de chemin de fer, il n'est pas dû d'autre droit, quel que soit le nombre des intermédiaires employés. Ainsi, que le colis confié à la compagnie directement soit remis par elle au destinataire, ou bien que, remis au départ à un camionneur correspondant, il soit livré à l'arrivée par un autre camionneur, ou bien encore qu'il ait passé par plusieurs compagnies de chemins de fer intermédiaires, il n'est jamais dû qu'un seul droit de décharge, celui qui est perçu sur le récépissé. — *Discours de M. Louis Delille, séance du 28 fév. 1872.*

213. Décharge par le camionneur à la Compagnie. — Il n'est pas dû un timbre particulier pour la décharge de colis donnée à une Compagnie de chemins de fer, par les camionneurs ou correspondants. Ces décharges peuvent être considérées comme pièces d'ordre intérieur.

214. Lettres de voitures établies par les particuliers. — Ces lettres de voitures, rédigées sur papier timbré à 60 centimes, sont parfaitement valables. Les compagnies de chemins de fer n'ont aucun motif de les refuser, pourvu qu'elles soient revêtues, en outre, d'un timbre mobile de 10 centimes, pour décharge, conformément à l'article 11 de la loi du 28 février 1872.

215. Récépissé remis à l'expéditeur. — Acquit du prix du transport. — L'acquit du prix du transport constaté dans le récépissé remis à l'expéditeur ne donne pas ouverture à la taxe spéciale de 10 centimes. La mention du paiement de ce prix constitue, en effet, un des éléments du contrat de transport, et, par suite, ne peut donner lieu à un droit de timbre distinct de celui perçu pour le contrat lui-même (35 centimes ou 70 centimes). — *Sol. du 13 janvier 1872.*

216. Récépissé remis au destinataire dans l'expédition en port dû. — Acquit du prix de transport. — Mais quand l'expédition est faite *en port dû*, la remise au destinataire, du récépissé constatant l'acquit du prix du transport, vaut libération, même quand le *pour acquit* imprimé n'est pas signé du chef de gare, et, dès lors, ce récépissé doit être revêtu du timbre mobile de 10 centimes, si le prix du transport est supérieur à 10 francs. Le droit de 10 centimes pour quittance du prix du transport ne saurait se confondre, dans ce cas, avec celui déjà payé pour la décharge du colis, et compris dans le coût du récépissé timbré à 35 ou à 70 centimes. — *Sol. du 20 déc. 1871.*

217. Prix de transport inférieur à 10 francs. Frais accessoires. — Total supérieur à 10 francs. — Il importerait peu, dans le cas de l'article précédent, que le prix du transport seul fût inférieur à 10 francs, du moment que, par suite de frais spéciaux ou débours avancés par la compagnie, il lui est payé ou remboursé une somme de plus de 10 francs au total, et dont elle donne acquit explicitement ou bien par le seul fait de la remise du récépissé.

218. Expédition en port dû. — Refus de quittance par le destinataire. — Aucune disposition légale n'oblige le débiteur qui ne veut pas supporter les frais du timbre mobile de 10 centimes à retirer la quittance de son paiement, et, spécialement, le destinataire qui a payé les frais de transport. Ce dernier est seul juge de l'intérêt qu'il peut avoir à retirer le récépissé établissant sa libération. — *Jug. com. Seine, 28 janv. 1873.* — *Gazette des Tribunaux, 23 fév. 1873.*

218 bis. Expéditions de marchandises contre remboursement. — Récépissés. — Droit de timbre. Les expéditions contre remboursement ne constituant qu'une opération unique, et le retour de la somme encaissée pour le compte de l'expéditeur ne donnant pas lieu à un transport réel d'espèces, les compagnies de chemins de fer ne sont pas fondées *à créer un récépissé timbré* pour le retour de l'avis d'encaissement. Elles ne sauraient manquer, en ce cas, aux dispositions de l'art. 11 de la loi du 23 mai 1863, aux termes duquel toute expédition doit être constatée sur le registre des récépissés timbrés ; cet article ne s'applique qu'aux expéditions réelles. — *Rejet du pourvoi formé par la compagnie de l'Est contre un arrêt de la Cour d'appel de Paris du 10 janvier 1873, rendu au profit des Messageries nationales. — Arrêt du 5 mai 1873. — Le Droit, 7 mai 1873.*

Il est dû seulement : 1° un droit de 10 centimes pour la quittance que le destinataire exigerait de la compagnie afin de prouver qu'il est libéré ; 2° un droit de 10 centimes pour la quittance que la compagnie reçoit de l'expéditeur, après qu'elle lui a remis les fonds reçus en remboursement.

219. Transports sans récépissés ni lettres de voiture. — Amendes. — Une compagnie qui opère un transport sans lettre de voiture ni récépissé est passible d'une amende de 50 francs. — *L. 13 mai 1863, art. 10. — Inst. 2252 et 2268.*

§ 3. — GROUPAGE.

220. Récépissés collectifs et individuels. — Les entrepreneurs de messagerie et autres intermédiaires de transport qui réunissent en une ou plusieurs expéditions des colis ou paquets envoyés à des destinataires différents (1), sont tenus de remettre aux gares expéditrices un bordereau détaillé et certifié, écrit sur papier non timbré, et faisant connaître le nom et l'adresse de chacun des destinataires réels.

Cette disposition s'applique tant aux transports en grande vitesse, pour lesquels le *groupage* se pratique le plus communément, qu'aux envois par la petite vitesse.

Le bordereau doit être accompagné d'autant de récépissés qu'il y a de destinataires, et ces *récé-*

---

(1) On sait qu'au-dessus de 5 kilogrammes pour les envois en grande vitesse, la perception du prix du transport a lieu par fraction indivisible de 10 kilogrammes.

Certains entrepreneurs de messagerie ou de roulage ont tiré parti de cette disposition du cahier des charges des compagnies pour réunir, dans un envoi unique, des colis ou paquets adressés à des destinataires distincts et profiter ainsi des différences de poids. Ce mode d'opérer a reçu le nom de *groupage.* Les groupeurs n'étaient pas obligés de remettre aux expéditeurs les récépissés, dont la délivrance par les compagnies de chemins de fer est obligatoire. Ils bénéficiaient ainsi de l'impôt. L'art. 2 de la loi du 30 mars 1872 est intervenu pour faire cesser cet abus. — *Inst. 2441-2.*

pissés individuels sont extraits d'un livre à souche mis à la disposition des entrepreneurs par les compagnies de chemins de fer.

Indépendamment de ces récépissés créés par le groupeur, il doit être délivré par la gare expéditrice un autre récépissé applicable à l'envoi collectif ou *group*.

A l'arrivée, les groupeurs sont tenus de transcrire sur un registre, qui doit être signé pour décharge par le destinataire, les indications principales des récépissés individuels, et notamment leur numéro d'ordre. — *L. 30 mars 1872, art. 2. — Inst. 2441-2.*

221. Transport par plusieurs Compagnies. — Les récépissés spéciaux détachés des livres à souche dont les entrepreneurs de transport sont dépositaires, et délivrés par eux à l'expéditeur, accompagnent la marchandise jusqu'à sa destination, quel que soit le nombre de compagnies intermédiaires qui accomplissent le transport, pourvu que l'expédition *ne soit pas interrompue.*

222. Marchandises venant de l'étranger. — Les marchandises expédiées de l'étranger par *groups*, tombent sous l'application de l'art. 2 de la loi du 30 mars 1872. En conséquence, il doit être perçu, à la douane, autant de droits de récépissés qu'il y a de destinataires, recevant leurs marchandises par *voie ferrée.* Ces droits sont perçus par l'apposition de timbres mobiles.

**223. Envois de marchandises à façonner chez

divers ouvriers. — Est considérée comme opération de groupage, l'opération par laquelle un intermédiaire recueille chez des fabricants une matière qui a reçu une première façon et qu'il expédie à un entrepreneur de transports, en *ballots revêtus d'adresses distinctes*, pour les remettre à *diverses maisons* chargées de donner ou faire une deuxième façon.

Il en est de même pour le retour dans de semblables conditions.

224. Étendue de la loi du 30 mars 1872. — L'art. 2 de la loi du 30 mars 1872 s'applique seulement aux entrepreneurs de messageries et autres intermédiaires de transports. Rien n'interdit, dès lors, à un négociant, un propriétaire ou particulier, l'envoi de plusieurs colis à un correspondant chargé de la remise.

225. Envoi d'un group par un négociant. — Un seul récépissé. — Transport complémentaire. — Un négociant peut valablement envoyer ses marchandises, par voie ferrée, à un commissionnaire intermédiaire, avec un seul récépissé. Mais les pièces qui suivent la marchandise dans son transport complémentaire du correspondant intermédiaire jusque chez le destinataire définitif, sont de véritables lettres de voiture assujetties au timbre de dimension.

226. Décharge par le destinataire au commissionnaire qui a reçu le group. — Dans le cas de réception d'un group (*envoi d'un négociant*) par un correspondant chargé de faire la remise des colis qui composent ce group à des destinataires différents, le droit de décharge compris dans le coût du récépissé ne peut servir que pour le reçu du correspondant. Il est dû, en outre, un droit de décharge pour chaque reçu donné par le destinataire au commissionnaire.

227. Surveillance. — Les agents de l'enregistrement ont le droit de se faire représenter, non-seulement les bordereaux déposés aux gares par les groupeurs, mais encore les livres dont sont extraits les récépissés individuels délivrés au départ et les registres de décharge tenus à l'arrivée. — *L. 30 mars 1872.* — *Inst. 2444-2.*

228. Contraventions. — **Amendes.** — Chaque contravention aux dispositions de la loi relativement au groupage, est punie d'une amende de 50 francs, et, s'il y a récidive dans le délai d'un an, l'amende est portée à 100 francs. Ces contraventions peuvent être constatées par tous les agents ayant qualité pour verbaliser en matière de timbre, et, en outre, pour ce cas spécial, par les commissaires de surveillance administrative établis dans les principales gares de chemins de fer. — *L. 30 mars 1872, art. 2.* — *Inst. 2444-2.*

229. Envoi d'un group avec un billet de voyageur. — Doit être considéré comme en contravention et passible d'autant d'amendes de 50 à 100 francs qu'il y a de droits éludés, l'entrepreneur de transport qui, pour éviter l'application de l'art. 2 de la loi du 30 mars 1872, fait voyager un group au moyen d'un billet de voyageur dont il ne fait pas usage lui-même.

230. Registre de factage non signé par le destinataire. — Malgré l'obligation imposée aux entrepreneurs et intermédiaires de transport par l'art. 2 de la loi du 30 mars 1872, de faire signer leurs registres de factage, pour décharge, par les destinataires, le défaut de signature ne constitue pas une contravention, les destinataires pouvant se trouver empêchés de signer. Mais il faut alors que toutes les autres prescriptions de la loi aient été remplies.

§ 4. — Questions diverses.

231. Chemin de fer de ceinture. — Reçus d'une compagnie à une autre compagnie. — Le chemin de fer de ceinture n'est pas une compagnie indépendante. Les grandes compagnies se sont constituées en syndicat pour son exploitation. Dès lors, les reçus que ces compagnies échangent entre elles à cette occasion sont des pièces d'ordre, non sujettes au timbre de 10 centimes.

232. Reconnaissances de dépôt de titres. — La reconnaissance délivrée par une compagnie à un actionnaire ou un obligataire du dépôt qu'il effectue, de titres à échanger, à transférer ou convertir, est un récépissé provisoire, passible du timbre de 10 centimes.

Mais si, au lieu d'un récépissé provisoire, la compagnie remet des titres provisoires, il semble que ces derniers titres sont passibles des droits de timbre fixés par la loi du 5 juin 1850 (affaire soumise à la chambre civile). — *V. Gazette des Tribunaux du 5 avril 1873.*

233. Coupons. — Paiement dans les gares. — La quittance donnée par le porteur de coupons d'intérêts, qui en reçoit le montant dans une gare de la compagnie est passible du timbre de 10 centimes.

234. Frais de surveillance. — Les récépissés des receveurs des finances constatant la recette des frais de surveillance des chemins de fer sont assujettis au timbre de 25 centimes. En effet, ces frais ne sont pas un impôt, mais une charge de la concession accordée par l'État aux compagnies ; le récépissé est de nature à servir de justification de l'accomplissement de cette obligation. — *Circ. Comp. du 14 avril 1872, art. 17.*

235. États de solde ou d'émargement. — Pour faciliter, autant que possible, aux administrations publiques de l'État, le paiement des droits de timbre dus sur les états de solde ou d'émargement, M. le Ministre des finances a décidé, le 25 novembre 1871, qu'on pourra n'y apposer aucun timbre, pourvu que certaines formalités prescrites soient remplies.

Le 8 février 1872, le Ministre a étendu le bénéfice de cette décision aux compagnies de chemins de fer, mais sous la condition que ces compagnies seront tenues de se conformer au mode de justification et aux époques de payement déterminés par l'Administration.

Les détails d'exécution relatifs à la faculté qui précède ont été réglés par l'arrêté du 20 février 1872, rapporté ci-après.

**236. Arrêté relatif à l'acquittement des droits

de timbre des quittances sur les états de solde ou de traitement des agents des chemins de fer. — Le Directeur général de l'enregistrement, des domaines et du timbre,

Vu l'art. 18 de la loi du 23 août 1871,

ARRÊTE :

Art. 1er. — Les compagnies de chemins de fer qui voudront, pour les reçus ou quittances donnés sur leurs états de solde et de traitement, user de la faculté accordée par la décision ministérielle du 8 février 1872 sus-visée, percevront, sous leur responsabilité et à leurs risques et périls, les droits de timbre exigibles à raison desdits reçus ou quittances.

Le montant de ces droits sera versé pour toutes les gares du réseau, à l'expiration de chaque mois suivant, au bureau de l'enregistrement qui sera désigné à cet effet.

Art. 2. — A l'appui du versement, il sera fourni, en double, un relevé certifié conforme aux écritures de la compagnie et indiquant, par nature de service et pour chaque état de solde ou de traitement :

1° La date de l'état ;

2° Le montant des salaires ou traitements qui y seront portés ;

3° Le numéro d'ordre, la lettre de série ou tout autre signe distinctif dont il sera revêtu ;

4° Le nombre des émargements passibles du droit de timbre.

Le montant des droits de timbre sera provisoirement liquidé et payé conformément aux indications de ce relevé, qui sera totalisé par la compagnie.

L'un des doubles du relevé sera rendu à la compagnie , revêtu de la quittance des droits versés. Cette quittance sera passible du timbre de 25 centimes , lorsqu'elle aura pour objet une somme excédant 10 francs.

Si , par suite des vérifications faites par les compagnies , il était reconnu des erreurs ou omissions, les droits qui en seraient la conséquence feraient l'objet d'un état spécial et détaillé , indiquant les différences en plus ou en moins. Cet état serait fourni avec celui du mois pendant lequel les erreurs ou omissions auraient été reconnues.

Art. 3. — L'Administration pourra faire vérifier , tant au siége social ou de l'exploitation que dans les gares du réseau , si elle le juge convenable , l'exactitude des résultats présentés par le relevé indiqué à l'article précédent.

Afin de faciliter ces vérifications , il sera ouvert , par les soins des compagnies , sur les états de solde ou de traitement , une colonne spéciale destinée à faire ressortir les droits de timbre exigibles.

Les états de solde ou de traitement seront classés par nature de service et en suivant l'ordre adopté dans le relevé fourni à l'appui des versements.

Les états de solde et de traitement , les doubles des relevés revêtus de la quittance des droits et tous autres documents nécessaires pour la vérification seront conservés par les compagnies pendant un an au moins, à partir du jour du versement des droits, pour être communiqués aux agents de l'enregistrement.

Si de cette vérification il résulte un complément de droit au profit du Trésor , il sera acquitté immédiatement. Dans le cas où la vérification ferait ressortir un excédant dans les versements effectués par les compagnies , cet excédant serait imputé sur le montant du plus prochain versement.

Art. 4. — A défaut de versement des droits dans les délais et suivant les formes prescrits ci-dessus , le recouvrement en sera poursuivi contre les compagnies comme en matière de timbre.

Art. 5. — Le présent règlement sera notifié aux compagnies, qui demeurent chargées de le porter à la connaissance de tous les agents de leur réseau. Il sera applicable aux perceptions à faire à partir du 1er mars 1872 et pourra être modifié ou complété , si l'intérêt du Trésor l'exige. — *Lettre commune n° 29.*

CHEMINS VICINAUX.

237. Grande communication. — **Produits départementaux.** — Les récépissés des receveurs des finances relatifs aux ressources de toute nature destinées aux chemins de grande communication (contingents communaux , souscriptions particulières , etc.) , sont soumis au timbre de 25 centimes. — *Circ. Comp. 14 avril 1872 , art. 15 , n° 8.*

238. Secours. — Les quittances délivrées par les receveurs municipaux pour subventions ou secours accordés par l'État ou le département aux communes et applicables à des travaux de confection , d'entretien ou de réparation des chemins vicinaux sont également passibles du timbre de 25 centimes , à moins que les sommes allouées ne doivent être employées à établir des ateliers de charité. — *Déc. m. f. 9 octobre 1835 , Inst. 1513 , § 12. — Inst. m. f. 20 juin 1859 , art. 845 , § 8.*

239. Subventions industrielles. — Souscriptions volontaires. — Il en est de même des quittances données par les mêmes comptables aux débiteurs des subventions industrielles ou à ceux de souscriptions volontaires pour réparations aux chemins vicinaux.

240. Prestations. — Mais les quittances du montant des prestations afférentes à ces chemins sont exemptes de timbre par application de l'art. 16 de la loi du 13 brumaire an 7 , ces prestations constituant un impôt direct. — *Déc. m. f. 30 décembre 1831. — Inst. 1391.*

241. Entrepreneurs et fournisseurs. — Les quittances de sommes payées aux entrepreneurs de travaux et fournisseurs de matériaux pour les chemins vicinaux sont sujettes au timbre de 10 centimes. — *Déc. m. f. 9 oct. 1835. — Inst. 1513 , § 12.*

242. Traitement des cantonniers et surveillants. — Les quittances de traitement ou de salaires données par les cantonniers des chemins vicinaux ou par les surveillants des travaux, sont passibles du timbre de 10 centimes.

243. Ouvriers auxiliaires. — Il en est de même pour les acquits donnés en marge d'un état de salaires par des ouvriers employés auxiliairement aux chemins vicinaux, à moins que *l'indigence* de ces ouvriers, régulièrement constatée, ne justifie l'exemption. — *Déc. m. f. 31 déc. 1853.* — *Inst. 2003*, § *5.*

CHÈQUES.

244. Assujettissement au timbre. — **Formalités.** — Les chèques, tels qu'ils sont définis par la loi du 14 juin 1865, sont soumis au droit de timbre de 10 centimes.

Ce droit ne peut pas être acquitté au moyen de l'apposition d'un timbre mobile. Les carnets de chèques ne peuvent être remis à celui qui doit en faire usage qu'après avoir été revêtus de l'empreinte du timbre à l'extraordinaire. — *Loi du 23 août 1871, art. 18.*

245. Acquits inscrits sur les chèques. — Les acquits inscrits sur les chèques sont dispensés du timbre. — *L. 23 août 1871, art. 20.*

246. Transport par la poste et en franchise des formules à timbrer. — Les particuliers peuvent présenter, dans tous les bureaux de l'enregistrement, des formules de chèques à timbrer à l'extraordinaire. Le timbre n'est apposé qu'au chef-lieu de département. — *Inst. 2381.*

Par extension de l'arrêté du 1er mars 1869, relatif aux vignettes, effets de commerce, etc., les formules de chèques sont admises au bénéfice de la franchise postale sous le contre-seing des agents de l'administration de l'enregistrement, qui ont à se les transmettre avant de les rendre timbrées aux déposants. — *V. Timbre à l'extraordinaire.*

Il est procédé conformément à l'inst. 2381. — *Déc. m. f. 25 janvier 1872. — Inst. 2437.*

247. Défaut de provision. — Le chèque ne peut être tiré que sur un tiers ayant provision préalable *(L. 14 juin 1865, art. 2).*

Le défaut de provision lui fait perdre sa qualité de chèque; on doit alors le considérer comme une lettre de change. — *Tribunal Commerce Seine, 18 janvier 1873. — Le Droit, n° du 2 février 1873.*

248. Défaut de provision. — Amende. — Le chèque étant, à défaut de provision, une véritable lettre de change, lorsqu'il est protesté pour ce motif, l'amende est exigible, s'il n'est souscrit que sur timbre de 10 centimes, et que l'importance de la somme pour laquelle il est tiré comporte un droit de timbre proportionnel plus élevé.

Mais il n'est dû qu'une seule amende de 6 0/0 (Loi du 5 juin 1850, art. 4), à la charge du souscripteur, car l'accepteur, l'endosseur ou le bénéficiaire ignorait qu'il y eût contravention, et, par suite, ne s'en est pas rendu complice. — *Sol. du 25 août 1873.*

249. Chèques tirés de l'étranger. — Amendes. — Les chèques tirés de l'étranger en France doivent être assujettis, avant tout usage, *au timbre proportionnel.*

Il a été entendu, lors de la discussion de la loi du
14 juin 1865 (Inst. 2312), que l'art. 7 ne serait applicable qu'aux chèques tirés d'une place sur une
autre *en France*. On doit dès lors considérer les
premiers comme de véritables lettres de change,
même au regard des amendes qui pourraient être
encourues.

250. Chèques tirés de France sur l'étranger. —
Il en est de même, par les mêmes motifs, des chèques tirés de France sur l'étranger. Ils doivent être
considérés comme de simples effets de commerce et
être écrits sur coupons de timbre proportionnel.

251. Reçu d'un chèque dans une lettre. — Le
reçu d'un chèque dans une lettre missive donne
lieu à l'apposition du timbre mobile de 10 centimes,
car le chèque étant toujours payable à vue est
considéré comme l'équivalent de la somme due.
Ce reçu emporte libération du montant de la somme
pour laquelle le chèque est tiré. On ne saurait l'assimiler au reçu d'un effet de commerce à négocier
ou encaisser.

**251 bis. Chèque supérieur à 20,000 fr. — Crédit
foncier. — Disponibilité. —** La partie qui dépose en
compte courant, au crédit foncier, 100,000 fr. par
exemple, ne peut retirer plus de 20,000 fr. à la
fois, sous forme de chèque, avant d'avoir prévenu,
48 heures à l'avance, le crédit foncier, qui fait
alors passer « dans la catégorie de la disponibilité »
tout ou partie des 100,000 fr.

L'écrit rédigé pour retirer plus de 20,000 fr. n'est

donc un chèque qu'autànt que le crédit foncier a été prévenu 48 heures à l'avance, parce qu'alors seulement, il y a provision préalable *et que le chèque n'est rédigé qu'après cet avis.* Dans le cas contraire, il n'y a pas chèque, mais effet, qui doit être rédigé sur timbre proportionnel. — *Sol. 7 juillet 1873.*

CHEVAUX ET VOITURES.

252. Contributions. — Les contributions sur les chevaux et voitures sont assimilées aux contributions directes. Par suite, les quittances de ces produits, délivrées par les percepteurs, sont exemptes du timbre. — *L. 13 brum. an 7, art. 16. — L. 23 août 1871, art. 20. — Circ. Comp. 14 avril 1872, art. 1er.*

CHIENS.

253. Taxe. — Les quittances de la taxe municipale sur les chiens sont exemptes du timbre, par application de l'art. 16 de la loi du 13 brumaire an 7. Cette taxe doit être assimilée aux contributions perçues, pour le compte des communes, accessoirement aux contributions directes. — *Déc. m. f. 19 avril 1856. — Inst. 2071.*

Billets de chiens. — *V. chemins de fer.*

CHOLÉRA-MORBUS.

254. Secours aux indigents. — Sont exemptes de timbre les quittances remises aux receveurs municipaux et produites par eux pour justifier de l'emploi des sommes accordées à titre de secours aux indigents atteints du choléra, pourvu que la cause de la dépense y soit rappelée. — *Sol. 10 nov. 1836.* — *J. E. 10437.*

A défaut de cette mention ou si l'indigence des malades secourus n'est pas mentionnée dans les mandats de paiement, les quittances dont il s'agit doivent supporter le droit de timbre de 10 centimes. — *J. E. 10437.*

COLLECTES.

255. Association d'utilité publique. — La décharge donnée à un maire, par un receveur municipal, du montant des collectes qu'il a recueillies au profit d'une association d'utilité publique est exempte de timbre comme pièce d'ordre.

256. Indigents. — L'exemption du timbre s'applique également aux quittances de sommes provenant de collectes faites par toutes personnes en faveur des indigents. — *Déc. m. f. 9 janvier 1843.*

COLLÉGES.

257. Pensions et accessoires. — Les quittances des sommes payées par les parents des élèves des *colléges communaux* pour le prix de la pension et de ses accessoires sont sujettes au timbre de 25 centimes. — *Sol. 27 mars 1859.*

258. Autres quittances. — Il en est de même de toutes autres quittances que peuvent délivrer les économes de ces colléges pour le compte de ces établissements.

259. Établissements privés. — Mais lorsque les colléges sont régis aux risques et périls des principaux ou des particuliers qui ont traité avec la commune, ou lorsqu'il s'agit de toute autre institution privée, les quittances remises par les chefs ou comptables de ces établissements sont soumises au timbre de 10 centimes.

Bourses. — *V. ce mot.*

Professeurs. — *V. Traitements.*

Rétribution universitaire. — *V. Université.*

260. Communication. — Les colléges communaux doivent communiquer aux agents de l'enregistrement, à toute réquisition, leurs registres, actes et pièces de comptabilité. — *Déc. m. f. 7 nov. 1825.* — *Inst. 1187, § 16.* — Mais ces agents n'ont pas le droit de se faire représenter les registres et autres documents des colléges particuliers. — *Sol. 3 déc. 1839.*

COLONIES.

261. Mouvements de fonds. — Les récépissés délivrés aux titres : fonds reçus des trésoriers-payeurs d'Afrique, fonds reçus des trésoriers-payeurs des colonies, fonds envoyés aux trésoriers-payeurs d'Afrique, fonds envoyés aux trésoriers des colonies, sont exempts de timbre comme se rapportant à des versements faits entre comptables, pour les besoins du service. — *Circ. Comp. 14 avril 1872, art. 50.*

262. Service local des colonies. — Sont assujettis

au droit de timbre de 25 centimes les récépissés délivrés par les receveurs des finances dans un intérêt privé aux parties versantes. Les dépenses d'ordre sont affranchies du timbre. — *Circ. Comp. 14 avril 1872 , art. 66.*

COMICES AGRICOLES.

263. **Encaissement des produits**. — Les récépissés des receveurs des finances, pour la recette des sommes provenant des revenus des comices agricoles ou des sociétés d'agriculture, sont soumis au timbre de 25 centimes.— *Circ. Comp., art. 15 , n° 4.*

264. **Payements ou remboursements**. — Les quittances pour payements ou remboursements faits à ces comices agricoles ou à ces sociétés , sont sujettes au timbre de 10 centimes. — *Déc. m. f. 10 sept. 1830.— Inst. 1391.*

COMMISSAIRES DE POLICE.

265. **Droit de constater les contraventions** — Les commissaires et agents de police concourent à la répression des contraventions à l'article 18 de la loi du 23 août 1871. Ils doivent constater toutes les infractions qui viennent à leur connaissance dans l'exercice de leurs fonctions. — *Circ. Min. Int. du 23 déc. 1872. — Inst. 2463.* — Les procès-verbaux doivent être rédigés sur *papier timbré.*

266. **Saisie des pièces en contravention**. — Ils saisissent et joignent à leurs procès-verbaux les pièces non timbrées portant quittance , reçu ou décharge , à moins que les contrevenants ne consentent à signer ces procès-verbaux ou bien à payer de suite, au bureau de l'enregistrement, les droits de timbre, frais et amendes exigibles. — *L. 13 brumaire an 7, art. 31.*

267. Remise des procès-verbaux aux Receveurs. — Les procès-verbaux sont remis, avec les pièces annexées, aux receveurs de l'enregistrement chargés de poursuivre le recouvrement des sommes exigibles. Les frais avancés par les agents verbalisateurs leur sont immédiatement remboursés par ces receveurs. — *Ins. 2441, p. 4.*

268. Attribution sur les amendes. — Un quart des amendes recouvrées est attribué aux agents verbalisateurs à titre de gratification. — *L. 23 août 1871, art. 23.*

269. Traitement. — Les quittances de traitements des commissaires et agents de police rétribués, soit sur les deniers communaux, soit sur les fonds de l'État, sont soumises au droit de timbre de 10 centimes.

270. Gratifications. — Les quittances données par ces mêmes agents pour gratifications ou attributions sur amendes de condamnation ou de contravention sont également passibles du timbre de 10 centimes.

271. Dépenses de police. — Il en est de même des quittances pour dépenses de police de toute nature. — *Ins. m. f. 20 juin 1859, art. 631.*

272. Part contributive des communes. — Récé-

pissé. — Les quittances ou récépissés délivrés par les receveurs municipaux à leurs collègues, de la part contributive des communes dans le traitement des commissaires de police, sont affranchies du timbre. — *Sol. 23 déc. 1852.*

COMMISSAIRES de SURVEILLANCE ADMINISTRATIVE.

273. Les commissaires de surveillance administrative des chemins de fer peuvent constater, par des procès-verbaux, les contraventions commises par les entrepreneurs de messageries et autres intermédiaires de transport, relativement aux prescriptions sur le groupage. — *L. 30 mars 1872, art. 2.* — *Inst. 2441-2.* — *V. Chemins de fer, groupage.*

COMMISSIONNAIRES DE TRANS-PORT. — *V. Messagers.*

COMMUNES.

274. Quittances. — *Voir, sous les divers mots de ce dictionnaire, chaque nature de quittances délivrées par les receveurs municipaux ou reçues par ces comptables.*

275. Communication. — Les receveurs des communes sont tenus de communiquer, sans déplacer, aux agents de l'enregistrement, à toute réquisition, leurs registres, actes et pièces. — *Décr. 4 messidor an 13, art. 1er.* — *Inst. m. f. 20 juin 1859, art. 1328.*

COMMUNICATION.

276. Sociétés. — Obligation de représenter les pièces de comptabilité. — Les sociétés, compagnies, assureurs, entrepreneurs de transports et tous autres, assujettis aux vérifications des agents de l'enregistrement par les lois en vigueur, sont tenus de représenter auxdits agents leurs *livres, registres, titres, pièces de recette, de dépense et de comptabilité*, afin qu'ils s'assurent de l'exécution des lois sur le timbre. — *L. 23 août 1871, art. 22.*

Cette disposition ne s'applique pas aux notaires et autres officiers publics et ministériels. — *Inst. 2413, p. 20.*

276 bis. Compagnies d'assurances. — Agences des provinces. — En ce qui concerne spécialement les compagnies d'assurances, les agents de province de ces sociétés, dûment commissionnés et accrédités, continuant la personne civile de la compagnie, l'administration se croit le droit d'exercer ses vérifications, aussi bien au siége de la société, que dans les agences de province. La question est actuellement soumise aux tribunaux.

276 ter. Siége social.—Exploitation industrielle. — Lieux distincts. — Lorsqu'une société, soumise aux vérifications des agents de l'enregistrement, a à Paris *son siége social*, uniquement pour la réunion du conseil d'administration et des assemblées, et que *l'exploitation industrielle* de cette société se trouve en province, que toutes les pièces qui détaillent et expliquent les recettes et dépenses sont con-

servées dans les bureaux de l'usine ou de la manu-
facture, c'est au *siége de l'exploitation industrielle*
que doivent s'effectuer les vérifications, impossibles
au siége social.

277. Refus de communication. — Tout refus de
communication des documents énoncés ci-dessus,
est constaté par procès-verbal et puni d'une amende
de 100 francs à 1,000 francs. — *V. Amende.*

La poursuite a lieu conformément à l'article 76
de la loi du 28 avril 1816.

278. Étendue du droit d'investigation. — Le
droit d'investigation de l'administration ne peut
s'exercer que dans les sociétés, compagnies et entreprises, et chez les assureurs, entrepreneurs de transports et autres, dénommés à l'article 22 de la loi du
23 août 1871, et non chez les particuliers, banquiers, commerçants et industriels.

Les agents n'ont pas le droit de lire toutes les
correspondances, notamment celles qui n'ont pas
pour objet une quittance, un reçu ou une décharge. Ils ont le droit incontestable de prendre
connaissance des lettres qui contiennent quittance,
reçu ou décharge, et qui sont devenues des documents de comptabilité. Ils peuvent demander,
au vu des livres, la représentation des pièces qui
sont relatives à des réceptions ou à des quittances
constatées par ces livres et donnent lieu au droit
de timbre. — *Discussion de la loi du 30 mars
1872.* — *Inst. 2445, p. 9.*

279. Investigations dans les greffes. — Les

agents de l'enregistrement trouvent des éléments
de contrôle dans les greffes, parmi les pièces produites à l'appui de faillites ou à l'appui des comptes
présentés en justice, ainsi que dans les divers
papiers et documents découverts lors des inven-
taires des successions vacantes et en déshérence.
— *Inst. 2424, p. 6.*

280. Archives publiques. — Les agents de l'enregistrement ont le droit de se faire représenter
les titres qui se trouvent dans les archives publiques, telles que les archives départementales,
spécialement les pièces qui accompagnent les
comptes des communes et des établissements publics. — *Inst. 1351, 1413, § 2, et 1680.*

281. Receveurs des finances. — Les mêmes
agents sont autorisés à vérifier, dans les bureaux
des receveurs des finances, les pièces justificatives
concernant la caisse des dépôts et consignations.
— *Inst. m. f. 20 juin 1859, art. 536.*

281 bis. Mairies. — De même pour les pièces
existant aux mairies, en tant qu'il s'agit de pièces
conservées par le maire, *chargé des archives et dépôts
de titres publics.* — *Art. 54, loi du 21 frim. an 7 ;
22, loi du 23 août 1871.* — *Sol. 16 août 1872.*

**282. Receveurs des communes et des établisse-
ments publics.** — Les agents de l'enregistrement
prennent communication, chez les receveurs des
communes et des établissements publics, des mémoires, comptes, factures, quittances, et en

général de toutes les pièces produites à l'appui de leurs comptes par ces comptables. — *Av. Cons. d'État, 4 nov. 1851.*

283. Établissements publics soumis au droit de communication. — Ces établissements sont, notamment :

1° Les bureaux et autres établissements de bienfaisance ;

2° Les chambres de discipline ;

3° Les colléges communaux ;

4° Les administrations chargées de l'entretien des digues, polders et watringues ;

5° Les écoles normales primaires ;

6° Les maisons hospitalières ;

7° Les hospices ;

8° Les lycées.

284. Caisses d'épargne. — Les caisses d'épargne ne sont tenues à aucune communication envers les agents de l'enregistrement. — *Déc. m. f. 25 mars 1855.*

285. Fabriques. — Séminaires. — Chapitres. — Congrégations religieuses. — D'après une décision m. f. du 16 septembre 1858, les mêmes agents doivent s'abstenir, *jusqu'à nouvel ordre*, de faire des vérifications dans les établissements placés sous la surveillance et l'autorité des évêques.

286. Consistoires. — Synagogues. — La décision ci-dessus doit être appliquée aux établissements de même nature étrangers au culte catholique. — *Sol. 16 février 1859.*

287. Monts de Piété. — Le droit de communication ne paraît pas concerner les Monts de Piété.

287 bis. Chambres de commerce. — Les chambres de commerce qui, comme établissements *d'utilité publique*, échappent aux vérifications des agents de l'enregistrement, y sont soumises, toutes les fois qu'elles *ont émis* des actions ou obligations, à la suite d'emprunts destinés à leurs intérêts particuliers ; elles constituent alors de véritables entreprises financières, payant des droits de timbre et de transmission, et tombant dès lors sous l'application de la loi de 1850.

288. Chemins de fer. — Malgré les vérifications qui ont lieu au siége social des compagnies de chemins de fer, et qui sont relatives aux droits de timbre dus, soit sur les billets de place et autres, soit sur les états de solde (v. n°ˢ 200 et suiv.), les agents de l'enrègistrement ne doivent pas moins se rendre périodiquement dans les gares, afin de s'assurer de l'exécution des lois sur le timbre en ce qui concerne, notamment, les factures, les reçus et quittances et les décharges. — *Inst. 2431, p. 2.*

288 bis. Chemins de fer. — **Groupage.** — **Surveillance.** — Les agents de l'enregistrement ont le droit de se faire représenter non-seulement les bordereaux déposés aux gares par les groupeurs, mais encore les livres dont sont extraits les récépissés individuels délivrés au départ et les registres de décharge tenus à l'arrivée. — *L. 30 mars 1872.* — *Ins. 2441-2.*

**289. Entrepreneur de transports. — Demande de
ses registres. — Déclaration qu'il n'en existe pas.
— Contravention.** — Si un entrepreneur de messageries refuse communication de ses registres sous le
prétexte qu'il n'en tient pas , il est en contravention , et son refus doit être constaté par un procès-
verbal , la tenue de livres réguliers étant obligatoire.

COMPAGNIES.

V. Assurances. — Chemins de fer. — Sociétés.

COMPTABLES PUBLICS.

290. Quittances. — Timbre. — Les quittances et
récépissés de produits et revenus de toute nature ,
délivrés par les comptables de deniers publics, doivent , *lorsqu'ils sont passibles du timbre* , être revêtus
d'un timbre mobile à 25 centimes. — *L. 8 juillet
1865 , art. 4. — L. 23 août 1871 , art. 2.*

291. — Quittance obligatoire. — La délivrance de
ces quittances et récépissés est obligatoire. Le contribuable ou débiteur est tenu de payer le prix du timbre, qui s'ajoute de plein droit au montant de la
somme due et qui est soumis au même mode de
recouvrement. — *L. 8 juillet 1865 , art. 4. — Inst.
2314.*

**292. — Contributions directes et indirectes. —
Douanes.** — Ne sont pas soumises au droit de timbre de 25 centimes , les quittances de contributions
directes qui sont exemptes de tout droit de timbre ,
et celles des contributions indirectes et des douanes

qui sont assujetties à un droit de timbre spécial perçu par ces administrations conformément aux art. 19 et 243 de la loi du 28 avril 1816. — *L. 8 juillet 1865 , art. 4.*

293. Produits principaux dont la quittance doit être timbrée à 25 centimes.

1° Revenus de l'État.

Droits de mutation par décès ;

Amendes et frais de justice ;

Revenus des domaines ;

Produits forestiers encaissés par les receveurs des domaines ;

Permissions d'usines ;

Pensions des élèves des écoles non militaires du Gouvernement ;

Produits des prisons départementales ;

Produits de la vente des plans et cartes de la guerre ou de la marine ;

Frais de surveillance des chemins de fer ;

Fonds de concours versés par des particuliers pour travaux publics ;

Produits des coupes de bois de l'État ;

Produits de la taxe des brevets d'invention perçue par les receveurs des finances ;

Produits universitaires.

2° Revenus des départements.

Produits de la vente des propriétés départementales mobilières ou immobilières ;

Revenus de ces propriétés ;

Droits de péage quand ils sont affermés ;

Revenus des sociétés d'agriculture et des comices agricoles ;

Frais et honoraires à la charge des particuliers pour travaux d'intérêt public ;

Produits des dons , legs et donations ;

Ressources afférentes aux chemins de grande communication.

3° Revenus des communes et des établissements publics.

Tous revenus qui constituent des créances particulières, comme les prix de ferme, des maisons, usines, biens ruraux ;

Rentes sur particuliers ;

Subventions ou souscriptions volontaires ;

Produits des octrois ;

Droits de place dans les halles , foires et marchés ;

Droits de mesurage , jaugeage , pesage ;

Prix de concessions dans les cimetières et autres concessions ;

Taxes particulières et locales, telles que celles relatives aux coupes d'affouage , au pavage des rues ;

Produits des biens propres aux syndicats ;

En un mot , toutes taxes ayant un caractère purement local et d'intérêt communal privé.

294. Produits dont le payement ne donne pas lieu à une quittance timbrée.

1° Revenus de l'État.

Contributions directes ;

Taxe pour la vérification des poids et mesures ;

Droits de visite chez les pharmaciens ;

Taxe des biens de mainmorte ;

Contributions sur les chevaux et voitures ;

Taxe sur les billards et sur les cercles ;

Redevances des mines (ces diverses taxes sont assimilées aux contributions directes) ;

Pensions des élèves de l'école de Saint-Cyr, de l'école navale de Brest, de l'école de médecine militaire (assimilation aux gens de guerre) ;

Droits d'enregistrement et de timbre dont les quittances s'expédient sur les actes ;

Taxes syndicales constituant un impôt direct.

2° Revenus des départements.

Droits d'expédition d'actes de la préfecture perçus par un intermédiaire ;

Droits de péage quand ils ne sont pas affermés ;

Prestations pour chemins de grande communication.

3° Revenus des communes.

Prestations pour chemins vicinaux ;

Taxe municipale sur les chiens ;

Rétribution scolaire due aux instituteurs ;

Centimes communaux ;

Attribution sur les patentes ;

Arrérages de rentes sur l'État ;

Amendes de police ;

Intérêts de fonds placés au Trésor.

295. Quittance d'à-compte. — Un comptable peut, sans contravention, donner plusieurs quittances sur la même feuille de papier revêtue d'un timbre de 25 centimes, quand il s'agit *d'à-comptes d'une même créance* ou *d'un seul terme de fermage ou loyer.* — *L. 13 brumaire an 7, art. 23.*

296. Quittance collective de plusieurs créances. — Quand un comptable public délivre une quittance établissant, dans un seul et même contexte, le payement simultané de sommes qui lui sont comptées à divers titres, *par le même débiteur*, il n'est apposé qu'un seul timbre de 25 centimes. — *Circ. Comp. 26 juin 1866.*

Mais s'il s'agit d'articles dus par des personnes différentes, le comptable est tenu de délivrer autant de quittances qu'il y a de débiteurs libérés, et de timbrer à 25 centimes celles qui dépassent 10 francs, lors même que le payement serait effectué par un seul individu agissant pour tous les débiteurs.

297. Plusieurs créances inférieures à 10 francs. — Quand le comptable englobe dans le même contexte deux créances séparément inférieures à 10 francs, mais dont la réunion excède ce chiffre, il doit apposer sur la quittance le timbre de 25 centimes. S'il rédige distinctement les deux acquits, l'un après l'autre, aucun d'eux n'est passible du timbre. — *R. P. 3145.*

298. Fixation du chiffre de la créance. — Pour déterminer le chiffre de la créance, au point de vue de l'application du droit de timbre, il faut ajouter au principal les frais et autres accessoires.

299. Quittances par duplicata. — Les duplicatas de quittances, délivrés par les comptables, doivent être revêtus du timbre de 25 centimes, à moins qu'ils ne soient remis à d'autres comptables et ne soient alors considérés comme pièces d'ordre.

300. Quittances entre comptables. — Le timbre mobile de 25 centimes, et non celui de 10 centimes, est applicable aux quittances données par un comptable à un autre comptable, lorsque cette quittance est de nature à être timbrée. Ainsi, les quittances de subventions allouées par l'État aux communes et aux établissements de bienfaisance doivent (sauf exemptions prévues) être revêtues de ce timbre. — *Lettre de la Comp. pub. du 29 sept. 1865.*

Mais sont exemptes de timbre toutes quittances entre comptables quand il s'agit d'une opération de trésorerie, d'ordre intérieur ou de comptabilité. — *V. Attributions, Avances, Centralisation de fonds, Versements, Virements.*

301. Cautionnements. — Intérêts. — Remboursements. — Les quittances fournies par les comptables, pour intérêts échus ou pour remboursement de leur cautionnement, sont passibles du timbre de 10 centimes. L'acquit n'est pas donné par le titulaire de la créance en sa qualité de comptable.

Même solution quand la quittance de remboursement est donnée par un comptable hors de fonctions. — *Circ. Comp. 14 avril 1872, n° 49.*

302. Traitements. — Remises. — Sont également passibles du droit de timbre de 10 centimes les quittances des comptables publics relatives à leurs traitements, émoluments ou remises. — *L. 23 août 1871, art. 20.*

303. Quittances données aux comptables publics par les particuliers. — Les quittances ou acquits donnés aux comptables publics sur mandats de payement ou sur factures, mémoires, certificats, états de frais, de solde ou d'émargement sont soumises, sauf exemptions prévues, au timbre de 10 centimes.

304. Quittances par des illettrés. — Les quittances de créances payées à des personnes illettrées doivent être passées devant notaire, lorsque ces créances excèdent 150 francs. — *Circ. 28 déc. 1838, art. 16.*

Si les créances sont de 150 francs et au-dessous, le payement est constaté par une déclaration signée du comptable et de deux témoins. — *Décret du 18 messidor an 2, art. 3. — Circ. Comp. 34 et 46, § 17.*

305. Désignation des comptables autorisés à apposer le timbre mobile. — Les comptables publics autorisés à apposer le timbre mobile, soit sur les quittances et récépissés qu'ils délivrent, soit sur les acquits et quittances qui leur sont donnés en leur qualité, sont, indépendamment des receveurs de l'enregistrement :

1° Le caissier-payeur central, les sous-caissiers et les sous-payeurs du Trésor ;

2° Les caissiers et caissiers-adjoints de la caisse des dépôts et consignations ;

3° Les trésoriers-payeurs généraux et les receveurs des finances ;

4° Les percepteurs ;

5° Les receveurs municipaux ;

6° Les receveurs des établissements de bienfaisance ;

7° Ceux des asiles d'aliénés et des dépôts de mendicité ;

8° Les secrétaires agents comptables des établissements d'enseignement supérieur. *(Arr. m. f. 20 juillet 1863, inst. 2260)* ;

9° Les receveurs d'octrois *(Sol. 15 nov. 1865)* ;

10° Les caissiers des Monts de Piété. *(Règ. m. int. 30 juin 1865)* ;

11° Les directeurs des écoles normales primaires. *(Sol. 20 oct. 1866)* ;

12° Les économes des lycées et colléges communaux ;

13° Les agents des docks-entrepôts, administrés pour le compte des villes, pour les quittances de droits de magasinage. *(Déc. 10 août 1868)* ;

14° Les receveurs des douanes qui, indépendamment des quittances qui leur sont données, sont autorisés à timbrer les récépissés de chemins de fer, relatifs aux marchandises venant de l'étranger. *(Inst. 1682, 2252, 2260, 2279 et 2346. — V. n° 211)* ;

15° Les receveurs des postes pour les acquits et quittances relatifs aux dépenses de leur administration, pour les mandats dits d'articles d'argent et pour les reconnaissances de valeurs cotées. (*Arr. m. f. 20 juil. 1863, inst. 2260. — Déc. m. f. 23 janvier 1867*).

Oblitération du timbre. — *V. Timbre mobile.*

306. Contraventions. — Responsabilité. — Les comptables qui n'ont pas établi de quittance dans le cas où cette délivrance est obligatoire (L. 8 juil. 1865, art. 4), peuvent seulement être frappés de peines disciplinaires; mais ceux qui ont donné sur papier non timbré des quittances sujettes au timbre ou qui n'ont pas oblitéré le timbre mobile dans les conditions prescrites, sont passibles de l'amende. — *Sol. 16 mai 1866.* — *V. n°ˢ 40, 44 et 47.*

306 bis. Quotité de l'amende. — Les *receveurs municipaux* et ceux des établissements publics n'étant, vis-à-vis du Trésor, ni des fonctionnaires, ni des officiers publics dans l'acception spéciale des termes employés par les articles 16 et 22 de la loi du 13 brumaire an 7, l'amende due dans le cas du n° 306 ci-dessus, est celle de 50 francs. (Inst. 1401-10, 1236-11). — *Sol. du 24 février 1873.*

Mais le *receveur d'enregistrement* qui délivre une quittance non timbrée est passible d'une amende de 20 francs (article 26, n° 5, de la loi du 13 brumaire an 7), parce qu'il agit ici comme *fonctionnaire public*. — *Sol. 27 mai 1873.*

COMPTES COURANTS.

307. Carnets de dépôt. — Reçus. — La Banque

de France et la plupart des sociétés de crédit
délivrent, à leurs clients qui ont des comptes courants, un carnet sur lequel s'inscrit chaque dépôt
de sommes. Il est dû un droit de timbre de 10
centimes par chaque reçu de sommes déposées.

308. Reçu par duplicata. — Si, indépendamment
de la mention inscrite sur le carnet de dépôt, la
société délivre un reçu par *duplicata*, un nouveau
droit de timbre à 10 centimes est exigible sur
cette pièce.

309. Reconnaissances à terme. — Quand, au
lieu de simples reçus, la société de crédit délivre
des reconnaissances avec stipulation de *terme et
d'intérêts*, ces reconnaissances, qui constituent de
véritables obligations, sont passibles du timbre
proportionnel, conformément aux articles 6 de la
loi du 6 prairial an 7 et 4 de la loi du 5 juin
1850. — *Comp. J. E. 4581.*

310. Reçus de sommes déposées. — Les reçus
de sommes déposées en compte courant chez les
banquiers ou aux sociétés de crédit, et dont le
retrait s'opère à volonté, notamment au moyen de
chèques payables à vue, ne sont pas considérés
comme des actes d'obligation. Ce sont de simples
reçus de dépositaires, passibles du timbre de 10
centimes, et non assujettis au timbre de dimension ou proportionnel.

311. Dépôts entre commerçants. — Il en est de
même des reçus de dépôt entre commerçants qui
sont en compte courant.

312. Communes. — Établissements publics. — Dépôts au Trésor. — Lorsque des communes ou établissements publics déposent des fonds au Trésor à titre de compte courant, le récépissé qui leur est délivré est exempt du timbre parce qu'il est assimilé aux bons du Trésor.

Le reçu apposé au dos de ce récépissé, lors du remboursement du dépôt, est exempt du timbre comme reçu donné au dos d'un effet (*L. 23 août 1871, art. 20, 1°*). S'il est donné un reçu séparé par le receveur de la commune ou de l'établissement, ce reçu est passible du timbre de 25 centimes.

313. Communes. — Établissements publics. — Dépôts au Trésor. — Retrait par un tiers. — Le bon remis à un tiers par le receveur d'une commune ou d'un établissement public, à l'effet de toucher une somme sur le dépôt fait au Trésor en compte courant, est considéré comme un véritable chèque, passible du droit de timbre de 10 centimes.

CONCERTS.

V. Droits des pauvres.

CONCESSIONS.

314. Prix de concessions. — Quittances. — Les quittances délivrées aux parties par les comptables de deniers publics, du prix des concessions de toute nature, doivent être timbrées à 25 centimes.

315. Cimetières. — Paiement de l'attribution aux pauvres et aux hospices. — Les quittances à souche remises par les receveurs des hospices ou des bureaux de bienfaisance au receveur municipal, de la part allouée aux pauvres ou aux hospices dans le produit des concessions de terrains dans les cimetières, sont exemptes de timbre comme documents d'ordre intérieur. — *Inst. m. f. 20 juin 1859, art. 1542-80.*

CONCIERGE.

316. Décharge de loyers. — La décharge donnée par un propriétaire à son concierge, pour termes de loyers touchés pour son compte, est passible du timbre de 10 centimes.

CONCOURS RÉGIONAUX.

317. Primes. — Prix. — Sont assujetties au timbre de 10 centimes les quittances des propriétaires ou cultivateurs pour primes, prix, etc., et, en général, les quittances relatives aux dépenses de toute nature concernant les concours régionaux.

CONDAMNATIONS PÉCUNIAIRES.

318. Quittances d'amendes et accessoires. — Les quittances délivrées par les receveurs de l'enregistrement, des finances, des postes, des communes et établissements publics lors du payement des amendes de condamnation et accessoires, dont le recouvrement leur est confié , sont sujettes au timbre de 25 centimes.

Les quittances de produits de même nature recouvrés par l'administration des contributions indirectes, sont frappées d'un timbre spécial. — *V. Contributions indirectes.*

CONFISCATIONS.

319. Valeur d'armes confisquées. — Recette. — Restitutions. — Le versement entre les mains du receveur de l'enregistrement de la valeur d'une arme confisquée , en matière de chasse , est constaté par une quittance timbrée à 25 centimes.

Le mandat de restitution de la somme ainsi acquittée doit être revêtu, à raison de l'acquit de la partie prenante , du timbre à 10 centimes, même quand la restitution a été ordonnée au profit d'un condamné qui, après avoir, conformément au jugement , déposé au greffe l'arme déclarée saisie , a néanmoins versé la somme fixée pour tenir lieu du dépôt de l'arme.

Confiscation en matière d'octroi. — *V. Octroi.*

Prix de vente d'objets confisqués. — *V. Vente.*

CONGÉS.

V. Frais d'intérim. — Retenues.

CONGRÉGATIONS RELIGIEUSES.

320. Communication. — Par décision in. f. du 16 sept. 1858 , les agents de l'enregistrement doivent s'abstenir , *jusqu'à nouvel ordre* , de faire des vérifications dans les établissements placés sous la surveillance et l'autorité des évêques. — *Inst. 2131.*

321. Établissements charitables. — Service des sœurs. — Les quittances des indemnités payées aux religieuses attachées à un établissement charitable sont passibles du timbre de 10 centimes.

L'état de ces indemnités, quittancé *par la supérieure seulement*, chargée de distribuer les sommes à chacune des sœurs, ne donne ouverture qu'à un seul droit de timbre de 10 centimes lorsque, par suite d'un traité passé entre l'établissement et la congrégation, il est alloué à *cette dernière* (représentée par la supérieure) une indemnité proportionnée au nombre des sœurs employées.

322. Menues dépenses. — Blanchissage. — Les quittances que les religieuses attachées aux bureaux de bienfaisance délivrent, lors du payement de leurs menues dépenses et des frais de blanchissage de leur linge, sont également passibles du droit de timbre de 10 centimes. Les reçus qu'elles donnent pour les médicaments, le pain, la viande à distribuer aux indigents sont exempts de timbre.

322 bis. Menues recettes. — Le bordereau *d'objets vendus* par la supérieure d'un hospice, remis au receveur comptable de l'établissement, est relatif à des *mouvements de fonds entre les agents d'un même service*, concourant aux mêmes fins et dont les opérations appartiennent à l'administration de l'établissement : ce bordereau, comme pièce d'ordre intérieur, est exempt de timbre. — *Sol. 9 juillet 1872.*

CONSERVATEURS DES HYPOTHÈQUES.

323. Bulletins de dépôt. — Les bulletins de dépôt que les conservateurs des hypothèques délivrent aux déposants (C. C. 2200) sont soumis au timbre de dimension et non à la taxe de 10 centimes , attendu que l'expression *papier timbré* dont se sert l'art. 2200 C. C. ne peut s'entendre *d'un droit spécial perçu sous forme de timbre* , comme la taxe de 10 centimes. — *Sol. 11 octobre 1872.*

323 bis. Remise du bulletin de dépôt. — Retrait des pièces. — La *décharge* de titres donnée *implicitement* au conservateur par la *remise* que lui fait la partie du *bulletin de dépôt*, constitue un simple fait que la loi du timbre n'atteint pas tant qu'il n'est pas constaté par un écrit spécial, signé ou non signé. Le droit de 10 centimes pour décharge ne deviendrait exigible qu'autant que la partie mentionnerait sur le bulletin qu'elle a reçu les titres qui y sont désignés. — *Sol. 16 nov. 1872.*

324. Quittances de droits et salaires. — Les quittances des droits perçus par les conservateurs des hypothèques pour le compte du Trésor et celles des salaires perçus par eux pour leur propre compte, s'expédient au pied des actes et certificats délivrés et remis aux parties. — *Loi 21 ventôse an 7 , art. 27.*

Les droits perçus au profit du Trésor constituent une véritable contribution publique. Or , l'art. 20 de la loi du 23 août 1871 ayant maintenu la dispense de timbre accordée par l'art. 16 de la loi du 13 brumaire an 7 , aux quittances des contributions indirectes qui s'expédient sur les actes , il n'est pas douteux que les quittances *des droits perçus* par les conservateurs ne doivent , à quelque somme qu'elles s'élèvent, et lorsqu'elles sont délivrées conformément à la loi du 27 ventôse , continuer d'être affranchies du timbre.

Quant aux salaires payés par les particuliers aux conservateurs , ils forment , pour ces derniers , de véritables émoluments.

En conséquence , les quittances de salaires délivrées par les conservateurs des hypothèques sont passibles du droit de timbre spécial de 10 centimes , toutes les fois que les salaires s'élèvent à plus de 10 francs. — *Déc. m. j. et déc. m. f. 23 juin-12 juillet 1873.* — *Ins. 2470.*

Ce droit de timbre est à la charge des parties.

CONSIGNATIONS.

325. Amendes de consignations. — Recette. — Dépense. — La recette des amendes de consignation en matière d'appel est constatée par une quittance timbrée à 25 centimes. Les mandats de remboursement sont passibles du timbre de 10 centimes à raison de l'acquit des parties prenantes.

326. Délits de presse. — Quittances. — Récépissés. — La consignation au bureau de l'enregistrement, par le gérant d'un journal, du montant de condamnations en matière de délits de presse , est constatée par une quittance délivrée en double.

Cette quittance et son double sont passibles du droit de timbre de 25 centimes. — *Inst. 1976.*

. Les récépissés de versement à la caisse des dépôts et consignations délivrés aux receveurs de l'enregistrement, pour les amendes comprises dans ces condamnations, sont exempts de timbre.

Il en est de même des quittances données par les receveurs à la caisse des dépôts, lors du retrait total ou partiel de ces amendes. — *Inst. 1976.*

Mais les quittances de remboursement données à la caisse des dépôts par les gérants des journaux sont soumises au timbre de 10 centimes.

Même solution pour les acquits de ces gérants en cas de restitution des frais de justice par les receveurs de l'enregistrement. — *Inst. 1993.*

Remboursements de consignations sur passe-debout. — *V. Octrois.*

327. Produits universitaires.— Recette.— Remboursement. — Sont soumises au timbre de 25 centimes les quittances à souche délivrées par les secrétaires des facultés pour consignations de sommes, et au timbre de 10 centimes, les quittances qui leur sont données lors du remboursement de ces consignations. — *Circ. Comp. 14 avril 1872, art. 3.*

CONTRAINTE PAR CORPS.

V. Frais de capture.

CONSISTOIRES.

328. Communication. — Les consistoires des

églises protestantes sont des établissements publics. Néanmoins les agents de l'enregistrement ne peuvent pas y faire de vérifications. — *Sol. 16 février 1865.*

329. Subventions. — Les quittances des sommes accordées par l'État aux consistoires, à titre de subvention, sont sujettes au timbre de 10 centimes. — *Déc. m. f. 10 sept. 1830.* — *Inst. 1391.*

330. Dons et legs. — Il en est de même des quittances s. s. p. de sommes données ou léguées à ces établissements.

CONTRAVENTIONS.

Mode de constatation. — Agents chargés de les constater. — *V. Procédure.*

Pénalités. — *V. Amendes.*

CONTRIBUTIONS DIRECTES.

331. Quittances des percepteurs. — Les quittances à souche délivrées par les percepteurs des contributions directes aux contribuables, pour le montant de leurs impôts directs, sont exceptées du droit de timbre. — *L. 13 brumaire an 7, art. 16.* — *L. 23 août 1871, art. 20.*

332. Taxes assimilées aux contributions directes. — L'exemption du timbre s'étend à toutes les quittances des mêmes agents relatives aux taxes assimilées aux contributions directes, telles que les redevances des mines, la taxe des biens de main-morte, les droits de vérification des poids et mesures, ceux de visite chez les pharmaciens, les contributions sur les chevaux et voitures, la taxe sur les billards et celle sur les cercles. — *Circ. Comp. 14 avril 1872, art. 1er*.

333. Dégrèvements. — Non-valeurs. — Les quittances concernant les dégrèvements et non-valeurs sur les contributions directes et les taxes assimilées jouissent de la même exemption. — *Circ. Comp. 14 avril 1872, art. 24, n° 8*.

334. Frais de distribution des premiers avertissements. — Il en est de même des frais de distribution des premiers avertissements, l'allocation de deux centimes par avertissement ne constituant pas, pour le percepteur, un émolument personnel, mais étant un simple remboursement de ses avances pour un service public. — *Circ. Comp. 14 avril 1872, art. 24, n° 9*.

335. Frais de confection des rôles et avertissements. — Mais les quittances de sommes payées aux calculateurs et expéditionnaires, pour frais de confection des rôles et avertissements relatifs au service des contributions directes, sont assujetties au timbre de 10 centimes comme ne rentrant pas dans les exceptions prévues par l'art. 20 de la loi du 23 août 1871. — *D. m. 27 janvier 1872*.

336. Impôt sur le revenu.— Quittances des Receveurs de l'enregistrement. —L'impôt sur le revenu des valeurs mobilières établi par l'art. 4 de la loi du 29 juin 1872, étant un véritable *impôt direct*, les quittances y relatives, délivrées par les receveurs de l'enregistrement doivent être exemptées du timbre.

CONTRIBUTIONS INDIRECTES.

337. Quittances. — Timbre spécial. — Les quittances délivrées par les comptables des contributions indirectes pour droits, redevances, fermages ou prix de vente, sont marquées d'un timbre spécial établi par l'art. 243 de la loi du 28 avril 1816. (*Sol. 27 juillet 1865*). Elles sont formellement exceptées des droits de timbre créés par les articles 4 de la loi du 8 juillet 1865 et 18 de la loi du 23 août 1871.

338. Frais de casernement. — Toutefois, les quittances remises par ces agents aux receveurs municipaux pour constater le payement des *frais de casernement*, sont assujetties au timbre de 25 centimes. — *Circ. Comp. 26 juin 1866.* — *R. p. 2315.*

339. Quittances par les redevables. — Bordereaux d'escompte. — Les bordereaux d'escompte portant acquit des sommes bonifiées aux redevables des contributions indirectes qui paient comptant les droits pour lesquels ils auraient pu souscrire des obligations à terme, ne se rapportant pas à une dépense *effective*, sont exempts du timbre de 10 centimes comme documents d'ordre intérieur.

340. Marchandises transportées pour le compte de l'Administration. — Acquits à caution. — Les acquits à caution qui accompagnent les expéditions d'objets transportés par chemin de fer pour le compte des contributions indirectes sont soumis au timbre de 10 centimes, bien que non quittancés, du moment qu'ils portent attestation du paiement des frais de transport.

340 bis. Acquits à caution. — Récépissés. — Les récépissés auxquels donne lieu le transport effectué par les chemins de fer pour le compte direct de l'État, des poudres, des tabacs, du matériel de la direction générale des contributions indirectes, récépissés que délivrent les compagnies sur la souche de l'acquit à caution remis par cette administration, à titre de lettre de voiture, doivent être assimilés aux récépissés dont parle l'art. 10 de la loi du 13 mai 1863 et soumis aux droits de timbre de 35 ou de 70 centimes, suivant que le transport est effectué en grande ou petite vitesse.

341. Tabacs.— Planteurs.— Feuilles de décompte. — Les émargements mis par les planteurs de tabac sur les feuilles de décompte, pour les sommes qui leur sont payées par les agents des contributions indirectes, doivent être revêtus du timbre de 10 centimes.

342. Constatation des contraventions. — Les agents des contributions indirectes peuvent constater les contraventions par des procès-verbaux, auxquels doivent être jointes les pièces non timbrées, à moins que les contrevenants ne consentent à signer lesdits procès-verbaux ou à payer de suite l'amende et le droit de timbre. — *V. Procédure.*

Les procès-verbaux sont remis, avec les pièces annexées, aux receveurs de l'enregistrement, chargés de poursuivre le recouvrement des sommes exigibles. Les frais avancés par les agents verbalisateurs leur sont immédiatement remboursés par ces receveurs.

Un quart des amendes recouvrées est attribué aux rédacteurs des procès-verbaux. — *L. 23 août 1871, art. 23.*

343. Chemins de fer. — Surveillance. — Les employés des contributions indirectes ayant pouvoir de verbaliser en matière de timbre, doivent être appelés à la répression des contraventions commises par les compagnies de chemins de fer et autres entreprises qui n'auraient pas usé de la faculté de s'affranchir de l'apposition du timbre sur les billets de place, bulletins et actes de toute nature au moyen du payement des droits sur états spéciaux remis à l'administration de l'enregistrement.

Les directeurs des deux services se concertent à ce sujet, et, en cas de divergence d'opinion ou de refus de concours, les directeurs de l'enregistrement en réfèrent à leur directeur général. — *Inst. 2431, p. 3.*

344. Surveillance de l'approvisionnement des débitants de tabacs. — Les préposés des contributions indirectes sont aussi chargés, concurremment avec ceux de l'enregistrement, de surveiller l'approvisionnement des débitants-distributeurs, ainsi que l'exécution des règlements auxquels ces derniers doivent se conformer, relativement à la vente des timbres mobiles.

Autres impôts indirects. — *V. Enregistrement (administration de l').*

COPIES D'EXPLOITS.

345. Reçus et décharges donnés par un maire.
— Le reçu donné par un maire à un huissier d'une
copie d'exploit déposée à la mairie, n'est pas soumis
au droit de timbre lorsque l'intervention du maire
n'est que l'exécution de l'obligation qui lui est imposée par la loi (*art. 68 . C. P.*). Mais si cette intervention était purement *officieuse*, le reçu qu'il délivre-
rait serait passible du timbre à 10 centimes.

La même distinction devrait être faite à l'égard des
décharges que le maire pourrait retirer en remettant
aux particuliers les copies déposées à la mairie.

COTISATIONS.

346. Cotisations municipales. — Récépissés. —
Les récépissés des receveurs des finances, constatant
le versement de cotisations par les communes et les
établissements publics , sont exempts de timbre , ces
versements constituant une opération d'ordre intérieur et ayant pour but de centraliser les fonds destinés à l'acquittement des dépenses. — *Circ. Comp.
14 avril 1872 , art. 39.*

347. Cotisations particulières. — Mais lorsqu'il
s'agit de versements de cotisations effectués par les
particuliers , les récépissés délivrés sont sujets au
timbre de 25 centimes. — *Même circ.*

348. Cotisations en faveur d'indigents. — Les
quittances de cotisations volontaires en faveur des
indigents , délivrées aux souscripteurs par les receveurs municipaux et autres comptables de deniers

publics , sont passibles du timbre de 25 centimes. —
Déc. m. f. 28 déc. 1866.

349. Sociétés savantes.— Les quittances de cotisations délivrées aux membres d'une société savante sont assujetties au timbre de 10 centimes quand la cotisation est supérieure à 10 francs.

350. Emploi des cotisations. — Quittances. — Les quittances auxquelles donne lieu l'emploi des cotisations sont soumises au timbre de 10 centimes , sauf les exceptions. — *L. 13 brumaire an 7, art. 16, n° 4. — L. 23 août 1871 , art. 18 et 20.*

COUPES DE BOIS.

V. Foréts.

COUPONS.

351. Accusés de réception. — Les accusés de réception de coupons sont passibles du droit de timbre de 10 centimes.

Décidé spécialement que les reçus ou accusés de réception de *coupons* détachés de titres d'actions ou d'obligations, donnés par une société à un banquier qui a remis ces coupons pour encaissement ou recouvrement, sont assujettis à ce droit. L'article 4 de la loi du 30 mars 1872 n'a, en effet, exempté du timbre que les reconnaissances et reçus donnés pour constater la remise *d'effets de commerce* à négocier, à accepter ou à encaisser. Les coupons ne sont pas des effets de commerce. — *J. E. 19135-4.*

352. Coupons inférieurs à 10 francs. — Le reçu du montant *d'un seul coupon* d'actions ou d'obligations inférieur à 10 francs n'est pas soumis au droit de timbre de 10 centimes. Un coupon trimestriel ou semestriel est considéré comme une créance indépendante, et non comme un à-compte des dividendes et intérêts annuels.

353. Bordereau récapitulatif. — Tout bordereau récapitulatif d'encaissement de coupons est passible du timbre de 10 centimes si la somme qui s'y trouve totalisée excède 10 francs.

354. Bordereau d'encaissement de coupons échus, revêtu de l'estampille de payement. — Le bordereau dressé et signé par le détenteur de coupons d'intérêts d'obligations au porteur et présenté par lui à la caisse de la compagnie débitrice, pour encaissement, constitue, lorsqu'il est trouvé dans les bureaux de la compagnie avec un talon également signé par le créancier et revêtu d'une estampille de payement, un titre de libération passible du droit de timbre de 10 centimes. — *Aff. soumise à la Chambre civile de la Cour de cassation ; conclusions conformes de M. le conseiller-rapporteur Tardif et de M. l'avocat général Reverchon. — Gazette des Tribunaux du 26 mars 1873.*

La question soumise à la Cour fait l'objet de l'art. 6 du projet de loi portant fixation du budget de 1874. — *J. E. 19249. — V. n° 116.*

355. Crédit foncier. — **Obligations communales et départementales.** — **Bordereau de coupons au porteur.** — **Pluralité.** — Le payement fait par un receveur des finances à la même personne, et *d'après le même bordereau*, ne donne lieu qu'à la perception d'un seul droit de timbre de 10 centimes, puisque ce bordereau, quel que soit le nombre des coupons, ne constitue qu'un seul acte libératoire. — *Circ. Comp. 14 avril 1872*, art. 72, n° 2.

Mais, s'il n'est pas rédigé de bordereau, il est dû un droit de 10 centimes par chaque coupon payé supérieur à 10 francs; le coupon, entre les mains du receveur des finances, constitue *un écrit non signé emportant libération*, qui tombe sous l'application de l'art. 18 de la loi du 23 août 1871. — *Même circ.*

356. Chemins de fer. — Coupons. — Paiement dans les gares. — La quittance donnée par le porteur de coupons d'intérêts, qui en reçoit le montant dans une gare de la compagnie, est passible du timbre de 10 centimes.

COURS D'ACCOUCHEMENT.

357. Départements. — Produits éventuels. — Les récépissés des receveurs des finances, relatifs aux ressources applicables aux cours d'accouchement, sont passibles du timbre de 25 centimes — *Circ. Comp. 14 avril 1872*, art. 15, n° 4.

COURSES.

358. Prix de courses. — Les quittances données par des propriétaires de chevaux, pour prix de courses, sont passibles du timbre de 10 centimes. — *Déc. m. f. 10 septembre 1830.* — *Inst. 1391.*

359. Billets d'entrée. — Sont assujettis au même droit de timbre de 10 centimes les billets ou cartes d'entrée dans les enceintes réservées. Il est dû un droit de timbre pour chaque carte dont le prix excède 10 francs.

COURTIERS.

360. Produits affectés au rachat des offices. — Sont soumis au timbre de 25 centimes les récépissés des receveurs des finances concernant les produits affectés au rachat des offices des courtiers de commerce. Il s'agit d'intérêts privés, et les récépissés opèrent la libération des débiteurs. — *Circ. Comp. 14 avril 1872, art. 28.*

CRÉDIT FONCIER.

V. Coupons. — Emprunts. — Sociétés de crédit.

CURÉS ET DESSERVANTS.

361. Traitements. — Casuel. — Sont soumises au timbre de 10 centimes les quittances de traitements ou de supplément de traitements payés aux curés par l'État, les communes ou les fabriques.

Il en est de même des quittances de sommes au-dessus de 10 francs, payées aux prêtres catholiques ou pasteurs protestants, pour indemnité de casuel ou pour prix de services religieux. — *Sol. 12 mars 1859.*

DÉBETS.

362. Versements. — Récépissés. — Les récépissés de versements relatifs aux débets envers l'État sont sujets au timbre de 25 centimes, comme pouvant servir aux parties versantes à justifier de leur libération. — *Circ. Comp. 14 avril 1872, art. 14, n° 1.*

363. Écoles militaires. — Pensions.— Mais les récépissés de versements des débets pour pensions des élèves de l'école de Saint-Cyr ou autres écoles assimilées, sont exempts de timbre comme pièces concernant des *gens de guerre.*

DÉBITANTS DE TABAC.

364. Vente des timbres mobiles dans les débits de tabac. — L'administration peut réclamer le concours des débitants de tabac pour la vente des timbres mobiles à 10 centimes ; soit dans les communes où il n'existe pas de débitants distributeurs, soit dans les localités où la distribution, faite par les receveurs et par les débitants-distributeurs, ne paraîtrait pas présenter toutes les facilités désirables.

Le directeur de l'enregistrement, après s'être concerté avec son collègue des contributions indirectes et avec le préfet, désigne, par délégation du directeur général, les débitants de tabac qu'il croit devoir commissionner.

La lettre d'avis de l'autorisation tient lieu de *commission* et n'est pas assujettie au timbre.

Les débitants ainsi désignés s'approvisionnent au bureau de la circonscription de leur résidence, ou au bureau désigné par le directeur, ou chez les entrepo-

seurs des tabacs , comme il est dit ci-après. — *Inst.*
2459.

Il leur est fait , comme aux débitants-distributeurs ,
une remise de 1 fr. 50 0/0 sur le prix des timbres
qui leur sont délivrés , et ce prix est payé comptant.

Ils doivent tenir un carnet coté et parafé sur lequel
sont inscrits les approvisionnements fournis. — *Déc.*
m. f. 2 mars 1872. — Inst. 2436.

Il y a des départements où tous les débitants de
tabac ont été chargés de la vente des timbres mobiles.

**365. Timbres mobiles. — Approvisionnement
chez les entreposeurs des tabacs. — Minimum. —**
Les débitants de tabac chargés de la vente des
timbres mobiles peuvent acheter ces timbres chez
les entreposeurs où ils prennent leur tabac.

Les entreposeurs s'approvisionnent des quantités
nécessaires chez le receveur de l'enregistrement de
leur résidence chargé des débits auxiliaires. Ils
paient comptant le prix des timbres , sous la déduction de la remise de 1 fr. 50 par 100 francs.

Les débitants de tabac qui se fournissent de timbres à l'entrepôt font inscrire chaque livraison sur le
carnet prescrit.

Tous les débitants de tabac chargés de la vente
des timbres mobiles doivent toujours être approvi-
sionnés d'un minimum dont la quotité est détermi-
née de concert entre le directeur de l'enregistrement
et celui des contributions indirectes , eu égard à
l'importance probable de la vente.

Les agents veillent à ce que l'approvisionnement
minimum soit toujours complet. — *Inst. 2459, p. 4.*

DÉBITEUR DU DROIT DE TIMBRE.

366. Règle générale. — Le débiteur qui reçoit quittance, reçu ou décharge, est tenu de supporter le droit de timbre, sauf le cas de contravention à l'art. 18 de la loi du 23 août 1871. — *Même loi, art. 23.* — *C. C. art. 1248.*

367. Refus de quittance. — Mais le débiteur peut ne pas retirer des mains de son créancier la preuve de sa libération, et ainsi n'avoir pas à supporter de droit de timbre. — *Trib. Com. Seine, 27 janvier 1873.* — *R. P. 3643.*

Cette décision ne s'applique pas aux quittances données par les comptables publics ; leur délivrance est obligatoire, aux termes de l'art. 4 de la loi du 8 juillet 1865.

368. Quittances données ou reçues par l'État. — Le timbre des quittances fournies à l'État ou délivrées en son nom, est à la charge des particuliers qui les donnent ou les reçoivent. — *L. 13. brumaire an 7, art. 29.*

369. Départements. — Communes. — Établissements publics. — La disposition qui précède n'est pas applicable aux quittances de sommes payées par les départements, les communes et les établissements publics. Les droits de timbre sont à leur charge, et ils doivent les faire porter dans leurs budgets comme les autres frais d'administration.

370. Traitements et émoluments. — Le timbre des quittances relatives aux émoluments des employés de l'État est à la charge de ces employés, tandis que ce sont les départements, communes, établissements publics, sociétés ou compagnies qui doivent supporter les droits exigibles à raison des acquits donnés par leurs agents, sur les états de solde ou autrement.

371. Récépissés de chemins de fer. — Le droit de décharge, étant compris dans le coût du récépissé de chemin de fer, n'est pas à la charge de la compagnie ; il fait partie des frais d'envoi que paie l'expéditeur ou le destinataire. — *L. 28 fév. 1872, art. 11.*

DÉBITEUR DE L'AMENDE.

372. Quittances des particuliers. — Le créancier qui a donné quittance, reçu ou décharge, en contravention aux dispositions de l'art. 18 de la loi du 23 août 1871, est tenu *personnellement* et sans recours, nonobstant toute stipulation contraire, du montant des droits, frais et amendes. — *L. 23 août 1871, art. 23.*

373. Décès du contrevenant. — En cas de décès du contrevenant, les droits, frais et amendes sont dus par ses héritiers, sauf le cas de prescription. — *L. 28 avril 1816, art. 76.*

374. Entrepreneur de transports. — Voiturier. — Décharge. — Décidé spécialement que, lorsqu'il a été donné décharge de colis ou d'objets, soit à un voiturier, soit à un entrepreneur de transports, sur un registre de factage ou autrement, sans paiement du droit de timbre, la contravention doit être constatée par procès-verbal contre celui qui a donné décharge (destinataire des objets transportés).

**375. Recours d'une partie contre l'autre. —
Incompétence du Tribunal de Commerce.** — Le tribunal de commerce n'est pas compétent pour connaître du recours d'un négociant contre un autre négociant , à l'occasion d'une amende qui lui a été infli-
gée par l'administration pour l'omission d'un timbre
mobile sur une facture. — *Trib. Com. Seine, 14 fév.
1873. — Gaz. des Trib. du 27.*

376. Quittances des comptables. — La loi du 8
juillet 1865 n'ayant pas dérogé aux dispositions des
lois antérieures sur le timbre , il en résulte qu'il y
a solidarité entre les comptables et les débiteurs , en
cas de contravention , pour le paiement des droits
de timbre à 25 centimes et des amendes. — *L. 28
avril 1816 , art. 75.*

En cas de décès des contrevenants , les droits et
amendes sont dus par leurs héritiers. — *Même loi ,
art. 76.*

DÉCHET.

377. Remise de deux pour cent pour déchet. —
Une remise de 2 0/0 sur le timbre est accordée , à
titre de déchet, à ceux qui font timbrer par l'administration leurs formules de quittances, reçus ou
décharges. — *Loi du 23 août 1871 , art. 19.*

DÉCOMPTES.

378. Acquéreurs des biens de l'État. — Le quitus ou la quittance définitive donnée par le directeur
des domaines au pied du décompte à remettre à un

acquéreur de biens de l'État, n'est pas soumise à un droit de timbre spécial. Mais le décompte doit être timbré à l'extraordinaire ou rédigé sur papier au timbre de dimension. — *Déc. m. f. 23 juin 1807.* — *Inst. 332.*

379. Remises des comptables communaux ou d'établissements publics. — Les décomptes de remises, quittancés par les receveurs des communes et des établissements publics, sont soumis au timbre de 10 centimes.

380. Travaux. — **Salaires d'ouvriers.** — Il en est de même des états de décomptes de salaires d'ouvriers (non indigents) revêtus de l'acquit des parties prenantes.

381. Tabacs. — **Émargements des planteurs sur les feuilles de décomptes.** — Les émargements mis par les planteurs de tabac sur les feuilles de décompte, pour les sommes qui leur sont payées par les agents des contributions indirectes, doivent être revêtus du timbre de 10 centimes.

382. Militaires. — **Primes de travail ou de gratification.** — Sont exemptés du droit de timbre, en vertu de l'art. 16 de la loi du 13 brumaire an 7, les acquits portés sur les décomptes de primes de travail ou de gratifications allouées aux militaires des sections d'infirmiers et aux ouvriers militaires d'administration. — *Circ. Comp. 14 juin 1872, n° 10.*

DÉGRÈVEMENTS.

383. Remboursement. — Les quittances concernant les dégrèvements sur les contributions directes et les taxes y assimilées , jouissent de l'exemption du droit de timbre édictée par l'art. 16 de la loi du 13 brumaire an 7 et maintenue par l'art. 20 de la loi du 23 août 1871. — *Circ. Comp. 14 avril 1872 , art. 24 , n° 8.*

384. Pensions des élèves des écoles du gouvernement. — Les recettes et les dépenses d'ordre du montant des états de dégrèvement ne donnent pas lieu à la perception du timbre. Mais , en cas de remboursement de trimestres de pension compris dans ces états , les parties intéressées doivent donner une quittance timbrée au droit de 10 centimes. — *Circ. Comp. 14 avril 1872 , art. 46.*

DÉLITS DE PRESSE.

Amendes. — Récépissés. — *V. n° 326.*

DÉPARTEMENTS.

385. Recettes et dépenses. — Les produits départementaux dont la recette donne lieu à une quittance ou récépissé timbré à 25 centimes , sont désignés à leur ordre alphabétique dans le cours de ce dictionnaire (*V.* notamment *Comptables publics , emprunts , subventions*). En général , le timbre de 25 centimes est applicable aux récépissés relatifs à tous les produits divers et éventuels des départements recouvrés sur les communes et les particuliers. — *Circ. Comp. 14 avril 1872 , art. 15 , n° 10.*

Est soumise au timbre de 10 centimes toute annulation de recette donnant lieu à un remboursement effectif en numéraire et à une quittance de la partie prenante. — *Circ. Comp. 14 avril 1872 , art. 15.*

386. Traitements et salaires. — Sont assujetties au timbre de 10 centimes les quittances de tous les agents salariés sur les fonds départementaux, celles du prix des travaux faits à la tâche ou à la journée par des ouvriers *non indigents*, employés pour le compte des départements.

387. Archives départementales. — Communication. — Les agents de l'enregistrement ont le droit de se faire représenter les titres existants dans les archives départementales , spécialement les comptes des receveurs des communes et des établissements publics et les pièces qui les accompagnent.

DÉPOTS.

388. Soumissionnaires de travaux et fournitures. — Dépôts de garantie. — Les récépissés ou reconnaissances de dépôts de garantie délivrés par les receveurs des finances , les receveurs municipaux et autres comptables publics aux entrepreneurs de travaux et fournitures, sont soumis au droit de timbre de 25 centimes. Il y a lieu à l'application de ce droit lors même que les dépôts seraient effectués en rentes sur l'État. — *Déc. m. f. 11 oct. 1865. — Inst. 2341, § 12. — Circ. Comp. 14 avril 1872, art. 42.*

Les quittances de remboursement des sommes ou valeurs déposées sont sujettes au timbre de 10 centimes. — *Même circ.*

389. Dépôts à un particulier. — Gage. — Nantissement. — Retrait. — Le reçu donné par un particulier à un entrepreneur de travaux ou à tout autre individu des titres déposés en garantie, nantissement ou cautionnement, est assujetti au timbre de 10 centimes. L'écrit qui constate le retrait est également sujet au timbre de 10 centimes, comme valant décharge pour le dépositaire.

390. Emprunt. — Titres provisoires à échanger. — Le bulletin délivré aux souscripteurs d'un emprunt, par le receveur des finances, lors du dépôt des obligations provisoires destinées à être échangées contre des titres définitifs, constitue un récépissé de dépôt, passible du droit de timbre de 10 centimes. Le reçu donné par l'ayant droit, au moment de la remise du titre définitif, est encore sujet au timbre de 10 centimes.

391. Achat et vente de rentes sur l'État. — Les reconnaissances de dépôt de fonds ou de titres remis aux receveurs des finances, soit pour acheter, soit pour vendre des rentes sur l'État, sont assujetties au droit de timbre de 10 centimes.

Lors du remboursement du prix de vente, de la remise des fonds, ou de la livraison des titres achetés, le reçu apposé au bas de la reconnaissance de dépôt est soumis au même droit. — *Circ. Comp. 14 avril 1872, art. 67.*

392. Bons du Trésor. — Les bons du Trésor ne pouvant, par suite des règlements, être émis qu'à la caisse centrale à Paris, les reconnaissances de dépôt de sommes à placer en bons du Trésor , ou de titres à échanger contre des bons, ou de bons à renouveler , délivrées par les receveurs des finances , sont des pièces d'ordre intérieur, non assujetties au droit de timbre. — *Circ. Comp.* *14 avril 1872 , art. 70.*

393. Obligations trentenaires à échanger. — Les quittances ou reçus auxquels donne lieu l'opération de l'échange des obligations trentenaires, qui est faite uniquement dans l'intérêt du Trésor, sont exemptes de timbre. — *Circ. Comp.* *14 avril 1872, art. 20.*

394. Agents de change. — Les récépissés délivrés par les agents de change, des sommes que leurs clients déposent entre leurs mains pour achat de rentes ou autres valeurs cotées à la Bourse, sont soumis au droit de timbre de 10 centimes. — *Déc. m. f. 10 fév. 1865.* — *Inst. 2341, § 9.*

395. Banque de France. — **Sociétés de crédit.** — Les récépissés délivrés par la Banque de France et les sociétés de crédit, pour constater les dépôts volontaires de titres, effets publics et objets reçus par elles, sont soumis au droit de timbre de 10 centimes, ainsi que les décharges ultérieures des déposants. — *Déc m. f. 6 février 1865.* — *Inst. 2341, § 10.*

Dépôts en garde. — **Dépôts pour prêts sur titres.** — *V. Société.*

396. Hospices. — **Dépôt de sommes.** — Les

quittances à souche, relatives à des dépôts de sommes faits par les personnes admises dans les hospices, entre les mains du receveur de l'établissement, et les décharges de ces dépôts, sont exemptes de timbre comme actes de police intérieure. — *Déc. m. f. 11 septembre 1849. — Inst. 1839.*

397. Hôtels. — Dépôt de colis. — Les bulletins de *dépôt de bagages* délivrés par les hôtels aux voyageurs qui les habitent, ou à ceux qui, quittant l'hôtel, y laissent leurs bagages, sont assujettis au droit de timbre de 10 centimes. — *Sol. 24 déc. 1872.*

398. Papiers déposés pour être timbrés à l'extraordinaire. — Les récépissés délivrés par les agents de l'enregistrement, en échange des papiers déposés pour être timbrés à l'extraordinaire à l'atelier général, constituent des pièces de comptabilité et d'ordre intérieur exemptes de timbre.

399. Particuliers. — Dépôts de sommes. — Les reconnaissances pures et simples de dépôts de sommes entre particuliers, présentant les caractères d'obligations, sont soumises au timbre proportionnel. — *Avis Cons. d'État, 1ᵉʳ avril 1808. — Inst. 377, § 1ᵉʳ.*

Caisse des dépôts et consignations. — *V. nᵒ 143 et suivants.*

Conservateurs des Hypothèques. — Bulletins de dépôt. — *V. nᵒ 124.*

Dépôt au greffe des registres de l'état civil. — *V. n° 194.*

Prisons. — Dépôt entre les mains du comptable. — *V. Prisons.*

400. Receveurs des finances. — Dépôts de sommes. — Les reconnaissances de dépôts de fonds *remboursables à terme,* avec les intérêts échus, fournies par les receveurs des finances, présentent tous les caractères d'obligations de sommes et doivent être rédigées sur du papier au timbre proportionnel. — *L. 5 juin 1850, art. 1er. — Circ. Comp. 14 avril 1872, art. 72, n° 1.*

DÉPOTS DE MENDICITÉ.

401. Prix de journées. — Les quittances de prix de journées dus par les départements aux dépôts de mendicité, pour les indigents conduits dans ces établissements par suite de condamnations judiciaires, ou admis par ordre du préfet, sont exemptes de timbre. — *Déc. m. f. 3 janvier 1846. — Inst. 1767, § 14.*

DESSÈCHEMENT DE MARAIS.

402. Taxes pour travaux. — Les quittances des taxes établies pour subvenir aux travaux de dessèchement des marais, sont exemptes de timbre, attendu que ces taxes constituent un véritable impôt direct sur les propriétaires de ces marais. — *Déc. m. f. 29 octobre 1857. — Inst. 2111, § 5.*

DÉTENUS. — *V. Prisons.*

DETTE FLOTTANTE. — Intérêts. —

V. Trésoriers généraux.

DIGUES.

403. Contributions pour l'entretien des digues. — Les contributions pour l'entretien des digues, établies conformément à la loi du 14 floréal an 11 et au décret du 4 prairial an 13, étant perçues d'après le même mode que les contributions publiques, et ayant d'ailleurs un but d'utilité publique, les quittances qui en sont délivrées font partie des actes que l'article 16 de la loi du 13 brumaire an 7 excepte du droit de timbre. — *Déc. m. f. 7 juin 1808.* — *Inst. 387, § 1er*

404. Communication. — Les administrations chargées de l'entretien des digues, polders et watringues, sont des établissements publics soumis aux vérifications des agents de l'enregistrement.

DOMAINE DE L'ÉTAT.

405. Travaux de réparation. — Quittances. — Sont soumises au timbre de 10 centimes les quittances de sommes dues pour travaux de réparation aux propriétés de l'État. — *Inst. 320, § 5.*

Quitus de prix de vente de biens de l'État. — *V. Décompte, n° 378.*

DOMMAGES-INTÉRÊTS.

406. Inexécution des marchés de l'État. — Les récépissés relatifs aux sommes acquises au Trésor à titre de dommages-intérêts, pour inexécution de marchés, sont soumises au timbre de 25 centimes. — *Circ. Comp. 14 avril 1872, art. 14, n° 3.*

407. Forêts. — Roulage. — Voirie. — Le remboursement des dommages-intérêts alloués aux départements, communes et établissements publics, et dont le recouvrement a été opéré pour leur compte par les receveurs des domaines, ne donne pas lieu à des quittances timbrées, comme constituant une opération de trésorerie.

DONATIONS.

408. Départements. — Communes. — Établissements publics. — Les récépissés ou quittances des sommes et valeurs données aux départements, aux communes et aux établissements publics, quelle qu'en soit la destination, doivent être revêtus du timbre de 25 centimes.

DONS MANUELS.

409. Quêtes. — Collectes. — Les quittances délivrées par le receveur d'un établissement public à un tiers, de sommes provenant de quêtes ou collectes au profit des indigents, sont exemptes de timbre. — *Déc. m. f. 9 janvier 1843. — R. G. 5982-5.*

410. Libération du donateur. — Mais la quittance d'un don individuel de plus de 10 francs, remise au donateur lui-même par le receveur d'une commune ou d'un établissement public, est passible du timbre de 25 centimes.

DOTS.

411. Prix de vertu. — Les quittances de dots accordées aux jeunes filles vertueuses sont soumises au timbre de 10 centimes.

DOUANES.

412. Quittances des agents. — Les quittances délivrées par les agents de l'administration des douanes, sont soumises à une législation spéciale et, par suite, sont exceptées des droits de timbre établis par les lois du 8 juillet 1865, article 4, et du 23 août 1871, article 18.

413. Droit de constater les contraventions. — Les préposés des douanes peuvent constater toutes les contraventions au timbre commises dans les écrits sous signature privée. — *L. 2 juillet 1862, art. 23*. — Ils doivent joindre les pièces non timbrées à leurs procès-verbaux, à moins que les contrevenants ne consentent à les signer, ou à payer de suite l'amende, le droit de timbre et les frais. — *V. Procédure.*

Les mêmes agents concourent également à surveiller l'exécution, par les compagnies de chemins de fer, des formalités imposées par l'article 10 de la loi du 13 mai 1863, relatif aux récépissés de chemins de fer. — *Inst. 2279.*

414. Attribution. — La constatation des contraventions à l'article 18 de la loi du 23 août 1871 donne droit à l'attribution, au profit des agents des douanes, rédacteurs des procès-verbaux, du quart des amendes recouvrées. — *Loi précitée, art. 23.*

415. Timbrage des récépissés de marchandises venant de l'étranger. — Les récépissés des marchandises venant de l'étranger et qui doivent être transportées par les chemins de fer français, sont timbrés, à leur arrivée en France, par les agents des douanes, au moyen de timbres mobiles, aux mêmes quotités que les récépissés de chemins de fer français. — *Inst. 2443, p. 6.*

415 bis. Paris. — Frontière de terre. — *Paris* étant considéré, au point de vue de la douane, comme *frontière de terre*, les récépissés ou autres pièces en tenant lieu, accompagnant les colis *venant de l'étranger, à destination de Paris*, sont *seulement* timbrés, *à Paris*, par les agents des douanes des bureaux placés dans les gares de chemin de fer.

416. Traitement des sous-officiers et préposés. — Bien qu'ayant appartenu à l'armée, et bien qu'ils soient soumis, à certains égards, au régime militaire, les agents des douanes ne peuvent pas être considérés comme des militaires. Par suite, les acquits donnés à raison de leur solde sont passibles du timbre de 10 centimes.

417. Encaissement d'amendes attribuées en matière de contributions indirectes. — Les quittances que donne un receveur principal des douanes à son collègue des contributions indirectes pour le montant d'attributions d'amendes à répartir entre des agents des douanes, verbalisateurs en matière de contributions indirectes, ne sont pas sujettes au timbre comme quittances entre deux comptables de l'État.

418. Versements d'amendes de timbre perçues. — Le bordereau, revêtu du récépissé du receveur de l'Enregistrement, qui constate le versement à sa caisse des amendes de timbre perçues par les receveurs des douanes, est également exempt de timbre.

419. Vente d'effets mobiliers. — Versement du prix. — Le versement à la caisse du receveur des domaines par le receveur principal des douanes, du produit des cessions d'objets mobiliers de peu de valeur provenant de cette administration, ne donne pas lieu non plus à une quittance timbrée.

420. Vente de marchandises et de poudres abandonnées. — Sont sujets au timbre de 25 centimes les récépissés des receveurs des finances pour versement des produits de la vente des marchandises et des poudres abandonnées en douane. — *Circ. Comp. 14 avril 1872, art. 14, n° 6.*

DROITS D'ABATTOIR.

420 bis. Quittances. — Les quittances concernant la perception des droits d'abattoir, sont frappées du timbre de la régie des contributions indirectes. — *Sol. 25 mars 1859. — Dict. de M. Sollier, art. 840.*

DROITS DE PLACE.

421. Quittance des droits. — Les quittances à souche délivrées aux parties par les receveurs des droits de place, pesage, mesurage et jaugeage, sont passibles du timbre de 25 centimes lorsqu'il s'agit de droits excédant 10 francs. Il en est de même des certificats contenant quittance des droits payés. — *J. E. 5348 et 11176.*

422. Intermédiaires. — **Récépissés.** — Les versements faits par les receveurs des marchés aux receveurs intermédiaires, et par ceux-ci à la caisse centrale du trésorier de la ville, sont constatés au moyen de récépissés qui sont dispensés du timbre comme pièces d'ordre intérieur. — *Déc. m. f. 20 fév. 1860.* — *Inst. 2171.*

DROITS DES PAUVRES.

423. Spectacles, Bals et Concerts. — Il y a exemption de timbre pour les quittances des droits perçus au profit des pauvres sur les spectacles, bals et concerts. — *Déc. m. f. 9 janv. 1843.* — *R. G. 5982-5.*

Toutefois, lorsque la perception de ces droits est en régie intéressée, les quittances sont sujettes au timbre de 25 centimes.

DROITS SANITAIRES.

424. Les quittances de droits sanitaires sont exemptes de timbre comme intéressant la police générale. — *D. m. f. 21 janvier 1850. — Inst. 1847.*

DROITS UNIVERSITAIRES.

425. Quittances. — Versements. — Remboursements. — Les quittances à souche des rétributions universitaires délivrées par les secrétaires agents comptables des facultés et établissements d'enseignement supérieur, sont passibles du timbre à 25 centimes lorsqu'elles ont pour objet des sommes au-dessus de 10 francs. — *Déc. m. f. 21 juillet 1847, et 6 nov. 1851. — Inst. 1907. — Circ. Comp. 14 avril 1872, art. 2.*

Les récépissés de versement de ces produits, délivrés par les receveurs des finances aux agents comptables, sont exempts de timbre.

Mais les remboursements de consignation aux parties donnent lieu à une quittance timbrée à 10 centimes. — *Même circ.*

DUPLICATA.

426. Comptables publics. — Les duplicatas de quittance, délivrés par les comptables publics, doivent être revêtus du timbre mobile à 25 centimes lorsqu'il s'agit d'une recette qui, par sa nature ou son importance, a donné lieu à la délivrance d'une première quittance timbrée.

427. Quittances des particuliers. — Mandats de payement. — Le duplicata d'une quittance est assujetti au timbre de 10 centimes, à moins qu'il ne soit destiné à rester annexé à l'original déjà revêtu du timbre. C'est ce qui a lieu pour les mandats de payement acquittés par duplicata pour ordre et auxquels se trouvent joints : un mémoire revêtu de la quittance timbrée, ou bien l'expédition authentique d'une quittance, ou bien encore une quittance s. s. p., rédigée sur papier timbré.

428. Chemins de fer. — **Récépissé et reçu particulier.** — Est assimilé à un reçu pour ordre celui délivré par une compagnie de chemin de fer, indépendamment du récépissé, quand il reproduit les indications de ce récépissé.

429. Pension de retraite. — **Quittance de plusieurs termes.** — **Duplicata.** — Lorsqu'un pensionnaire touche plusieurs trimestres de sa pension et donne un acquit collectif, il n'est dû qu'un seul droit de timbre de 10 centimes sur cet acquit. Les quittances par duplicata que pourrait exiger le trésorier général sont des pièces d'ordre, non assujetties au timbre.

ÉCOLES NORMALES PRIMAIRES.

430. Quittances des directeurs. — Sont assujetties au timbre de 25 centimes (sauf les exceptions prévues par la loi) les quittances que les directeurs des écoles normales primaires délivrent en leur qualité.

431. Bourses. — Le droit de timbre à 25 centimes est applicable aux quittances de sommes payées sur le montant des bourses créées par l'État, les départements, les communes, au profit des écoles normales. Ce droit est payé par la commune ou le département débiteur et doit être compris dans le montant du mandat. Lorsque la bourse est fournie par l'État, les frais de timbre sont supportés par l'école normale (art. 29 de la loi du 13 brumaire an 7). — *Sol. 20 octobre 1866.*

432. Pensions et autres attributions. — Les récépissés relatifs aux pensions, compléments de pensions et autres attributions et frais à la charge des élèves ou des familles des élèves, sont également soumis au timbre de 25 centimes. — *Circ. Comp. 14 avril 1872, art. 16, n° 3.*

433. Produits divers et accidentels. — Ce timbre s'applique, en général, aux récépissés de tous les produits divers et accidentels destinés aux dépenses des écoles normales primaires. — *Même circ., art. 16, n° 7.*

434. Médecins. — Gages des gens de service. — Sont sujettes au timbre de 10 centimes les quittances des gages des gens de service des écoles normales et des honoraires des médecins attachés à ces établissements. — *Déc. m. f. 24 février 1864. — Inst. 2390, § 2.*

ÉCOLES PRIMAIRES.

435. Subventions ou secours. — Sont soumises au timbre de 25 centimes les quittances données par les receveurs municipaux pour subventions ou secours accordés par l'État ou les départements et applicables à l'établissement, à l'agrandissement ou à l'entretien des écoles primaires et aux suppléments de traitement des instituteurs. — *Déc. m. f. 9 oct. 1835. — Inst. 1513, § 12.*

436. Dépenses diverses. — Sont assujetties au timbre de 10 centimes :

1° Les quittances des loyers des maisons d'école ou celles relatives aux indemnités de logement des instituteurs. — *Déc. m. f. 19 fév. 1835. — J. E. 11212 ;*

2° Les quittances de traitements des instituteurs et institutrices ;

3° Les quittances des indemnités payées aux instituteurs pour l'instruction des adultes et des indigents. — *Règl. min. inst. pub., page 143.*

ÉCOLES RÉGIMENTAIRES.

437. Dépenses. — Remboursement. — Sont exemptes de timbre les quittances constatant le remboursement des dépenses des écoles régimentaires. — *Circ. Comp. 14 avril 1872, n° 9.*

ÉCOLES SPÉCIALES.

438. Pensions et trousseaux. — Les récépissés délivrés par les receveurs des finances *aux parties* pour pensions et trousseaux des élèves des écoles polytechnique, forestière, vétérinaire, d'agriculture et des arts et métiers, sont sujets au timbre de 25 centimes.

Mais les récépissés de pensions et autres frais concernant les écoles de Saint-Cyr et de Brest, dont les élèves sont considérés comme *gens de guerre*, sont affranchis du timbre. — *Circ. Comp. 14 avril 1872, art. 7.*

439. Bourses. — Le droit de timbre à 25 centimes est toujours exigible lorsque les pensions sont payées à titre de bourses par les départements ou les communes. Mais la quittance donnée sur le mandat imputable sur le budget départemental ou communal n'est pas soumise au timbre parce que le récépissé timbré est joint à ce mandat, qui est simplement quittancé pour ordre. — *Même circ.*

440. Écoles vétérinaires. — Produits divers. — Sont soumis au timbre de 25 centimes :

1° Les récépissés délivrés par les receveurs des finances pour les droits de diplôme de vétérinaire et les pensions des animaux en traitement dans les hôpitaux des écoles vétérinaires ;

2° Les quittances des receveurs des domaines pour les prix de ventes aux enchères d'animaux, de laines, de fumier et d'objets mobiliers hors de service provenant de ces établissements.

441. Écoles régionales d'agriculture. — Sont également soumises au timbre de 25 centimes les quittances des receveurs des domaines relatives aux prix de ventes aux enchères des animaux, des laines, du croît, des produits ruraux et des objets hors de service provenant des écoles régionales d'agriculture.

A l'égard des produits consommés en nature
dans ces établissements, il est délivré aux receveurs des mandats sur les caisses des payeurs du
Trésor. La quittance qu'ils donnent au pied de ces
mandats n'est pas sujette au timbre.

442. Écoles des Arts et Métiers. — Sont exemptes
de timbre les quittances délivrées par les receveurs
des domaines aux agents comptables des écoles des
arts et métiers pour versements des sommes provenant des produits des ateliers et des ventes
d'objets mobiliers hors de service.

ÉCONOMES.

443. Lycées. — **Recettes.** — **Dépenses.** — Sont
soumises au timbre de 25 centimes les quittances
que délivrent les économes des lycées en leur qualité, par exemple, pour le prix de la pension des
élèves et de ses accessoires.

Sont assujetties au timbre de 10 centimes les
quittances données à ces comptables par les gens
de service, médecins, fournisseurs, etc., sur mandats de payement, mémoires, factures ou autrement.

444. Hospices. — **Quittances des économes aux
receveurs.** — Les quittances remises par les économes des hospices aux receveurs de ces établissements, des sommes destinées à payer les fournisseurs, ne sont pas assujetties au timbre. Ce
sont des pièces uniquement relatives à des mouvements de fonds entre des agents d'un même

service. L'économe n'est qu'un intermédiaire entre le receveur et les fournisseurs. Mais les quittances données ultérieurement par ces derniers doivent être timbrées à 10 centimes. — *Déc. 14 oct. 1845.*

445. Hospices. — Relevés numériques des journées de malades non indigents. — Quittances du receveur. — La rétribution payée par les malades *non indigents* à l'économe d'un hospice où ils ont reçu des soins, est remise par trimestre au receveur de l'hospice, avec un relevé numérique à l'appui.

Le receveur de l'hospice, pour se conformer à l'article 4 de la loi du 8 juillet 1865, est tenu de délivrer, au vu de l'état de l'économe (état dispensé du timbre comme pièce d'ordre intérieur), autant de quittances à souche qu'il y a d'intéressés, et de revêtir du timbre de 25 centimes celles de ces quittances qui excèdent 10 francs. Le prix de ces timbres est versé par l'économe, qui a eu soin de l'exiger des malades lors des payements effectués par eux. — *Sol. 23 août 1870.*

446. Dépenses journalières. — Les reçus que donnent les économes des hospices aux receveurs, des sommes destinées aux *dépenses journalières*, sont sujets au timbre de 10 centimes si elles doivent opérer la décharge des receveurs et constituer les seules pièces justificatives à produire à l'appui de leur compte.

Régulièrement, le receveur doit délivrer, au profit de l'économe, des mandats pour remboursement des dépenses journalières ; l'acquit mis au bas du mandat par l'économe est exempt de timbre, si le mandat est accompagné de *quittances* délivrées par les fournisseurs et dûment timbrées.

447. Reçus délivrés au jardinier. — Les reçus délivrés par l'économe d'un hospice au jardinier, pour les produits récoltés, sont également passibles du timbre à 10 centimes comme constituant de véritables décharges.

448. Reçus délivrés aux fournisseurs. — Il en est de même des reçus que l'économe délivre aux fournisseurs et que ceux-ci doivent ensuite représenter pour toucher le prix des objets livrés.

EFFETS DE COMMERCE.

449. Acquits. — Les acquits inscrits sur les effets de commerce sont exceptés du droit de timbre. — *L. 23 août 1871, art. 20.*

450. Reçus pour négociation, acceptation ou encaissement. — Sont exempts du droit de timbre les reconnaissances et reçus donnés, soit par lettres, soit autrement, pour constater la remise d'effets de commerce à négocier, à accepter ou à encaisser. — *L. 30 mars 1872, art. 4.*

Cette exception ne peut pas être étendue aux lettres qui constateraient des réceptions d'espèces, de billets de banque ou de titres autres que ceux nommément exceptés. — *Rapport de la Commission. — Inst. 2445, p. 9.*

EMPRUNTS.

451. État. — Souscriptions. — Versements. – Les récépissés de souscription aux emprunts de l'État et la constatation des versements ultérieurs sur les certificats provisoires sont exempts de timbre. — *Circ. Comp. 14 avril 1872, art. 29.*

452. Départements. — Récépissés. — Les récépissés des receveurs des finances relatifs au produit des emprunts départementaux, sont sujets au timbre de 25 centimes, à moins que ces récépissés, à raison de leur forme ou des circonstances de leur délivrance, ne puissent être considérés comme constituant, entre les mains des porteurs, des titres d'obligations provisoires ou définitifs. Dans ce cas, ils sont passibles du timbre proportionnel établi par l'article 27 de la loi du 5 juin 1850, à défaut d'abonnement contracté en exécution de l'article 31 de la même loi.

On doit notamment considérer comme constituant des titres provisoires régis par la loi du 5 juin 1850, les récépissés délivrés pour la réalisation d'emprunts faits à des particuliers par voie de souscription, lorsque, d'après des conditions arrêtées, ils doivent être remplacés par des titres définitifs extraits de registres à souche, conformément à l'article 28 de la même loi. — *Circ. Comp. 14 avril 1872, art. 15, n° 7. — V. n° 11.*

453. Emprunt communal.— Quittance de comptable. — Les sommes provenant des emprunts contractés par les villes et les communes forment un véritable produit ou revenu municipal, et les quittances de ces sommes, quel que soit le comptable qui les délivre, rentrent dans la catégorie des quittances de deniers publics (art. 4 de la loi du 8 juillet 1865). Ces quittances sont donc passibles du droit de timbre de 25 centimes. — *V. n° 11.*

454. Sociétés. — Compagnies. — Quittances. — Les quittances de chaque versement de terme de souscription, à des actions ou obligations émises par une société ou compagnie, sont soumises au timbre de 10 centimes.

455. Excédants de versements.— Restitution aux souscripteurs. — Les quittances ayant pour objet la restitution des sommes versées en trop par les souscripteurs à un emprunt de l'État, d'un département ou d'une commune sont exemptes du timbre comme se rattachant à des formalités préliminaires et devant être considérées comme de simples documents administratifs et d'ordre intérieur. — *Sol. 27 mars 1859.*

456. Payements aux créanciers. — Les quittances données par les créanciers, pour remboursement d'un emprunt, sont sujettes au timbre de 10 centimes, tant pour le principal que pour les intérêts. — *J. E. 12744-6.*

457. Caisse des dépôts et consignations. — Remboursements. — Les récépissés délivrés par le caissier de la caisse des dépôts et consignations aux receveurs municipaux, pour remboursements d'emprunts, sont sujets au timbre de 25 centimes comme formant titres libératoires en faveur de la commune. — *J. E. 16256-3.*

458. **Remise des obligations quittancées.** — Mais les acquits inscrits sur les obligations remboursées ne donneraient pas lieu à l'application du timbre comme formant double emploi avec le récépissé dûment timbré.

459. Prêts sur le budget de l'État. — Les récépissés relatifs aux versements faits par les associations, entreprises ou industries qui ont obtenu des prêts sur les fonds de l'État , sont passibles du timbre de 25 centimes. — *Circ. Comp. 14 avril 1872 , art. 14, n° 4.*

ENCOURAGEMENTS.

460. Savants. — Gens de lettres. — Artistes. — Les quittances de sommes excédant 10 francs, accordées à des savants , des gens de lettres ou des artistes , à titre *d'encouragement ,* sont soumises au timbre de 10 centimes. — *Déc. m. f. 10 sept. 1830. — Ins. 1391.*

461. Payements divers au même titre. — Même décision pour les quittances de sommes payées au même titre aux *instituteurs.*— *Inst. 1513, § 12 ;*

Aux propriétaires qui ont obtenu des primes aux concours d'animaux. — *Inst. 1391 ;*

Aux fondateurs des fermes-modèles , et en général à toutes les personnes qui ont obtenu des primes d'encouragement. — *Règl. Comp. min. int. 30 nov. 1840.*

ENFANTS ASSISTÉS.

462. Secours. — Les quittances de secours accordés aux enfants assistés ne sont pas assujetties au timbre de 10 centimes , comme quittances de *secours payés aux indigents* dans le sens de l'art. 16 de la loi du 13 brumaire an 7.

463. Mois de nourrice. — Il en est de même des quittances de mois de nourrice payés par les hospices.

464. Sommes versées par les parents. — Mais les quittances de sommes versées pour le compte d'enfants en nourrice, par leurs parents , doivent être revêtues, par le comptable qui les délivre, du timbre spécial de 25 centimes.

465. Direction municipale des nourrices.— Quittance entre deux agents. — La quittance *donnée par l'inspecteur*, dûment accrédité et commissionné de la direction municipale des nourrices , *au caissier* de cette direction , d'une somme destinée à assurer le payement d'un trimestre dans l'arrondissement de ...., constitue une simple pièce d'ordre exempte de timbre. — *Sol. 27 août 1873.*

466. Postes. — Amendes attribuées.— Quittance de l'agent des finances. — Le versement *par l'administration* des postes , à la caisse du receveur général des finances, du produit des amendes (transport frauduleux de lettres) attribuées au service des enfants assistés , constitue , non pas une dépense effective pour le Trésor , mais une opération de pure administration. La quittance donnée par l'agent des finances à l'agent des postes est, comme pièce d'ordre, exempte de timbre. — *Sol. 24 août 1873.*

Voir au mot *Assistance publique* d'autres décisions relatives aux enfants assistés.

ENGAGEMENT MILITAIRE.

467. Sont exceptés du droit de timbre, en vertu de l'art. 16 de la loi du 13 brumaire an 7 : 1° les récépissés des receveurs des finances relatifs aux produits des engagements volontaires ; 2° les quittances de primes d'engagement ou de réengagement payées aux militaires en activité de service.

ENREGISTREMENT (Administration de l').

468. Recettes. — Quittances des comptables. — Les quittances des droits et amendes d'enregistrement, de timbre, de greffe et d'hypothèques, qui s'expédient sur les actes, sont exceptées du droit de timbre. — *L. 13 brumaire an 7, art. 6.*

Les quittances à souche, sur feuilles particulières, délivrées aux contribuables, et constatant le payement de droits, amendes et autres produits dont le recouvrement est confié à l'administration de l'enregistrement, sont passibles du droit de timbre à 25 centimes lorsqu'elles s'élèvent à plus de 10 francs. — *L. 8 juillet 1865, art. 4.*

Toutefois, les quittances relatives à l'impôt sur le revenu des valeurs mobilières, établi par la loi du 29 juin 1872, paraissent devoir profiter de l'exemption de timbre prononcée par l'art. 16 de la loi du 13 brumaire an 7 , pour les quittances de contributions directes.

469. Nomenclature des dépenses qui donnent lieu à des quittances timbrées ou non timbrées (1).

§ 1er. — *Personnel.*

1º Traitement des agents administratifs de tout grade , des gardes-magasins et autres employés du timbre , T ;

2º Salaires des ouvriers auxiliaires employés à l'atelier général du timbre , indemnités pour travaux et veilles extraordinaires , T ;

3º Remises des receveurs , T , sauf pour les quittances données pour ordre, lorsque les quittances sur états spéciaux ont déjà supporté le droit.

§ 2. — *Matériel.*

1º Travaux d'entretien et de réparation , fournitures , allocations de l'architecte , T ;

2º Frais d'emballage et de transport des papiers timbrés , registres et impressions , T ;

3º Frais de transport du chef-lieu de département aux différents bureaux , quittances données en marge des lettres de voiture , T ; quittances données sur les mandats de remboursement , par les receveurs qui ont fait l'avance des frais , E ;

4º Achats de papiers à timbrer , frais de bureaux, d'entretien et de fabrication à l'atelier général, et frais divers , T ;

----

(1) T Signifie quittance assujettie au timbre; E signifie quittance exempte de timbre.

5° Menues dépenses du timbre , T ; quittances données sur mandats de payement , par les receveurs qui ont fait l'avance , E.

§ 3. — *Dépenses diverses.*

1° Taxations sur le prix des papiers timbrés , T, quand la remise quittancée dépasse 10 fr. ; quittances sur mandats de payement aux receveurs qui ont fait l'avance , E ;

2° Frais de bureaux des directeurs , T ;

3° Frais de tournée des inspecteurs et vérificateurs , chaque émargement , T ;

4° Contributions des bâtiments et domaines de l'État, mandat ou quittance à souche du percepteur, E ;

5° Frais d'estimation , d'affiches ou de vente de mobilier et des domaines de l'État , T ; quittances sur mandats de remboursement aux receveurs des avances faites par eux , E ;

6° Dépenses relatives aux épaves , déshérences et biens vacants , quittances des parties prenantes , T ; quittances des receveurs sur mandats de remboursements d'avances , E ;

7° Frais de poursuites et d'instances , T, pour les quittances des ayants droit ; mandats de remboursement d'avances , E ;

8° Frais d'extraits d'arrêts et de jugements : quittances T des greffiers ou secrétaires sur les mémoires ; quittances E des mêmes sur les mandats ; ces dernières quittances sont données par duplicata , pour ordre ;

9° Secours aux veuves et aux orphelins d'employés,

secours périodiques , T ; secours accidentels , E , si l'indigence est justifiée ;

10° Frais de procédure dans l'intérêt des communes et des établissements publics , quittances sur mémoires ou états de frais , T ; quittances des receveurs sur mandats de remboursement , E ;

11° Dépenses accidentelles : appliquer , par voie d'analogie , les règles ci-dessus.

§ 4. — *Remboursements.*

1° Remboursements de droits et amendes *indûment perçus* , E ;

2° Restitutions de droits en sus et amendes remises à *titre gracieux* , T ;

3° Restitutions de droits par suite d'erreurs de fait dans les déclarations de succession , de réduction de prix d'offices , de résiliation d'actes de cession d'offices , de contrats de mariage non suivis de célébration , T ;

4° Restitutions des droits de timbre de feuilles de registre employées dans les bureaux d'hypothèques à diverses formalités exemptes de timbre , ou requises dans l'intérêt de l'État contre des débiteurs insolvables , E ;

5° Restitutions par suite d'erreurs au préjudice des receveurs , E, comme opération d'ordre intérieur ;

6° Restitutions de droits d'affichage après refus d'autorisation d'afficher , T ;

7° Restitutions d'amendes consignées , T ;

8° Restitutions de revenus et de prix de vente de meubles et d'immeubles , T ;

9° Restitutions aux héritiers et payements aux créanciers des successions en déshérence, T.

§ 5. — *Répartition de produits d'amendes.*

1° Payement aux comptables des amendes attribuées aux départements, communes et hospices, E;

2° Payement aux ayants droit des amendes attribuées à divers, T, sauf pour les quittances des gendarmes;

3° Gratifications pour délits de chasse, T, sauf pour les quittances des gendarmes.

ENTREPRENEURS DE TRANSPORTS.

470. Registres de factage. — Décharges. — Les reçus ou décharges donnés sur les registres de factage des entrepreneurs de messagerie ou de roulage, par les destinataires, des objets transportés, sont passibles du droit de timbre de 10 centimes.

Toutefois, lorsque les transports ont été effectués par chemins de fer, le droit de décharge étant compris dans le coût des récépissés obligatoires délivrés par les compagnies, les registres de factage peuvent être signés par les destinataires sans qu'il y ait lieu à l'apposition du timbre. — *V. numéros 164 et suiv.; 220 et suiv.*

471. Registres de factage non signés pour décharge. — Si les registres de factage ne contiennent aucune mention ou signature de décharge de la part des destinataires, le droit de timbre de 10 centimes ne doit pas être exigé; il n'y a pas contravention.

472. Groupage. — Registre de factage non signé par le destinataire. — Malgré l'obligation imposée aux entrepreneurs et intermédiaires de transport en matière de groupage, par l'art. 2 de la loi du 30 mars 1872, de faire signer leurs registres de factage pour décharge par les destinataires, le défaut de signature ne constitue pas une contravention, les destinataires pouvant se trouver empêchés de signer. Mais il faut alors que toutes les autres prescriptions de la loi aient été remplies. — *V. n° 220.*

473. Messagers. — Reçus sur livret. — Le reçu inscrit par le destinataire sur le livret d'un messager, qui transporte habituellement les marchandises d'un industriel, doit être revêtu d'un timbre mobile de 10 centimes.

474. Reçu par un entrepreneur de transports de colis à expédier. — Le reçu apposé par un entrepreneur de transports ou son représentant, sur le registre d'un fabricant, et constatant la remise par ce dernier de colis destinés à être expédiés, est passible du timbre de 10 centimes. Ce reçu ne fait pas double emploi avec le récépissé qui pourra être remis ultérieurement au fabricant. — *Jugement Rouen, 20 mars 1873. — R. p. 3683.*

475. Remise au Domaine de colis non réclamés. — Reconnaissance. — Les reconnaissances fournies par les receveurs des domaines aux entrepreneurs de transports, des objets mobiliers non réclamés et susceptibles d'être vendus, ne sont pas soumises au droit de timbre. — *Inst. 2247.*

476. Transport de papiers timbrés, registres et impressions. — Décharge. — Les décharges données par les receveurs de l'enregistrement aux messagers ou entrepreneurs de transports, des ballots de papiers timbrés, registres et impressions expédiés par le garde-magasin, sont également exemptes de timbre.

Mais les quittances de prix de transport, fournies par les messagers en marge des lettres de voiture, doivent être timbrées à 10 centimes lorsque la somme dont il est donné quittance excède 10 francs.

477. Communication. — Les entrepreneurs de transports sont tenus de représenter aux agents de l'enregistrement leurs livres, registres, titres, pièces de recette, de dépense et de comptabilité, afin qu'ils s'assurent de l'exécution des lois sur le timbre. Tout refus de communication est constaté par procès-verbal et puni d'une amende de 100 francs à 1,000 francs. — *L. 23 août 1871, art. 22.*

Si un entrepreneur de transports refuse communication de ses registres sous le prétexte qu'il n'en tient pas, ce refus est constaté par procès-verbal, la tenue de livres réguliers étant obligatoire.

ENTREPRENEURS DE TRAVAUX.

478. Quittances. — Sont sujettes au timbre de 10 centimes les quittances données par les entrepreneurs ou soumissionnaires de travaux et fournitures sur mandats de payement, mémoires, factures ou autrement, pour prix de travaux et fournitures.

479. Avances. — Il en est de même des quittances de sommes payées aux entrepreneurs de travaux pour remboursement de leurs avances.

Dépôts de sommes ou de titres en garantie. — *V. n° 182.*

ÉTABLISSEMENTS D'ENSEIGNEMENT SUPÉRIEUR.

480. Versements et retraits de fonds. — Les placements de fonds à la caisse du Trésor et les retraits de fonds placés à la même caisse, par les agents comptables des établissements d'enseignement supérieur, ne donnent pas lieu à des récépissés ou à des quittances timbrés, ces opérations étant simplement d'ordre intérieur. — *Circ. Comp. 14 avril 1872, art. 43.*

ÉTABLISSEMENTS PUBLICS.

481. Recette et dépense. — **Règle générale.** — Sont assujetties au timbre les quittances données ou reçues par les trésoriers, caissiers ou receveurs des établissements publics, et ne rentrant pas dans les exceptions prévues par la loi.

482. Agent comptable intermédiaire. — Lorsque des agents comptables d'établissements publics touchent un mandat, par exemple du Trésorier général, pour distribuer le montant à diverses parties prenantes, ce mandat n'est pas passible du timbre quand il est accompagné d'un état d'émargement dûment signé des ayants droit et timbré.

Traitement des employés. — *V. Traitements.*

Communication. — *V. n° 283.*

ÉTABLISSEMENTS SPÉCIAUX DE BIENFAISANCE.

483. Recette. — Dépense. — Tout ce qui a été dit pour les *bureaux de bienfaisance* s'applique aux divers établissements spéciaux de bienfaisance, tels que l'hospice des Quinze-Vingts, la maison de Charenton, les institutions des sourds-muets, des jeunes aveugles, etc. — *V. Hospices.*

ÉTABLISSEMENTS SPÉCIAUX DE L'ÉTAT.

484. — Haras et dépôts d'étalons — Les quittances des receveurs des domaines relatives aux produits des domaines dépendant des haras ou dépôts d'étalons et aux prix de vente aux enchères de chevaux, de fumiers et d'objets hors de service, sont soumises au timbre de 25 centimes.

Mais les versements dans leurs caisses par les sous-directeurs, chefs de station ou palefreniers, des produits de la monte, ne donnent pas lieu à des quittances timbrées.

Les acquits donnés par les receveurs des domaines sur les mandats de payement qui leurs sont délivrés sur les caisses des payeurs du Trésor, pour la valeur des objets consommés en nature dans les haras et dépôts d'étalons, sont également affranchis du timbre.

484 bis. Cartes de saillie. — Quittances. — Les cartes de saillie que délivrent : 1° les chefs de station d'étalons de l'État (cartes blanches); 2° les propriétaires des étalons approuvés par l'administration des haras (cartes roses), constatant principalement le payement du prix de la monte, sont, comme quittances, soumises dans le premier cas au timbre de 25 centimes, dans le second, au timbre de 10 centimes.

Mais le maire ne peut inscrire sur cette carte le certificat constatant l'origine du produit avant que cette carte ait été timbrée, soit à l'extraordinaire, soit au moyen d'un timbre mobile de dimension. — *Déc. m. f. 16 mai 1873.*

485. Établissements thermaux. — Les quittances de fermages des établissements thermaux, délivrées par les receveurs des domaines, sont assujetties au timbre de 25 centimes. Lorsque ces établissements sont mis en régie, les versements dans les caisses de ces comptables des sommes provenant du prix des bains, de la vente des eaux, du droit d'entrée dans les salons, ne donnent pas lieu à des quittances timbrées.

Écoles vétérinaires et des Arts et Métiers. — *V. Écoles spéciales.*

ÉTATS DE FRAIS.

486. Mentions de libération. — Les états de frais dus aux notaires, avoués, greffiers, huissiers, etc., sont passibles du timbre mobile à 10 centimes, à raison de la mention de libération dont ils sont revêtus et qui constate le payement à l'ayant droit.

ÉTATS DE SOLDE OU D'ÉMARGEMENT.

487. Exigibilité du droit de timbre. — Pluralité. — Les états de solde ou d'émargement tombent sous l'application de l'art. 18 de la loi du 23 août 1871. Il est dû sur ces états autant de droits de timbre à 10 centimes qu'il y a de payements excédant 10 francs.

Les formules d'états de solde peuvent être timbrées à l'extraordinaire quand le total des droits à percevoir par chaque page correspond à l'une des quotités du timbre de dimension en vigueur. — *Décr. 27 nov. 1871, art. 5.* — *Inst. 2424.*

487 bis. Comptables. — Remises mensuelles. — Bien qu'en principe le comptable doive prélever chaque mois, c'est-à-dire douze fois par an, une somme pour ses remises, il ne s'en suit pas qu'il doive être fourni par ce comptable toujours douze quittances soumises au timbre de 10 centimes. Le droit de 10 centimes est dû par émargement : si le comptable, dans l'année, ne donne de quittances que huit fois, il n'est dû que huit droits, malgré les termes de la circulaire de la comptabilité du 20 décembre 1872. — *Sol. 10 mars 1873.*

488. Administrations publiques de l'État. — Mode de paiement du droit. — Manutention. — Les états de solde ou d'émargement concernant les administrations publiques de l'État peuvent n'être revêtus d'aucun timbre aux conditions ci-après :

Il est établi sur ces états une colonne spéciale dans laquelle figure, en regard du nom de chaque partie prenante, et ainsi que cela se pratique pour les retenues concernant les pensions civiles, le montant des droits de timbre dus à raison de l'acquit.

Cette colonne est totalisée, et le comptable du Trésor se charge en recette (avec les références nécessaires pour rendre le contrôle possible) du montant dû pour chaque état.

Cette recette est faite immédiatement, pour les états du service de l'enregistrement, au registre du *visa pour timbre*, dans une colonne spéciale ouverte à cet effet.

Les autres comptables du Trésor versent tous les mois, au bureau de l'enregistrement de leur résidence, le montant des droits perçus, et portent en dépense, dans leurs écritures, les quittances qui leur sont remises par les receveurs de l'enregistrement. Ces quittances d'ordre intérieur, et délivrées d'ailleurs à des comptables qui suppléent l'administration pour la perception du droit, sont exemptes du timbre. — *Inst. 2424, p. 5.*

489. Chemins de fer. — Sociétés. — Compagnies. — Par une décision du 8 février 1872, le Ministre des finances a étendu le bénéfice résultant de la faculté de payer le droit de timbre comme il est dit au numéro précédent, aux compagnies de chemins de fer et aux sociétés et entreprises soumises aux vérifications des agents de l'enregistrement, pourvu que ces compagnies et sociétés en fassent la demande. L'autorisation est accordée par le directeur de l'enregistrement du département où se trouve le siége social.

Quant aux administrations et entreprises qui ne sont pas, en l'état actuel de la législation, soumises à ces vérifications, mais qui volontairement demanderaient à s'y soumettre pour être admises à profiter des mêmes facilités, elles devraient, préalablement à l'adoption de ce mode d'opérer, s'engager positivement et par écrit à représenter à toute réquisition, aux agents de l'enregistrement, leurs livres, registres et pièces de comptabilité, afin qu'ils puissent s'assurer de l'exécution des lois sur le timbre.

Les directeurs qui accordent l'autorisation ci-dessus doivent prendre pour règle l'arrêté de M. le directeur général, du 20 février 1872, rapporté au n° 236 de cet ouvrage. — *Lettre commune n° 29.*

Défaut de signature. — Signes conventionnels. — *V. Signature.*

489 bis. Sociétés étrangères. — Il n'est pas possible d'étendre à une société étrangère le bénéfice de l'arrêté du 20 février 1872 concernant les chemins de fer français. — *Sol. 13 janvier 1873.*

ÉTRANGERS.

489 ter. Ministres. — Agents diplomatiques. — En principe, les quittances que donnent, en France, les ministres ou agents d'un gouvernement étranger doivent être timbrées. Mais *la fiction d'exterritoria-*

lité serait un obstacle sérieux au recouvrement du droit de timbre.

EXCÉDANTS DE VERSEMENTS.

490. — Contributions publiques. — Ne sont pas soumis au timbre les récépissés d'ordre relatifs aux excédants de versements sur contributions publiques, que les receveurs des finances se délivrent à eux-mêmes.

Il en est ainsi des quittances données par les parties prenantes quand il s'agit de contributions directes. Mais s'il s'agit d'excédants de versements sur le produit des pensions, les produits départementaux, etc., les quittances sont soumises au droit de 10 centimes. — *Circ Comp. 14 avril 1872, art. 37.*

EXPÉDITIONS.

491. Départements. — Actes des préfectures et sous-préfectures. — Les récépissés des receveurs des finances relatifs aux droits d'expédition d'actes des préfectures et sous-préfectures, sont exempts de timbre, ces droits étant perçus par un agent intermédiaire qui les reverse à la recette des finances. — *Circ. Comp. 14 avril 1872, art. 15. — V. Frais d'actes.*

EXPERTS. — EXPERTISE.

492. Frais d'expertise en matière de contributions directes. — Les quittances données sur les mandats ou ordonnances excédant 10 francs, et délivrées en conformité des art. 20 et 21 de l'arrêté du gouvernement du 24 floréal an 8 pour le payement des frais d'expertise à la charge des réclamants, sont sujettes au droit de timbre de 10 centimes. — *Déc. m. f. 6 janvier 1859. — Inst. 2148-6.*

493. Frais d'expertise en général. — En général, toutes quittances de frais d'expertise payés par l'État, les communes, les établissements publics ou les particuliers, sont passibles de ce même droit.

EXPROPRIATION.

494. Quittances d'indemnités. — Les quittances d'indemnités d'expropriation pour cause d'utilité publique sont passibles du timbre de 10 centimes, attendu qu'elles ne rentrent dans aucune des exceptions prévues par l'art. 20 de la loi du 23 août 1871.

Il en est de même des quittances d'indemnités relatives aux cessions à l'amiable pour travaux d'utilité publique, faites dans les formes déterminées par la loi du 3 mai 1841, ou aux occupations temporaires de terrain.

495. Remboursements de frais aux receveurs. — Les quittances données par les receveurs de l'enregistrement, pour remboursement de frais, dont ils ont fait l'avance en matière d'expropriation pour cause d'utilité publique, sont exemptes de timbre.

EXTRAITS DE JUGEMENTS.

496. Récépissés fournis par les receveurs aux greffiers. — Les récépissés fournis aux greffiers par

les receveurs de l'enregistrement des extraits de jugements dont les droits n'ont pas été remis par les
parties , sont affranchis du timbre. — *L. 28 avril
1816 , art. 38. — Inst. 714.*

Il en est de même des récépissés relatifs aux extraits
ou exécutoires remis par les greffiers en matière
d'assistance judiciaire.

497. Frais d'extraits. — Les acquits des greffiers
placés au pied des mémoires remis aux receveurs de
l'enregistrement de frais d'extraits en matière criminelle, correctionnelle ou de police, sont passibles du
timbre à 10 centimes.

FABRIQUES DES ÉGLISES.

498. Comptabilité. — Sont sujettes au timbre de
10 centimes les quittances produites à l'appui des
comptes des trésoriers des fabriques. — *Déc. m. f.
12 mars 1827. — Ins. 1210-14.*

Il en est de même des quittances délivrées par ces
trésoriers aux débiteurs des fabriques.

Communication. — *V. n° 285.*

FACTAGE. — *V. Camionnage, n° 163 et suiv.;
Entrepreneurs de transports , n° 470 et suiv.*

FACTEURS AUX HALLES.

499. Ventes.— Payement d'attribution à la ville.
— La quittance à souche délivrée par un receveur municipal , pour constater le payement de l'attribution
due à une ville par les facteurs aux halles sur le pro-

duit des ventes, est sujette au timbre de 25 centimes. — *Sol. 27 mars 1859.*

500. Communication. — Les facteurs aux halles ne sont pas tenus de communiquer leurs écritures aux agents de l'enregistrement. — *Même sol.*

FACTURES.

501. Facture produite ou établie pour recouvrement.— Timbre de dimension. — Acquit.— Timbre de 10 centimes. — Lorsqu'une facture est établie et *immédiatement acquittée*, elle n'est rédigée que comme titre libératoire et n'est passible que du timbre de 10 centimes.

Il n'en est pas de même lorsque la facture est établie pour obtenir paiement ou recouvrement : elle constitue, dans ce cas, un titre de créance, et doit être faite sur papier timbré de dimension.— *Comp. Inst.* 2375-2.

Lorsque, dans ce dernier cas, elle est ensuite acquittée, il est dû un droit de timbre de 10 centimes à raison de l'acquit, outre le droit de timbre de dimension déjà payé.

502. Factures produites à l'appui de mandats. — Ainsi, les factures produites à l'appui des mandats de payement délivrés sur les caisses des agents comptables de l'État, des départements, des communes et des établissements publics, doivent toujours être rédigées sur papier timbré et ensuite revêtues du timbre spécial de 10 centimes, si le *pour acquit* est donné sur ces pièces. Mais, dans ce cas, la quittance souscrite au pied du mandat est simplement d'ordre et n'est assujettie à aucun timbre.

503. Dépense inférieure à 10 francs. — Quand une fourniture ne s'élève pas au-dessus de 10 francs, il n'est pas indispensable de joindre une facture au mandat de payement; mais le détail et le prix des objets fournis doivent être énoncés dans le corps du mandat, qui demeure affranchi du timbre, de même que l'acquit dont il est revêtu.

Si le détail était fait *sous forme de mémoire*, au dos du mandat de payement, et que ce mandat ne fût pas sur papier timbré, il y aurait contravention.

504. Timbre à l'extraordinaire à 10 c. — Usage. — On admet au timbre à l'extraordinaire les factures destinées à être délivrées et acquittées immédiatement, qui ne servent que de titres libératoires. Mais on ne peut rédiger sur des formules ainsi timbrées à 10 cent. les factures destinées à obtenir le recouvrement, ces factures constituant des titres de créances qui doivent être rédigés sur papier timbré de dimension.

505. Factures de recouvrement sur papier libre. — Acquit ultérieur non timbré. — Amendes. — Si une facture établie *pour recouvrement* (titre de créance) a été faite sur papier libre, puis ultérieurement acquittée sans apposition de timbre mobile, il est dû deux amendes de 50 francs.

**506. Reçu d'effets de commerce à-compte sur

le montant de la facture. — La mention apposée sur une facture, constatant que le créancier a reçu des effets de commerce à-compte sur le montant de ladite facture, constitue une libération passible du timbre de 10 centimes. Le timbre des effets de commerce ne fait pas double emploi avec le timbre-quittance : ces deux droits de timbre ont des objets entièrement différents.

D'un autre côté, le reçu d'effets de commerce *en paiement* ne doit pas être confondu avec le reçu d'effets *à encaisser*, seul dispensé du timbre de 10 centimes.

507. Reçu d'un mandat-poste en paiement d'une facture. — Le reçu d'un mandat-poste apposé sur une facture est passible du timbre de 10 centimes. Le timbre de 25 centimes, placé sur le mandat, s'applique à la quittance donnée par le comptable public ; il a rapport à la transmission par l'administration des postes ; la reconnaissance dans la facture ou dans un arrêté de compte devient un titre libératoire soumis à l'impôt.

508. — Talon de mandat-poste annexé à une facture. — Lorsqu'à une facture non acquittée se trouve annexé un talon de mandat-poste, cette facture doit être considérée comme payée. Mais cette libération ne nécessite pas l'apposition du timbre mobile de 10 centimes, attendu qu'il n'y a pas titre libératoire émanant du créancier.

Si, malgré l'annexe du talon de mandat-poste, la facture était, en outre, spécialement acquittée, nous pensons qu'elle devrait être revêtue du timbre de 10 centimes, comme les quittances par duplicata.

509. Factures à recouvrer. — Timbre proportionnel. — Les factures signées, qui, acquittées d'avance par le créancier, portent les mots « *Accepté....* *Payable le.....* » ou le mot « *Accepté* » ou le mot « *Vu* » suivis de la signature du débiteur, ou enfin cette simple signature, sont des effets de commerce passibles du droit de timbre proportionnel. — *D. m. f. 15 mars 1873.* — *R. P. 3587.*

509 bis. Factures. — Mentions de payement d'à-comptes. — Le *résultat final*, constaté par le payement d'à-comptes mentionnés sur une facture, établissant *seul* la libération totale ou partielle du débiteur, ne donne ouverture qu'à un seul droit de 10 centimes ; il n'est donc dû qu'une *seule* amende à l'occasion de la libération constatée par le résultat final, non soumis au timbre. — *Sol. 20 septembre 1873.*

509 ter. Factures. — Imputations faites sous le nom d' « avoir » — L'avoir est la désignation, dans la facture, de la *valeur* des *enveloppes* contenant la marchandise livrée et vendue, enveloppes qui doivent être rendues au vendeur, et dont la valeur, lorsque la restitution a lieu, est déduite, lors de la livraison suivante, du montant de la facture applicable à cette dernière livraison. Ces imputations, faites sous le nom d'*avoir*, constituent des *quittances* de sommes ou des reçus d'objets, soumis au timbre de 10 centimes. — *Sol. 21 mars 1873.*

FAILLITES.

510. État de répartition de l'actif entre les créanciers. — Acquits. — L'état dressé par le syndic d'une faillite, de la répartition de l'actif entre les créanciers, au marc le franc de leur créance, doit être rédigé sur papier timbré de dimension. L'acquit donné par les créanciers, en marge de cet état, conformément au dernier alinéa de l'art. 469 du Code de Commerce, est passible du timbre de 10 centimes pour chaque émargement de plus de 10 francs.

510 bis. Faillites. — Caisse des dépôts et consignations. — Répartition. — Si le payement des sommes réparties dans la faillite et retirées de la caisse des dépôts et consignations, où elles avaient été déposées par le syndic, donne lieu à la délivrance de deux instruments constatant, l'un la libération de la caisse des dépôts et consignations, l'autre la libération du syndic, chacun de ces instruments tombe directement sous l'application de l'art. 18 de la loi du 23 août 1871. — *Sol. 12 septembre 1873.*

FERMAGES.

511. Quittances des comptables publics. — Les quittances de prix de ferme des biens de l'État, des départements, des communes et des établissements publics, sont sujettes au timbre de 25 centimes. — *V. n° 11.*

512. Quittances des particuliers. — Les quittances de fermages entre particuliers sont soumises au timbre de 10 centimes. — *V. n° 12.*

513. Droits de chasse. — Sont passibles du droit de timbre de 25 centimes les quittances délivrées par les receveurs des domaines pour les fermages du droit de chasse dans les forêts de l'État. Il en est de même des quittances des receveurs municipaux relatives aux prix de baux de chasse sur les propriétés communales.

514. Autres droits. — Sont également assujetties au timbre de 25 centimes les quittances délivrées par les receveurs municipaux pour prix de ferme de droits d'octroi, de place, de pesage, mesurage, jaugeage, etc.

Quittances d'à-compte. — *V. numéros 11 et 12.*

FONDS COMMUN.

515. Quittances de prélèvements. — Sont exemptes de timbre, comme pièces d'ordre intérieur, les quittances des receveurs municipaux pour prélèvements de subventions et autres sur les fonds des amendes de police correctionnelle.— *Inst. m. f. 20 juin 1859, art. 631.*

Mandats d'attribution. — *V. n° 80.*

FONDS DE CONCOURS.

516. Dépenses publiques. — Sont assujettis au timbre de 25 centimes les récépissés des receveurs des finances relatifs aux fonds de concours pour dépenses publiques, versés par les départements, les communes, les associations ou les particuliers. Les quittances d'ordre données sur les mandats départementaux ou communaux ne sont pas soumises au timbre. — *Circ. Comp. 14 avril 1872 , art. 25.*

FONDS DE SUBVENTION.

517. Récépissés. — Les récépissés délivrés aux receveurs des finances pour fonds de subvention remis aux receveurs de l'enregistrement, des douanes , des contributions indirectes et des postes, sont exempts de timbre comme étant relatifs à des versements faits de comptable à comptable pour les besoins du service. — *Circ. Comp. 14 avril. 1872 , art. 50.*

Il en est de même des récépissés de fonds de subvention fournis par les receveurs de l'enregistrement à leurs collègues ou aux agents de l'administration des postes.

FORCEMENTS EN RECETTE.

517 bis. Receveur municipal. — La quittance délivrée par un receveur municipal à son prédécesseur, pour forcement en recette prononcé par un arrêt du conseil de préfecture , est exempte de timbre. — *J. E. 11740-1.*

517 ter. Receveur de l'enregistrement. — La quittance produite à l'appui d'un compte pour justifier d'une recette de même nature , à l'occasion d'un débet constaté à la charge d'un receveur de l'enregistrement, est également affranchie du timbre comme pièce d'ordre intérieur de comptabilité.

FORÊTS.

518. Produits des coupes des bois de l'État. —

Autres produits. — Les récépissés délivrés par les receveurs des finances aux adjudicataires pour versements effectués , soit en numéraire, soit en traites (1) et obligations , sont soumis au timbre de 25 centimes. A l'égard de la remise des traites , les récépissés ne constatent , il est vrai , que la libération provisoire des débiteurs ; mais ils peuvent leur servir à justifier de l'accomplissement d'une obligation qui leur est imposée par le cahier des charges. — *Circ. Comp. 14 avril 1872 , art. 2.*

518 bis. Gardes forestiers communaux. — Traitement. — Quittances. — Débiteur du droit. — Le traitement des gardes forestiers communaux constituant en fin de compte une charge qui incombe aux communes propriétaires des bois , il est certain que les communes doivent , comme tout débiteur , supporter le droit de timbre des quittances de ces traitements. — *Sol 31 déc. 1872.*

519. Bois des communes.— Coupes ordinaires.— Dépôt de traites. — Le dépôt effectué à la trésorerie générale par les receveurs des communes et établissements publics des traites souscrites par les adjudicataires et le retrait de ces traites par ces comptables , ne donnent lieu ni à des récépissés , ni à des quittances timbrées , comme constituant des opérations d'ordre administratif. — *Circ. Comp. 14 avril 1872 , art. 56.*

---

(1) Cette solution , en ce qui concerne les reconnaissances de dépôts de traites , paraît erronée : du moment qu'il s'agit de *reçus de titres* , le droit de 10 centimes est seul dû.

520. Bois des communes. — Produits des coupes extraordinaires. — Les récépissés fournis par les receveurs des finances aux adjudicataires sont assujettis au timbre de 25 centimes. Mais la dépense d'ordre constatant le placement au Trésor du montant des traites à l'échéance est affranchie du timbre. — *Circ. Comp. 14 avril 1872 , art. 57.*

521. Bois des communes. — Produits recouvrés par les receveurs municipaux. — Les quittances des prix des coupes d'affouage et de tous autres produits forestiers , recouvrés par les receveurs des communes ou des hospices, sont passibles du timbre à 25 centimes.

522. Produits forestiers recouvrés par les receveurs des domaines. — Sont sujettes au timbre de 25 centimes les quittances délivrées par les receveurs de l'enregistrement relatives :

1° Aux amendes , restitutions , frais et dommages-intérêts prononcés pour délits forestiers ;

2° Aux frais d'adjudication des coupes de bois de l'État et de toutes autres adjudications concernant les forêts ;

3° Aux frais de vente (sol et superficie) des forêts domaniales ;

4° Aux salaires des gardes recouvrés sur les acquéreurs des bois de l'État et sur les copropriétaires , les usagers et les affectataires ;

5° Aux fermages des droits de chasse dans les forêts de l'État ;

6° Aux prix de vente des animaux saisis et non réclamés, des instruments de délit , etc. ;

7° Et généralement à tous les produits forestiers dont la perception est confiée à ces receveurs.

523. Frais d'administration des bois des communes. — Les quittances délivrées par les receveurs des domaines aux receveurs municipaux ou hospitaliers pour frais d'administration des bois des communes et établissements publics, sont également sujettes au timbre de 25 centimes.

524. Frais de délimitation et de bornage. — Il en est de même des quittances de frais de délimitation et de bornage de ces bois.

525. Droits de timbre des actes relatifs aux délivrances en nature faites aux usagers. — Les quittances de ces droits, données par les receveurs des domaines au pied des mandats délivrés sur les budgets communaux, sont passibles du timbre de 25 centimes.

526. Dépenses du service forestier.— Quittances. — Sont sujettes au timbre de 10 centimes les quittances excédant 10 francs pour :

Frais d'impressions autres que celles fournies par l'Imprimerie Nationale ;

Fourniture et entretien des marteaux, plaques et bandoulières ;

Fournitures diverses faites à l'école de Nancy ;

Plantations, semis, améliorations dans les forêts ;

Frais de justice à payer aux huissiers et greffiers ;

Frais de mise en adjudication de coupes de bois restées invendues ;

Frais d'adjudications et de criées pour l'aliénation des bois de l'État ;

Remboursements de moins de mesure aux adjudicataires des coupes de bois et autres restitutions ;

Salaires accordés aux agents et gardes pour l'estimation des bois à aliéner , pour les citations et significations dont ils sont chargés et pour transport et apposition d'affiches ;

Frais de bureaux et de tournées des conservateurs;

Indemnités de logements payées aux gardes forestiers ;

Indemnités et rétributions allouées aux agents pour délimitation et bornage et pour travaux d'aménagement ;

Prix de travaux payés aux entrepreneurs ou soumissionnaires, ou aux ouvriers à la journée ou à la tâche.

Sont exceptées du timbre les quittances relatives :

Au payement de la portion contributive de l'État dans les frais de réparation des chemins vicinaux ;

Aux payements des indemnités et secours aux veuves des gardes , dont l'indigence est constatée ;

Et au payement des frais de poursuites et d'instance avancés par les receveurs de l'enregistrement.

527. Taxes à témoins relatives aux délits forestiers. — Les quittances des taxes à témoins payées par les receveurs de l'enregistrement sont passibles du timbre de 10 centimes lorsqu'elles s'élèvent au-dessus de 10 francs.

FOURNISSEURS.

528. Quittances. — Sont sujettes au timbre de 10 centimes les quittances de sommes payées aux fournisseurs pour prix d'objets livrés, sauf les exceptions prévues. — *L. 23 août 1871, art. 18 et 20.*

FRAIS D'ACTES.

529. Mentions du payement. — La mention, même non signée, mise par un notaire en marge d'un acte ou sur une expédition, du payement des frais, honoraires, etc., est assujettie au timbre de 10 centimes. C'est un écrit libératoire opposable au créancier. — *R. p. 3585.*

Il en est de même de pareilles mentions mises dans de semblables conditions, par tous autres officiers publics ou ministériels.

530. Greffiers. — Expéditions. — Indication détaillée des frais. — Mais on ne saurait considérer comme fournissant la preuve de la libération la mention détaillée des frais que les greffiers apposent au pied de l'expédition des jugements, lorsque d'ailleurs cette mention *ne porte pas indication d'acquit.* Il n'y a pas lieu dès lors à l'apposition du timbre de 10 centimes.

531. Greffier. — Paraphe mis à la suite de la mention des frais. — On ne saurait voir un signe conventionnel tenant lieu d'acquit, dans un simple paraphe mis par un greffier à la suite de l'inscription des frais sur une expédition.

FRAIS DE BUREAUX.

532. Conservateurs des forêts. — Directeurs, etc. — Les quittances de sommes payées sur les fonds de l'État ou des départements , à titre de frais de bureaux, aux conservateurs des forêts, directeurs , et généralement à tous agents quelconques des services publics , sont passibles du timbre de 10 centimes.

533. Secrétaires de mairie. — Sont sujettes au timbre de 10 centimes les quittances de sommes payées au secrétaire d'une mairie par le receveur municipal pour frais de bureau. — *Déc. m. f. 31 mars 1824. — Inst. 1132-16. — Déc. m. f. 16 fév. 1835. — J. E. 11212.*

Il en est ainsi , même quand il s'agit d'une indemnité fixe et annuelle, allouée au secrétaire. — *Sol. 12 mars 1859.*

534. — Remboursement au maire. — Mais les quittances, données par le maire au receveur municipal, des frais de bureau dont il a fait l'avance, sont exemptes de timbre si les factures acquittées des fournisseurs , dûment timbrées à 10 centimes , sont jointes aux mandats de payement.

FRAIS DE CAPTURE.

535. Divers agents. — Les quittances de frais de capture payés aux agents de la force publique (les gendarmes exceptés) , sont passibles du timbre de 10 centimes.

FRAIS DE CASERNEMENT.

536. Quittances des receveurs des contributions indirectes. — Les quittances délivrées par les receveurs des contributions indirectes aux receveurs municipaux, pour constater le payement des frais de casernement, sont assujetties au timbre de 25 centimes. — *Déc. m. f. 10 octobre 1863. — Circ. Comp. 26 juin 1866.*

FRAIS D'INTÉRIM.

536 bis. Quittances de l'intérimaire. — La quittance donnée par un surnuméraire qui a régi par intérim un bureau d'enregistrement, de l'indemnité de 2 francs par jour à lui allouée, est passible du timbre de 10 centimes. — *V. Retenues.*

FRAIS DE JUSTICE.

537. Règle générale. — Les quittances données sur simple taxe ou sur états et mémoires rendus exécutoires, de sommes, créances ou indemnités payées à titre de *frais de justice*, sont soumises au timbre de 10 centimes, lorsque ces sommes s'élèvent au-dessus de 10 francs.

538. Gendarmes. — Mais les quittances des sommes payées au même titre aux gendarmes, sont exemptes de timbre en vertu de l'article 16 de la loi du 13 brumaire an 7.

539. Remboursements aux receveurs. — Sont exemptes de timbre les quittances des receveurs de l'enregistrement, constatant le remboursement des frais de justice militaire et maritime dont ils ont fait l'avance.

FRAIS DE PORTS DE LETTRES ET PAQUETS. — *V. Postes.*

FRAIS DE POURSUITES ET D'INSTANCE.

540. Acquits sur pièces de procédure ou autrement. — Les acquits, signés ou non signés, donnés par les huissiers et greffiers , même au pied des actes de procédure d'un mémoire pour frais de poursuites et d'instance , excédant 10 francs , sont passibles du timbre de 10 centimes. Le droit est à la charge des parties prenantes , quand il s'agit de sommes dues par l'État. — *J. E. 19135-6.*

541. Poursuites pour le recouvrement des contributions. — Les récépissés ou quittances de frais de poursuites exposés pour le recouvrement des contributions directes sont exempts de timbre.

Mais les acquits des porteurs de contrainte donnés sur les états de frais, rendus exécutoires par les sous-préfets, sont soumis au timbre de 10 centimes. — *Circ. Comp. 14 avril 1872, art. 44.*

542. Frais remboursés aux receveurs de l'enregistrement. — Sont exemptes de timbre, les quittances des receveurs de l'enregistrement constatant le remboursement des sommes avancées par eux pour :

Frais de poursuites et d'instances concernant l'administration des forêts;

Frais de poursuites d'instances concernant l'administration de l'enregistrement (fonds commun, roulage, etc.);

Frais de poursuites et d'instances concernant l'administration des ponts et chaussées.

543. Frais recouvrés après remboursement. —

Restitutions aux ayants droit. — Sont également exemptes de timbre les quittances délivrées par les trésoriers généraux aux receveurs de l'enregistrement et constatant le versement à leur caisse de frais recouvrés sur les débiteurs après avoir été remboursés par le fonds commun ou le département.

544. Frais avancés par les receveurs municipaux. — Les quittances délivrées par les receveurs des communes, pour remboursement de frais de poursuites dont ils ont fait l'avance en matière de contributions relatives aux chemins vicinaux, sont exemptes de timbre. — *Déc. m. f. 17 oct. 1873.* — *J. E. 11900.*

FRAIS DE TOURNÉES.

545. Agents des divers services. — Sont sujettes au timbre de 10 centimes les quittances de sommes payées, pour frais de tournées ou de voyage, aux conservateurs des forêts, directeurs, inspecteurs, vérificateurs, ingénieurs, conducteurs, et à tous agents quelconques de services publics.

FRAIS DE TRANSPORT.

546. Aliénés. — Sont soumises au timbre de 10 centimes les quittances de sommes payées par les receveurs de l'enregistrement pour frais de transport des personnes dirigées par l'autorité sur les établissements d'aliénés.

Papiers timbrés et impressions. — *V. n° 469.*

GAGES.

547. Règle générale. — Sont sujettes au timbre de 10 centimes les quittances des gages des gens de service, dans les établissements publics et chez les particuliers.

GARDE NATIONALE MOBILISÉE.

547 bis. Remboursement aux communes. — Les quittances que donneront les départements, les communes, les particuliers à l'État, lors du payement des mandats délivrés à leur profit, par le ministre de l'intérieur, pour remboursement de sommes avancées à l'occasion de la garde nationale mobilisée, sont exemptes de timbre, au même titre que les quittances d'indemnités accordées par l'État pour cas fortuits. (Loi des 11-16 sept. 1871). — *Sol. 30 juin 1873.*

GARDES.

548. Quittances diverses. — Les quittances de sommes payées aux gardes champêtres, gardes forestiers et autres, à titre de gratifications, indemnités, attributions sur amendes, primes de capture, traitements, salaires, pensions ou secours, sont assujetties au timbre de 10 centimes.

549. Procès-verbaux de contravention en matière de timbre. — Les gardes champêtres et forestiers et autres agents de la force publique concourent à la répression des contraventions à l'art. 18 de la loi du 23 août 1871. Ils doivent constater par procès-verbal, rédigé sur papier timbré, toutes les infractions à cet article qui viennent à leur connaissance dans l'exercice de leurs fonctions. — *Circ. m. int. 23 décembre 1872.*

Ils saisissent et joignent à leurs procès-verbaux les pièces non timbrées, et remettent le tout au receveur de l'enregistrement, qui leur rembourse les frais de timbre.

Il leur est attribué un quart des amendes recouvrées. — *L. 23 août 1871, art. 23.*

GENDARMERIE.

550. Quittances données par le Conseil d'administration. — Les quittances données au nom des gendarmes par les Conseils d'administration des compagnies de gendarmerie pour gratifications, attributions sur amendes, indemnités, primes de capture, et autres créances, constituant un accessoire éventuel de la solde des gendarmes, ne sont pas assujetties au timbre de 10 centimes. Il s'agit d'écritures concernant des gens de guerre, exception prévue par l'art. 16 de la loi du 13 brumaire an 7 et maintenue par l'art. 20 de la loi du 23 août 1871.

551. Droit de constater les contraventions. — Les gendarmes sont appelés à constater les contraventions à l'art. 18 de la loi du 23 août 1871. Ils doivent saisir les quittances, reçus et décharges non timbrés, et les joindre à leurs procès-verbaux, à moins que les contrevenants ne consentent à signer ces procès-verbaux, ou bien à payer de suite, au bureau de l'enregistrement, le montant des droits et amendes exigibles. — *L. du 13 brumaire an 7, art. 31.* — *L. du 23 août 1871, art. 23.*

552. Remise des procès-verbaux aux receveurs de l'enregistrement. — Les procès-verbaux, *rédigés sur papier timbré*, sont remis, *avec les pièces annexées*, au receveur de l'enregistrement, qui en rembourse immédiatement les frais aux agents verbalisateurs et poursuit ensuite contre les contrevenants le paiement des droits, frais et amendes. — *Inst. 2441, p. 4.*

553. Attribution des amendes. — Un quart des amendes recouvrées est attribué aux rédacteurs des procès-verbaux. — *L. du 23 août 1871, art. 23.*

GENS DE GUERRE. — *V.* **Militaires** *et* **Marins.**

GRATIFICATIONS.

554. Règle générale. — Les quittances de sommes payées à divers à titre de gratification, par les receveurs des finances et autres agents comptables, sont sujettes au timbre de 10 centimes, lorsqu'il s'agit d'une allocation supérieure à 10 francs.

555. Gendarmes. — Il y a exception pour les quittances de gratifications payées aux gendarmes ; elles sont exemptes de timbre comme concernant des *gens de guerre.*

556. Marins et ouvriers de la flotte ou des arsenaux. — Il en est de même des quittances de gratifications allouées à des marins ou à des ouvriers militaires ou marins employés sur la flotte ou dans les arsenaux maritimes, soit pour actes de dévoûment envers des naufragés, soit pour travaux extraordinaires. — *Déc. m. f. 30 août 1833. — Inst. 1446-14.*

557. Infirmiers militaires. — Ouvriers militaires d'administration. — Même solution pour les quittances des gratifications accordées par les règlements aux militaires des sections d'infirmiers et aux ouvriers militaires d'administration. — *Circ. Comp. 14 juin 1872, art. 10.*

GREFFIERS.

558. Acquits sur états, mémoires, pièces de procédure ou autrement. — Les acquits donnés par les greffiers sur mémoires ou états de frais, au pied des expéditions de jugements ou autrement, sont passibles du timbre à 10 centimes, alors même que ces acquits ne seraient pas signés. Le droit de timbre est à la charge des greffiers lorsqu'il s'agit de sommes payées par l'État.

559. Mention détaillée des frais sur expéditions ou états spéciaux. — Les mentions détaillées des frais et déboursés occasionnés par les jugements, que les greffiers inscrivent au bas des expéditions qui leur sont demandées, ou dont ils font l'objet d'états spéciaux signés d'eux et remis aux parties ou aux avoués (loi du 24 mai 1854, art. 9), ne sont pas soumises au timbre, attendu qu'elles n'emportent pas libération ou décharge. — *J. E. 19135-1.*

560. Procés correctionnels. — Dépôts de sommes pour les parties civiles. — La constatation sur le registre spécial tenu au greffe du tribunal correctionnel des consignations de sommes effectuées par les parties civiles est exempte de timbre. Il s'agit d'une opération se rapportant à la police générale.

561. Récépissés de pièces à conviction, délivrés aux agents de la force publique. — Les récépissés délivrés par les greffiers aux agents de la force publique qui déposent au greffe des pièces à conviction, ne sont pas soumis au timbre, parce que ce sont des actes intéressant la police générale et la vindicte publique. — *L. 13 brumaire an 7, art. 16.* — *L. 23 août 1871, art. 20.* — *J. E. 19135-2.* — *Lettre du ministre de la justice du 30 mai 1872.* — *J. E. 19172.*

562. Décharges d'objets saisis. — Les décharges d'objets saisis, données aux greffiers correctionnels ou criminels, sur les *registres des pièces à conviction*, ne sont pas passibles du droit de timbre de 10 centimes, parce qu'elles sont inscrites sur un registre d'administration publique, exempt du timbre par la loi. — *J. E. 19135-3.* — *Lettre du ministre de la justice du 30 mai 1872.* — *J. E. 19172.*

563. Dépôt au greffe des registres de l'état civil. — Les certificats que les greffiers délivrent aux maires, lors de la remise faite au greffe des registres de l'état civil, sont exempts de timbre, cette remise étant une mesure d'ordre public. — *Déc. m. f. 28 juin 1822.* — *Inst. 1051, § 2.*

564. Recherche des pièces non timbrées déposées dans les greffes. — Les employés de l'enregistrement doivent diriger leurs investigations et leur contrôle dans les greffes, sur les pièces produites à la suite des faillites ou à l'appui des comptes présentés en justice, ainsi que sur les divers papiers et documents qu'ils ont le droit de vérifier. — *Inst. 2424, p. 6.*

Récépissés fournis aux greffiers par les receveurs de l'enregistrement. — *V. n° 496.*

Récépissé du dépôt du mémoire et du dossier dans les instances en matière d'enregistrement. — *V. n° 671.*

GROUPAGE. — *V. Chemins de fer*, n°s *220 et suivants.*

564 bis. Formules de récépissés. — Distinction. — En matière de transports de colis *isolés*, c'est aux compagnies de chemins de fer qu'appartient le droit d'établir et de délivrer le récépissé qui constate l'expédition. Il n'y a de modification à cette règle que lorsqu'il s'agit du transport de colis *groupés* par des commissionnaires. Dans ce cas seulement, les commissionnaires établissent eux-mêmes les récépissés, mais sur des formules délivrées par les compagnies.

Cette distinction a été surtout établie en vue d'éviter des erreurs et des confusions, et, par conséquent, le commissionnaire ne peut pas intervertir l'emploi des récépissés, c'est-à-dire appliquer la formule de colis groupés aux colis isolés, et réciproquement. — *Jug. Com. Seine, 23 juillet 1873. — R. p. 3687.*

GUERRE.

Dépenses du ministère de la guerre. — *V. Militaires et Marins.*

Dédommagement aux victimes de la guerre. — *V. Indemnités.*

HARAS et dépôts d'étalons.

V. Établissements spéciaux de l'État, n° 484.

HÉRITIERS.

565. Quittances. — Les quittances fournies par les héritiers sont passibles ou affranchies de timbre, dans les mêmes cas que celles de leurs auteurs.

566. Droits et amendes de timbre. — Décès des contrevenants. — En cas de décès des contrevenants, les droits et amendes de timbre dont ils étaient redevables sont dus par leurs héritiers. — *L. 28 avril 1816, art. 76.*

HOMMES D'AFFAIRES.

567. Décharge de sommes. — Les reçus donnés par un propriétaire à son homme d'affaires, du montant de revenus que ce dernier a touchés pour son compte, constituent des décharges passibles du timbre de 10 centimes.

HOMMES DE TROUPE.

V. Militaires et Marins.

HONORAIRES.

568. Sont sujettes au timbre de 10 centimes les

quittances d'honoraires au-dessus de 10 francs payés aux avocats, avoués, notaires, greffiers, architectes, médecins, etc. — *V. Notaires.*

HOSPICES.

569. Quittances des receveurs. — Les quittances délivrées par les receveurs des hospices et par les comptables des autres établissements de l'assistance publique doivent être revêtues du timbre mobile à 25 centimes, sauf exemptions prononcées par les lois et règlements. — *L. 8 juillet 1865, art. 4.*

570. Quittances des fournisseurs et entrepreneurs. — Les quittances ou acquits donnés par les créanciers à divers titres des hospices sont, comme les pièces de même nature concernant les communes, assujetties au timbre de 10 centimes. — *L. 23 août 1871, art. 18 et 20.*

571. Recouvrements pour le compte des receveurs. — Les quittances que délivrent les receveurs des hospices aux receveurs des finances, pour rentes et créances recouvrées pour leur compte, sont affranchies du timbre, les débiteurs ayant acquitté le droit de timbre lors de leur libération. — *Circ. Comp. 14 avril 1872, art. 60.*

572. Dépôt de sommes. — Les quittances délivrées par les mêmes receveurs aux personnes admises dans ces établissements, qui déposent entre leurs mains les sommes qui sont en leur possession au moment de leur admission, sont exemptes de timbre comme pièces d'ordre intérieur. — *Déc. m. f. 11 sept. 1849. — Inst. 1839.*

573. Retrait. — Il en est de même des décharges des parties intéressées constatant le retrait de ces sommes. — *Même décision.*

574. Vente des effets des personnes décédées. — Les quittances des prix de vente des effets des personnes décédées dans les hospices sont sujettes au timbre de 25 centimes, même quand il s'agit d'un remboursement fait par les parents des décédées. — *Sol. 12 mars 1859.*

575. Hospice des Quinze-Vingts. — Les quittances apposées sur les certificats de vie, produits à titre de justification du payement des secours viagers accordés aux aveugles de l'hospice des Quinze-Vingts, sont exemptes du timbre. — *Déc. m. f. 27 avril 1872. — R. p. 3664.*

576. Produit de journées de malades non indigents. — Relevé numérique de l'économe. — La rétribution payée par les malades non indigents, à l'économe d'un hospice où ils ont reçu des soins, est remise par trimestre au receveur de l'hospice, avec un relevé numérique à l'appui.

Le receveur de l'hospice, pour se conformer à l'art. 4 de la loi du 8 juillet 1865, est tenu de délivrer, au vu de l'état de l'économe (état dispensé du timbre comme pièce d'ordre intérieur), autant de quittances à souche qu'il y a d'intéressés, et de revêtir du timbre de 25 centimes celle de ces quittances qui excèdent 10 francs. Le prix de ces timbres est versé par l'économe, qui a eu soin de l'exiger des malades lors des payements effectués par eux. — *Sol. du 23 août 1870.*

577. Quittances de l'économe au receveur. —
L'économe reçoit du receveur de l'hospice les sommes destinées à payer les fournisseurs. Les quittances données par le premier pour cet objet ne sont pas assujetties au timbre de 10 centimes. Ce sont de simples pièces d'ordre, qui sont ultérieurement accompagnées des quittances dûment timbrées de chaque fournisseur. L'économe n'est qu'un intermédiaire.

578. Économe. — Reçu de marchandises. — Le reçu, donné par l'économe, de marchandises livrées par les fournisseurs, et que ceux-ci doivent représenter pour toucher le montant du prix de la fourniture, est passible du timbre de 10 centimes.

579. Salaires des gens de service. — Les quittances données par les gens de service pour leurs gages sont sujettes au timbre de 10 centimes quand elles ont pour objet des sommes supérieures à 10 francs.

Les quittances mensuelles de sommes inférieures à 10 francs ne sont pas considérées comme à-compte d'une créance de plus forte somme. Elles sont exemptes du timbre. — *V. n° 10.*

580. Secours aux indigents. — Médicaments. —
Les reçus délivrés au receveur d'un hospice par le préposé d'un bureau de secours, de médicaments, pain, viande, etc., à distribuer *aux indigents*, sont exempts du timbre par application de l'art. 16 de la loi du 13 brumaire an 7.

581. Ouvriers. — Orphelins. — Travaux d'atelier. — Les quittances de salaires pour travaux
13

faits à l'ouvroir, ou d'indemnités de travail données par les orphelins pensionnaires d'un hospice à leur sortie de l'établissement, doivent être timbrées à 10 centimes.

582. Service des sœurs. — Quittance par la supérieure de la communauté. — Les quittances données par la sœur supérieure, de l'indemnité stipulée au *profit de la communauté*, et dont le chiffre est fixé au prorata du nombre des sœurs attachées à l'établissement, ne sont passibles que d'un seul droit de timbre de 10 centimes. Il n'y a qu'un seul créancier, la communauté.

583. Pensions de retraite. — Les pensions de retraite servies par les hospices à leurs anciens employés ne sont pas des secours aux indigents. L'acquit de chaque terme de pension excédant 10 francs doit être revêtu du timbre de 10 centimes.

584. Remboursement de journées de traitement des militaires. — Sont soumises au timbre de 25 centimes les quittances constatant le remboursement aux hôpitaux ou hospices des journées de traitement des militaires ou marins malades. — *Inst. m. f. 20 juin 1859, art. 1067.*

585. Coupons. — Intérêts. — Quittances. — Les quittances d'intérêts d'obligations de chemins de fer, que le receveur d'un hospice doit délivrer chaque semestre à la *compagnie débitrice*, sont assujetties au timbre de 25 centimes et non à celui de 10 centimes. — *Sol. 19 septembre 1873.*

HOTELS.

586. Reçu de colis déposés. — Le reçu donné à un voyageur d'un colis qu'il laisse en dépôt dans un hôtel est passible du timbre de 10 centimes.

HUISSIERS.

587. Acquits sur mémoires, pièces de procédure ou autrement. — Les acquits donnés par les huissiers sur mémoires ou états de frais, au pied des actes de procédure ou autrement, sont passibles du timbre de 10 centimes, alors même qu'ils ne seraient pas signés. — Le droit de timbre est à la charge des huissiers lorsqu'il s'agit de sommes *dues* par l'État.

HYPOTHÈQUES. — *V. n°s 323 et suivants.*

ILLETTRÉS.

588. Payements faits à des illettrés. — Les payements de sommes n'excédant pas 150 francs faits à des illettrés, sont constatés par la signature du comptable et celle de deux témoins. Le comptable qui fait le payement a qualité pour apposer le timbre mobile; il est même responsable des contraventions qui seraient commises à cet égard. — *Décr. 27 nov. 1871, art. 3.*

IMPOSITIONS LOCALES.

589. Recouvrements. — **Quittances.** — Les quittances au-dessus de 10 francs, pour recouvrement des rôles de répartition des taxes qui tournent au profit des communes et établissements publics, sont sujettes au timbre de 25 centimes. — *Déc. m. f. 30 décembre 1831. — Inst. 1381. — J. E., 12207 et 11176.*

590. Centimes communaux. — Quittances des revenus municipaux. — Mais les quittances délivrées aux receveurs des finances par les receveurs municipaux, des sommes payées à ces derniers sur le produit des centimes communaux et des impositions locales, sont dispensées du timbre, comme pièces de pure administration. — *Même décision.*

IMPRIMÉS.

591. Frais d'impressions et fournitures. — Toutes quittances de frais d'impression et de fournitures dus à des imprimeurs et éditeurs sont sujettes au timbre de 10 centimes.

592. Imprimerie nationale. — Les récépissés des receveurs des finances délivrés à des particuliers, pour le montant des fournitures de l'imprimerie nationale, sont soumis au timbre de 25 centimes. Mais les récépissés de versements effectués par les comptables de l'État et par les receveurs des communes et des établissements publics, du prix de fournitures de l'imprimerie nationale, sont exempts de timbre, ces versements constituant une opération d'ordre intérieur et ayant pour but de centraliser les fonds destinés au payement des fournitures. — *Circ. Comp. 14 avril 1872, art. 55.*

INCENDIES. — *V. Indemnités.*

INDEMNITÉS.

593. Règle. — Les quittances de sommes au-dessus de 10 francs payées à divers à titre d'indemnité, par les comptables de deniers publics, sont sujettes au timbre de 10 centimes, sauf les exceptions prévues par la loi.

594. Exceptions. — L'art. 16 de la loi du 13 brumaire an 7 déclare exemptes de timbre les quittances d'indemnités pour incendies, inondations, épizooties et autres cas fortuits (1). Ces exceptions sont maintenues par l'art. 20 de la loi du 23 août 1871.

595. Indemnités aux victimes de la guerre. — Les quittances d'indemnités accordées aux victimes de la guerre dans les départements envahis, en exécution de la loi du 6 septembre 1871, ne sont pas assujetties au timbre de 10 centimes. Ce sont des quittances d'indemnités de la nature de celles accordées pour incendies..... et autres cas fortuits.

596. Indemnités aux militaires et marins. — L'exemption de timbre s'applique également, en vertu de l'art. 16 de la loi du 13 brumaire an 7, aux quittances d'indemnités accordées aux militaires et marins *non officiers*. Ainsi, les mandats de payement d'indemnités de route et de transport, délivrés à des sous-officiers ou à des soldats, ne donnent

---

(1) Il s'agit d'indemnités accordées à titre de secours ; il ne faut pas confondre avec les indemnités payées par les compagnies d'assurances.

pas lieu à la perception du droit de timbre de 10 centimes. — *Circ. Comp. 14 avril et 14 juin 1872, art. 24, numéros 3 et 11.*

Il en est de même pour les payements d'indemnités de literie allouées aux gendarmes. — *Décision m. f. 10 sept. 1830. — Inst. 1391.*

INDIGENTS.

597. Les quittances de secours payés aux indigents sont exemptées du droit de timbre. — *L. 13 brumaire an 7, art. 16; L. 23 août 1871, art. 20.*

V. Aux différents titres de cet ouvrage les développements relatifs à l'application de ce principe.

INHUMATION.

598. Frais d'inhumation. — Sont sujettes au timbre de 10 centimes les quittances de frais d'inhumation excédant 10 francs. — *Sol. 12 mars 1859. — V. Dict. de M. Sollier, n° 609.*

INONDATIONS. — *V. Indemnités.*

INSTITUTEURS.—INSTITUTRICES.

599. Traitements. — Les quittances au-dessus de 10 francs, de traitement ou de supplément de traitement payés aux instituteurs ou institutrices, sont sujettes au timbre de 10 centimes, même lorsque les fonds employés aux payements proviennent de *rétributions scolaires* ou de subventions fournies, soit par l'État, soit par le département.

599 bis. Rétribution scolaire.— Mais la quittance délivrée par le receveur municipal aux parents des élèves des écoles primaires qui paient le montant de la rétribution scolaire, sont exemptes de timbre comme quittances de contributions directes. — *L. 28 juin 1833, art. 9. — 15 mars 1850, art. 36. — 28 juin 1833, art. 14. — 18, 22 mars 1850, art. 41. — Sol. 9 mai 1873.*

600. Retenues. — Pensions civiles. — Les quittances délivrées par les receveurs municipaux aux instituteurs, pour la retenue du vingtième de leur traitement fixe pour le service des pensions civiles (L. 15 mars 1850), sont exemptes de timbre.

Il en est de même des récépissés des receveurs des finances relatifs à cette retenue. — *Inst. m. f. 20 juin 1859, art. 844.*

601. Logement. — Loyers. — Indemnité. — Les quittances au-dessus de 10 francs des loyers de la maison d'école, ou celles relatives à l'indemnité de logement de l'instituteur, sont passibles du timbre de 10 centimes. — *Déc. m. f. 16 fév. 1835. — Dict. de M. Sollier, n° 623.*

602. Secours et encouragements. — Il en est de même des quittances de sommes accordées aux instituteurs à titre de secours ou d'encouragement, lorsqu'il s'agit d'une collocation supérieure à 10 francs. — *Même ouvrage, n° 624.*

603. Instruction des adultes et des indigents. — Les quittances des indemnités accordées aux instituteurs pour les cours d'adultes ou l'instruction des indigents sont également assujetties au timbre de 10 centimes. — *Même ouvrage , n° 460-5.*

INTÉRÊTS.

604. Cautionnements. — Versements de comptable à comptable. — Les récépissés pour versements de comptable à comptable d'intérêts de cautionnement dûs à des tiers ne sont pas soumis au timbre.

605. Titulaires des cautionnements. — Mais les quittances d'intérêts , données par les titulaires des cautionnements , sont passibles du timbre de 10 centimes. — *Circ. Comp. 14 avril 1872 , art. 22 et 58.*

Il en est ainsi , même pour les quittances données par les comptables , du montant des intérêts de leur propre cautionnement.

606. Fonds placés au Trésor. — Communes et établissements publics. — Sont exemptes de timbre les quittances des intérêts de fonds placés au Trésor par les communes et établissements publics. — *Inst. m. f. 20 juin 1859 , art. 844 , 1542 , 27 , 87.*

607. Autres intérêts payés ou reçus par les comptables publics. — Toutes autres quittances d'intérêts de sommes , d'intérêts de créances sur des particuliers ou de dettes envers des particuliers, reçus ou payés par les comptables de deniers publics sont sujettes au timbre de 10 centimes.

V. Arrérages , numéros 53 et suiv.

INTÉRIMS.

608. Bénéfices et frais de gestions intérimaires

des receveurs des finances. — Les récépissés d'ordre que les receveurs des finances se délivrent à eux-mêmes ne sont pas assujettis au timbre. Mais la quittance du gérant, pour l'indemnité qu'il reçoit, doit être timbrée à 10 centimes, ainsi que les pièces justificatives des frais de gestion , si elles portent libération. — *Circ. Comp. 14 avril 1872 , art. 41.*

609. Indemnité d'intérim aux surnuméraires.— La quittance de l'indemnité d'intérim accordée à un surnuméraire est également passible du timbre de 10 centimes.

INTERMÉDIAIRES.

610. Règle. — Les mandats acquittés par des comptables , fonctionnaires ou agents d'un service quelconque , chargés d'effectuer des payements ou de distribuer des sommes à divers ayants droit, ne sont pas assujettis au timbre, attendu qu'ils sont appuyés de feuilles d'émargement ou d'autres pièces revêtues de l'acquit des parties prenantes , sur lesquelles le timbre de 10 centimes a été apposé. Ces mandats constituent de simples pièces *d'ordre intérieur.*

611. Mandats de traitements au nom d'intermédiaires. — Ainsi , les mandats de traitements délivrés *pour ordre* au nom d'intermédiaires (préfets , secrétaires des facultés , greffiers des cours et tribunaux , etc.) sont affranchis du droit de timbre. Mais les quittances de traitement ou états d'émargement fournis à l'appui doivent être timbrés. — *Circ. Comp. 14 avril 1872 , art. 24-6.*

612. Agent des ponts et chaussées. — Reçu de sommes à payer à des ouvriers. — Ainsi encore, le reçu donné par un agent des ponts et chaussées au trésorier général, des fonds destinés à payer les salaires d'ouvriers employés à des travaux pour le compte de l'État ou des départements, est exempt du timbre comme pièce d'ordre. Mais chacun des acquits fournis par les parties prenantes, de sommes supérieures à 10 francs, doit être timbré à 10 centimes.

613. Trésoriers généraux. — Versements à la Banque de France. — Les récépissés délivrés aux trésoriers généraux qui versent leurs fonds disponibles dans la caisse des succursales de la Banque de France, sont exempts de timbre. La Banque n'est qu'un intermédiaire entre le Trésor et les trésoriers généraux.

Économe d'un hospice. — Quittance au receveur de l'établissement. — *V. numéros.*

Chemins de fer. — Transport de colis. — Intermédiaires. — Un seul droit de décharge. — *V. n° 212.*

614. Reçu par un camionneur de colis à expédier. — Le reçu apposé par un camionneur ou son représentant, sur le registre d'un fabricant, et constatant la remise par ce dernier de colis destinés à être expédiés, est passible du timbre de 10 centimes. Le camionneur répond personnellement de l'expédition des colis. Le reçu dont il s'agit ne fait pas double emploi avec le récépissé qui pourra être remis ultérieurement au fabricant. — *Jug. Rouen , 20 mars 1873.*

INVALIDES DE LA MARINE.

615. Payement pour le compte du trésorier général des invalides de la marine. — Les pièces de dépense acquittées par les receveurs des finances, pour le compte du trésorier général des invalides de la marine, doivent être timbrées à 10 centimes, à raison des quittances y apposées.

616. Amendes attribuées. — Les quittances données par le même trésorier ou ses préposés aux receveurs des domaines , d'amendes attribuées à la caisse des invalides de la marine , sont exemptes de timbre.

JOURNAUX.

617. Abonnements. — La quittance pour prix d'abonnement à un journal est sujette au timbre de 10 centimes. — *V. numéros 1 et 2.*

618. Journal officiel. — Fonctionnaires publics. — Les versements à la caisse du trésorier général des frais d'abonnement au *Journal Officiel* par les fonctionnaires publics *abonnés d'office* , ne donnent pas lieu à la perception du droit de timbre de 25 centimes. Ces versements constituent une opération d'ordre intérieur et ayant pour but de centraliser les fonds destinés à payer le montant des abonnements à l'administration du *Journal Officiel.*

619. Communes. — Prélèvements sur le fonds

commun. — Sont exemptes de timbre les quittances pour prélèvements sur les fonds des amendes de police correctionnelle, des frais d'abonnement des communes chefs-lieux de canton au *Journal Officiel*. — *Inst m. f. 20 juin 1859, art. 631.*

JURÉS. — *V. Frais de justice.*

JUGES DE PAIX.

620. M. le ministre de la justice a fait signaler aux parquets et aux juges de paix les graves intérêts qui s'attachent à l'exacte exécution de la loi du 23 août 1871 (art. 18 et suiv.) ; le ministre ajoute que les juges de paix, placés plus près des gardes champêtres, forestiers et agents de la force publique, peuvent les guider utilement pour la constatation des contraventions. — *Lettre du Ministre de la Justice du 30 mai 1872. — J. E., art. 19172.*

LÉGION D'HONNEUR.

621. Traitements. — Sont exemptes de timbre les quittances pour traitements de la Légion d'honneur et de la médaille militaire, en ce qui concerne les titulaires *non officiers* et *en activité de service*. — *Circ. Comp. 14 juin 1872, art. 7.*

LEGS.

622. Départements. — Les récépissés des receveurs des finances, pour la recette des sommes léguées aux départements, sont sujets au timbre de 25 centimes. — *Circ. Comp. 14 avril 1872.*

623. Communes et établissements de bienfaisance. — Il en est de même des quittances de legs faits aux communes et aux établissements de bienfaisance, quelle que soit d'ailleurs la destination de ces legs. — *Dict. de M. Sollier, n° 438.*

LETTRES D'AVIS.

624. Mandat de payement. — Les lettres d'avis des ministres et directeurs généraux portant mandat de payement de plus de 10 francs au profit des communes, des établissements publics ou de particuliers, sont passibles du timbre de 25 ou de 10 centimes, à raison de l'acquit dont elles sont revêtues, sauf les cas d'exemption prévus par la loi ou les règlements. — *Déc. m. f. 10 septembre 1830. — Inst. 1491.*

LETTRES DE CHANGE.

625. Acquits. — Les acquits inscrits sur les lettres de change sont exceptés du droit de timbre. — *L. 23 août 1871, art. 20.*

LETTRES DE VOITURE.

626. Récépissés de chemins de fer. — Petite vitesse. — Les récépissés de chemins de fer au timbre de 70 centimes (y compris le droit de décharge) peuvent servir de lettres de voiture pour les transports qui, indépendamment des voies ferrées, empruntent ensuite les routes, canaux et rivières. De plus, les modifications qui pourraient survenir en cours d'expédition, tant dans la destination que dans le prix et les conditions du transport, peuvent être écrites sur ces récépissés. — *L. 30 mars 1872, art. 1er. — Inst. 2441.*

627. Chemins de fer. — Lettres de voiture tenant lieu de récépissés. — Les lettres de voiture rédigées par les particuliers sur papier timbré à 60 centimes peuvent tenir lieu de récépissés prescrits par la loi du 13 mai 1863, et les compagnies n'ont aucun motif de les refuser pourvu qu'il y soit ajouté un timbre de 10 centimes pour décharge, conformément à l'art. 11 de la loi du 28 février 1872.

628. Transport dans l'intérieur d'une même ville. — Est considéré comme lettre de voiture et passible du timbre de dimension, l'écrit rédigé pour accompagner les colis transportés d'un expéditeur à un destinataire, dans l'intérieur d'une même ville.

Ainsi, une facture, acquittée ou non, constatant que la marchandise est remise à un camionneur chargé de la livrer dans le délai de......, est assujettie au timbre de dimension, outre celui qui pourrait avoir été payé pour l'acquit ou qui le serait pour la décharge au camionneur.

628 bis. Déclaration d'expédition. — Commune éloignée d'une gare. — Mais la déclaration d'expédition rédigée par un commerçant à son domicile, éloigné d'une gare, uniquement et exclusivement destinée *à être remise* au bureau d'expédition, à la gare du chemin de fer, pour servir à créer le récépissé timbré conformément à la loi du 13 mai 1863, peut, comme *pièce d'ordre intérieur*, être rédigée, sans contravention, sur papier non timbré. — *Sol. 27 sept. 1873.*

LETTRES MISSIVES.

629. La loi du 23 août 1871 n'ayant pas compris les lettres missives parmi les exceptions, celles qui contiennent des accusés de réception, décharges, etc., sont soumises au timbre, surtout lorsqu'elles peuvent former titre. — *Lettre du ministre des finances du 27 novembre 1871. — J. E., 19010.* — Il n'y a d'exemption que pour les lettres ne contenant que des reçus ou accusés de réception *d'effets de commerce à négocier, à accepter ou à encaisser. — L. 30 mars 1872, art. 4. — Inst. 2445. — Journal officiel du 29 janvier 1873. — J. E., 19174. — R. p., 3572.*

630. Ordre judiciaire. — Toutefois, les lettres par lesquelles les créanciers convoqués à un ordre font connaître au juge-commissaire qu'ils ont été désintéressés, sont exemptes de timbre, attendu qu'elles ne constituent pas des titres libératoires en faveur des débiteurs.

LIVRETS.

Livrets de caisse d'épargne. — *V. n*^{os} *138 et suiv.*

Livrets de messagers. — *V. Messagers.*

LOGEMENTS.

631. Logements des militaires. — Sont sujettes au timbre de 10 centimes les quittances de sommes au-dessus de 10 francs, payées à des aubergistes ou autres pour logements des militaires. — *Déc. m. f. 27 oct. 1835. — J. E., 11498.*

LOYERS.

632. Comptables publics. — Les quittances de loyers délivrées aux fermiers ou locataires des biens de l'État, des départements, des communes et des établissements publics, sont passibles du timbre à 25 centimes, lorsqu'il s'agit d'un *terme* ou d'*à-compte* sur un terme excédant 10 francs.

Il en est de même des quittances de loyers dus par une commune ou un établissement de bienfaisance à une autre commune ou à un autre établissement. — *Sol. 12 mars 1859. — Dict. de M. Sollier, 639.*

633. Quittances à la suite les unes des autres. — L'art. 4 de là loi du 8 juillet 1865 n'ayant pas dérogé aux dispositions de l'art. 23 de la loi du 13 brumaire an 7, les comptables de deniers publics peuvent, sans contravention, donner, sur une feuille revêtue d'un seul timbre de 25 centimes, plusieurs quittances à-compte d'un même terme de loyer. Mais ils ne pourraient écrire à la suite les unes des autres des quittances de différents termes, sans apposer le timbre de 25 centimes sur celles de plus de 10 francs.

634. Quittances des particuliers. — Les quittances de loyers données par les particuliers sont passibles du timbre de 10 centimes dès qu'elles excèdent 10 francs. Le timbre doit être apposé sur *chacune* de ces quittances, soit qu'on les rédige séparément, soit qu'on les écrive les unes à la suite des autres.

LYCÉES.

635. Lycées.— Établissements de l'État. — Les lycées constituent de véritables établissements de l'État. Les quittances qui sont données, soit à la caisse du Trésor à Paris, soit aux trésoriers-payeurs généraux, par les économes des lycées, pour le payement des subventions, bourses nationales, dégrèvements, sont, en conséquence, exemptes du timbre. — *Déc. m. f. 2 avril 1872.*

635 bis. Recettes. — Les quittances des économes des lycées, pour payements de pensions, trousseaux, bourses et autres produits, sont soumises au timbre de 25 centimes.

636. Dépenses. — Les quittances données aux économes, pour fournitures, gages des gens de service et autres dépenses, sont passibles du timbre à 10 centimes.

637. Communication. — Les agents de l'enregistrement sont autorisés à vérifier les pièces de comptabilité des lycées.

MAGASINS.

638. Magasins généraux. — Récépissés. — Les récépissés délivrés par les magasins généraux aux déposants forment un titre de propriété qui peut être transféré, aux termes de l'art. 3 de la loi du 28 mai 1858. Ils ne constituent pas, dès lors, des reçus purs et simples; ils sont assujettis au timbre de dimension.

639. Docks. — Entrepôts municipaux. — Droits de magasinage. — Les quittances de droits de magasinage, délivrées par les agents des docks-entrepôts municipaux administrés pour le compte des villes, sont sujettes au timbre de 25 centimes. Ces droits constituent en effet une recette municipale. — *Déc. m. f. 10 août 1868. — R. p., 3003.*

MAIN-MORTE. — *V. Biens de main-morte.*

MAIRES.

640. Reçus de pièces ou d'exploits. — Les reçus de pièces ou d'exploits donnés par les maires, conformément à l'art. 68 du Code de Procédure, sont exempts de timbre comme se rattachant à la police générale.

641. Décharges. — Il en est de même des décharges que les maires pourraient retirer en remettant aux particuliers les pièces ou copies d'exploits déposés à la mairie.

MAIRIE.

642. Employés. — Traitement. — Les quittances de traitement, données par les secrétaires ou employés de mairies, sont sujettes au timbre de 10 centimes lorsque la somme payée est supérieure à 10 francs. Le droit de timbre est à la charge de la commune.

643. Frais de bureaux. — Il en est de même des

quittances de sommes allouées au secrétaire pour frais de bureaux.

643 bis. Menues dépenses. — Mais les notes mensuelles ou trimestrielles que le secrétaire de la mairie produit comme pièces justificatives des menues dépenses, sont des pièces d'ordre exemptes de timbre. — *Sol. du 29 avril 1873.*

644. Frais d'entretien de la mairie. — Les quit_tances données par le maire au receveur municipal des sommes allouées annuellement par abonnement, pour l'entretien de la mairie, *quand il s'agit d'une propriété communale*, sont exemptes de timbre. — *Déc. m. f. 31 mars 1824. — Inst. 1132-16.*

645. Loyers de la mairie. — Sont sujettes au timbre de 10 centimes les quittances de sommes payées pour loyers de la mairie lorsqu'elle est établie chez un particulier. — *Même déc.*

MANDATS DE PAYEMENT.

646. Acquit. — **Quotité du timbre.** — Les mandats de payement délivrés sur les caisses publiques, qui n'étaient assujettis autrefois au timbre de 50 centimes qu'à raison de l'acquit des parties prenantes, ne sont plus soumis aujourd'hui qu'au seul droit de timbre de 10 centimes. — *Sol. 23 janv. 1872. — Circ. Comp. 14 avril 1872.*

647. Production de mémoire acquitté. — Le *pour acquit* donné sur la facture ou mémoire produit à l'appui d'un mandat est assujetti au timbre de 10 centimes, bien que cette facture ou ce mémoire ait été rédigé sur papier timbré. Mais la quittance souscrite au bas du mandat est purement d'ordre et n'est soumise à aucun droit de timbre. — *Déc. m. f. 21 mars 1828.* — *Inst. 1239-1 et Circ. Comp. 14 avril 1872.*

648. — **Quittance jointe au mandat.** — L'acquit mis au pied du mandat n'est pas non plus soumis au timbre lorsqu'on joint à ce mandat une quittance rédigée sur papier timbré ou l'expédition timbrée d'une quittance notariée. — *Inst. 1273, 1307-14.* — *Inst. m. f. 20 juin 1859, art. 631 et 709.*

649. — **Mandat timbré.** — **Quittance non timbrée.** — Si le créancier d'une somme supérieure à 10 francs acquitte un mandat timbré et donne *en même temps* une quittance particulière sur papier libre , cette dernière n'est pas sujette au timbre. — *Sol. 29 mars 1864 ; R. p. 1934-6.*

Il en serait autrement et il y aurait contravention si la quittance, délivrée sur papier non timbré, portait une date antérieure à celle de l'acquit donné par duplicata sur le mandat. — *Dict. de M. Sollier, 660.*

650. Créance au-dessus de 10 francs. — Plusieurs mandats. — Lorsqu'il est délivré plusieurs mandats pour le payement d'une seule créance excédant 10 francs, chacun des acquits portés sur ces mandats est sujet au timbre. — *Sol. 30 nov. 1822.* — *Dict. de M. Sollier, 661.*

651. Créances de 10 francs et au-dessous. — Un seul mandat de plus de 10 francs. — La quittance donnée par un seul créancier de plusieurs sommes inférieures à 10 francs est sujette au timbre, lorsque la réunion de ces sommes excède 10 francs. — *J. E. 12127-2.— Même dict., art. 662.*

MANDATS DES TRÉSORIERS GÉNÉRAUX.

652. Valeurs négociables. — Acquits. — Les mandats des trésoriers généraux sont de véritables effets négociables soumis au timbre proportionnel. Par suite, l'acquit dont ils pourraient être revêtus n'est pas assujetti au timbre. — *L. 23 août 1871, art. 20.*

653. Mandats sur le caissier central du Trésor. — Les acquits inscrits sur ces mandats sont également exempts de timbre.— *Déc. m. f. 6 janvier 1872. — Circ. Comp. 14 avril 1872, art. 31.*

654. Mandats sur les comptables du département. — Il en est de même des quittances ou acquits apposés sur ces mandats. — *Circ. Comp. 14 avril 1872, art. 69.* — Ainsi, le mandat à vue délivré par le trésorier général à un vérificateur en opérations hors du chef-lieu, sur la caisse d'un receveur particulier ou d'un percepteur, pour payement de son traitement, ne doit pas être timbré à 10 centimes à raison de l'acquit. L'acquit donné par le vérificateur sur l'état d'émargement a supporté le droit de timbre.

MANDAT-POSTE.

655. — Reçu d'un mandat-poste en paiement

d'une facture. — Le reçu d'un mandat-poste , en paiement d'une facture ou d'un compte, est passible du timbre de 10 centimes. Le timbre de 25 centimes apposé sur le mandat-poste s'applique seulement à la quittance donnée par le comptable public ; il a rapport seulement à la transmission par l'administration des postes.

Mais si la facture , au lieu d'être acquittée par le fournisseur , est accompagnée du *talon du mandat*, la libération du fournisseur ne résultant que du mandat de la poste , qui a donné lieu à la perception du timbre spécial , ne saurait rendre exigible un autre droit de timbre. — *Sol. 6 août 1872.*

MANDEMENTS EXÉCUTOIRES.

656. Acquits sur états rendus exécutoires par les préfets. — La quittance des ayants droit donnée sur les états ou mandements exécutoires des préfets est passible du timbre de 10 centimes dès que la somme due excède 10 francs.

657. Recouvrement des mandements exécutoires. — La quittance délivrée par le percepteur au débiteur de frais et honoraires compris dans le mandement exécutoire est sujette au timbre de 25 centimes.

MARCHÉS.

658. Prix de marchés dus par l'État. — La quittance du prix d'un marché est soumise au timbre de 10 centimes. Lorsque le marché a été passé avec l'État le droit de timbre doit être supporté par la partie prenante. (L. 13 brumaire an 7, art. 29). — *V. Factures, Mandats, Mémoires.*

659. Inexécution de marchés. — Dommages-intérêts. — Sont passibles du timbre de 25 centimes les récépissés des receveurs des finances pour versement des sommes acquises à l'État, à titre de dommages-intérêts, pour inexécution de marchés. — *Circ. Comp. 14 avril 1872 , art. 14 , n° 3.*

Droits de place dans les marchés. — *V. n°s 421 et 422.*

MARINE.

660. Traites de la marine. — Les traites de la marine sont des valeurs négociables ; mais comme elles sont émises dans l'intérêt exclusif du Trésor, elles sont exemptes de timbre. Les acquits dont ces traites peuvent être revêtues ne sont pas non plus assujettis au timbre de 10 centimes par application de l'art. 20 de la loi du 23 août 1871.

V. Militaires et Marins.— V. Invalides de la marine.

MÉDAILLE MILITAIRE.

661. — Traitements. — Sont exemptes de timbre les quittances pour traitements de la médaille militaire, données par les titulaires *non officiers et en activité de service. — Circ. Comp. 14 avril 1872, art. 7.*

MÉDECINS.

662. — Honoraires. — Traitements. — Les quittances d'honoraires ¡payés par des particuliers à des médecins, officiers de santé, sages-femmes, sont passibles du timbre de 10 centimes. Il en est de même des quittances de traitements ou honoraires payés aux mêmes par les établissements auxquels ils sont attachés.

663. Visites à des enfants assistés. — Sont exemptes de timbre les quittances de sommes payées aux médecins pour visites à des enfants assistés. — *Déc. m. f. 21 mai 1856.*— *Sol. 12 mars 1859.*— *Dict. de M. Sollier, art. 679.*

664. Service médical gratuit. — Sont également exemptes de timbre les quittances de sommes payées pour le service médical gratuit. — *Inst. m. f. 20 juin 1859, art. 631.*

665. Vaccinations. — Mais il y a lieu d'appliquer le timbre de 10 centimes sur les quittances d'indemnités accordées aux médecins et officiers de santé, pour vaccination gratuite, lorsque ces indemnités sont converties en traitement annuel. — *Déc. m. f. 31 mars 1824.* — *Inst. 1132-16.*

MÉMOIRES.

666. Acquit au pied du mémoire. — Un mémoire rédigé pour former pièce de recouvrement, est un titre de créance assujetti au timbre de dimension.

L'acquit donné au pied de ce mémoire doit être revêtu, en outre, du timbre mobile de 10 centimes. Ainsi, les mémoires produits à l'appui des mandats de payement délivrés sur les caisses publiques des agents comptables de l'État, des départements, des communes et des établissements publics, doivent toujours être rédigés sur papier timbré et être ensuite revêtus du timbre spécial de quittance, si le *pour acquit* est donné sur ces pièces. Mais, dans ce cas, la quittance d'ordre mise au bas du mandat n'est assujettie à aucun timbre.

Un mémoire rédigé uniquement comme devant servir de titre libératoire n'est soumis qu'au timbre de 10 centimes.

667. Dépense n'excédant pas 10 francs. — Pour les dépenses qui n'excèdent pas 10 francs, il n'est pas nécessaire de produire des mémoires à l'appui des mandats. Dans ce cas, le détail des fournitures et leur prix sont énoncés dans le corps du mandat qui est lui-même affranchi du timbre à raison de l'acquit dont il est revêtu.

667 bis. État en tête du mandat. — Si, dans un but *purement administratif et comme formalité d'écritures*, il est exigé par différents services, pour le bon ordre de la surveillance, que le *détail* soit placé en tête du mandat, sous forme d'état, il n'y a pas lieu d'insister pour que cet état, comprenant des sommes inférieures à 10 francs, soit considéré comme mémoire distinct assujetti au timbre de dimension. — *Sol. 25 juin 1872.*

668. Mémoire au dos du mandat. — Les mémoires peuvent être rédigés au dos des mandats de payement établis sur papier timbré ou timbrés à l'extraordinaire à raison de la dimension du papier. — *Sol. 1er sept. 1855.* — Mais l'acquit apposé au pied de ce mandat doit être, en outre, timbré à 10 centimes lorsque la créance s'élève à plus de 10 francs.

Si le détail des fournitures est présenté au dos du mandat non timbré au timbre de dimension, il y a contravention en ce qui regarde ce mémoire, lors même que le montant de la créance ne serait pas supérieur à 10 francs. — *Dict. de M. Sollier, art. 546.*

669. Mémoires d'instance. — Communes et départements. — Récépissés du mémoire. — Est sujet au timbre de 10 centimes le récépissé du mémoire dont le dépôt est prescrit par les art. 51 de la loi du 18 juillet 1837 et 37 de celle du 10 mai 1838 dans les instances concernant les communes et les départements.

670. Mémoires d'instance domaniale. — Action pour l'État. — Il en est de même du récépissé du mémoire remis aux parties dans les instances domaniales, en vertu de la loi du 5 novembre 1790.

671. Instances d'enregistrement. — Dépôt au greffe du mémoire et du dossier. — Le récépissé délivré par le greffier, du mémoire et du dossier déposés au greffe par un receveur, dans une instance en matière d'enregistrement, est une pièce d'ordre non passible du timbre.

MESSAGERS.

672. Reçu sur un livret. — Le reçu inscrit par le destinataire sur le livret d'un messager qui transporte habituellement les marchandises d'un industriel, est passible du timbre de 10 centimes. — *V. Entrepreneurs de transport.*

673. Communes et établissements publics. — Traitements. — Sont sujettes au timbre de 10 centimes les quittances de traitements alloués par les communes et établissements publics aux messagers et commissionnaires. — *Déc. m. f. 21 mars 1824. — Inst. 1132-16.*

MESSAGERIES.

674. Objets non réclamés. — Remise au Domaine. — Les reconnaissances remises par les receveurs de l'enregistrement aux directeurs des messageries, des déclarations d'objets non réclamés et susceptibles d'être vendus, sont exemptes de timbre. — *Décr. 13 août 1810, art. 2. — Inst. 493.*

675. Quittances et reconnaissances des messageries. — Les quittances et reconnaissances que délivrent les messageries pour sommes et objets expédiés sont sujettes au timbre de 10 centimes. — *V. Circ. Régie 15 nivôse an 8, nº 1738.— V. Entrepreneurs de transports.*

MESSES.

676. Indemnités pour messes. — Les quittances de sommes payées aux curés desservants pour *binage,* ou à titre d'indemnité de seconde messe, sont sujettes au timbre de 10 centimes.

MESURAGE. — *V. Droits de place.*

MINES.

677. Redevances. — Les quittances à souche, délivrées par les percepteurs, du montant des redevances de mines, sont exemptes de timbre. Ces redevances sont assimilées aux contributions directes. — *Circ. Comp. 14 avril 1872 , art. 1.*

MILITAIRES ET MARINS.

678. Solde des sous-officiers et soldats. — Les mandats de solde et mandats de toute nature en général, émis au profit des *sous-officiers et soldats*, sont affranchis du timbre. — *L. 13 brumaire an 7, art. 16.* — *L. 23 août 1871, art. 20.* — *Circ. Comp. 14 avril 1872 , art. 24-2.*

679. Indemnités de route et de transport. — Cette exemption s'applique également aux mandats d'indemnités de route et de transport délivrés à des militaires *non officiers.* — *Même circ., art. 24-3.*

680. Chemins de fer. — **Billets militaires.** — Les billets de chemins de fer délivrés aux militaires sont passibles du timbre de 10 centimes quand le prix dépasse 10 francs. Il n'est pas possible de considérer ces billets comme pièces concernant les gens de guerre.

681. Solde. — **Officiers des armées de terre et de mer.** — Les quittances données par les officiers des armées de terre et de mer, pour le montant de leur solde, sont soumises au timbre de 10 centimes. — *L. 23 août 1871, art. 20.* — L'acquittement du droit de timbre ne peut avoir lieu au moyen de l'apposition, sur le registre d'ordre des officiers payeurs, de timbres mobiles qui seraient oblitérés par les officiers au moment de l'émargement. — *Circ. Comp. 14 avril 1872, art. 24, n° 4.— V. États de solde.*

682. Autres allocations. — Sont également passibles du timbre de 10 centimes les quittances de toutes autres sommes allouées aux officiers. — *Même circ.*

683. Officiers mariniers. — Les officiers mariniers ayant, malgré leur nom, l'assimilation et le rang de sous-officiers, l'acquit de leur solde et accessoires de solde, n'est pas passible du timbre de 10 centimes.

684. Retenue sur la solde des officiers. — La quittance constatant la retenue de 2 0/0 sur la solde des officiers de terre et de mer, est exempte de timbre, attendu qu'il s'agit d'un prélèvement opéré sur cette solde et non pas d'un versement effectif. — *Circ. Comp. 14 avril 1872, art. 8.*

685. Dépôt au comptable d'un hôpital. — Décharge. — La décharge donnée par un militaire au comptable d'un hôpital, des sommes qu'il avait déposées à son entrée, est exempte du timbre par application de l'art. 16 de la loi du 13 brumaire an 7.

686. Décès. — **Quittance ou décharge par les héritiers.**— La quittance donnée par les héritiers d'un militaire ou marin décédé, *en activité de service,* de sommes leur revenant en leur dite qualité, n'est pas passible du timbre de 10 centimes. — *V. Dict. de M. Sollier*.

687. Pensions de retraite. — Ne sont plus considérés comme militaires , les anciens militaires ou marins admis à la retraite ou pensionnés. En conséquence , l'acquit donné par eux de chaque terme de leur pension est passible du droit de timbre de 10 centimes.

688. Secours. — Les quittances de secours aux anciens militaires ou aux veuves et orphelins d'anciens militaires , ne peuvent être exemptées du timbre de 10 centimes que si les secours sont expressément accordés pour cause *d'indigence*.

Il en est de même pour les marins. Mais si les secours étaient accordés à des marins encore inscrits et susceptibles d'être rappelés au service, on pourrait leur appliquer l'exemption accordée pour la solde et ses accessoires par l'art. 16 de la loi du 13 brumaire an 7.

689. Secours permanents. — Les quittances de secours dits *permanents* , accordés à d'anciens militaires ou à leur veuve , tombent sous l'application de l'art. 18 de la loi du 23 août 1871 et sont passibles du timbre de 10 centimes. Ces secours , étant délivrés périodiquement , sont assimilés à des pensions. — *Circ. Comp. 14 avril 1872 , art. 24 , n° 12*.

690. Service de la guerre. — **Dépenses diverses.** — L'immunité résultant de l'art. 16 de la loi du 13 brumaire an 7 est applicable aux quittances concernant les dépenses ci-après :

États hebdomadaires du blanchissage du linge de la troupe ;

États de pertes et dégradations à la literie , lorsque l'indemnité doit être supportée par des soldats ou sous-officiers ;

Fournitures des ordinaires de la troupe ;

États d'abonnement des maîtres-ouvriers pour travaux dont le prix est à la charge des hommes de troupe ;

Feuilles de prêt pour la solde de la troupe ;

États de hautes payes et de payements pour la dotation de l'armée , traitements de la Légion d'honneur et de la médaille militaire , en ce qui concerne les titulaires non officiers et en activité de service ;

Mandats de secours à la masse d'entretien ;

Remboursements des dépenses des écoles régimentaires ;

États décomptés des primes de travail ou de gratification allouées par les règlements aux militaires des sections d'infirmiers et aux ouvriers militaires d'administration ;

Factures des dépenses intérieures des corps et frais d'impressions pour le service des corps , lorsque ces frais et dépenses doivent être supportés par les soldats et sous-officiers ;

Quittances des allocations journalières à payer à titre de subsides aux sous-officiers et soldats blessés, en expectative de pension , ou à titre de gratifications de réforme , renouvelables ;

Quittances se rapportant à de simples mouvements de fonds , tels que , par exemple , la transmission d'un corps à un autre de la masse individuelle , pour les hommes changeant de régiment. — *Circ. Comp. 14 juin 1872.*

691. Versements. — Récépissés.— Les récépissés des receveurs des finances, pour versements faits par des corps de troupe ou des militaires , marins , ouvriers de port , et , en général , par les *gens de guerre* , quels qu'ils soient et quels que soient les objets des versements , sont exempts de timbre. — *Circ. Comp. 14 avril 1872 , art. 14 , n° 1.*

MINISTÈRE PUBLIC.

692. M. le Ministre de la justice a invité les procureurs généraux à signaler aux parquets et aux juges de paix de chaque ressort , les graves intérêts qui s'attachent à la stricte exécution de la loi du 23 août 1871 (art. 18 et 20). — *Lettre m. justice 30 mai 1872. — J. E. 19172.*

MINISTRES PROTESTANTS.

693. Indemnités de logement.— Les quittances de sommes au-dessus de 10 francs payées aux ministres protestants , pour indemnité de logement , sont passibles du timbre de 10 centimes. — *V. n° 179.*

MISE AU ROLE.

694. Droits de mise au rôle. — Quittances. — La quittance des droits de mise au rôle donnée par le receveur de l'enregistrement au greffier , sur le rôle général des causes , n'est pas assujettie au droit de timbre. C'est une pièce d'ordre.

MOIS DE NOURRICE.

695. Enfants assistés. — Les quittances de sommes versées par les hospices, pour mois de nourrice des enfants assistés , sont dispensées du timbre comme concernant des secours payés aux *indigents*. (*L. 13 brumaire an 7 , art. 16*). Mais s'il s'agissait de sommes versées par les parents des enfants en nourrice , la quittance délivrée par le comptable devrait être revêtue du timbre spécial de 25 centimes.— *V. Assistance publique , Enfants assistés.*

MONNAIE.

Versements du directeur de la fabrication des monnaies. — *V. Versements.*

MONTS DE PIÉTÉ.

696. Reconnaissances. — **Quittances.** — La loi du 25 mai 1851 , art. 8 , a exempté du timbre les obligations , reconnaissances , et tous actes *relatifs à l'administration des Monts de Piété.* — *Inst. 1887.*

Ces dispositions n'ont été modifiées par la loi du 23 août 1871 qu'en ce qui concerne les actes s. s. p. emportant quittance , reçu ou décharge. Ces actes sont sujets au droit de timbre de 10 centimes. — *Déc. m. f. 30 avril 1872.— R. p. 3662.*

697. Sommes déposées pour le compte des fabriques et autres établissements publics. — Ainsi, les récépissés délivrés par les Monts de Piété aux receveurs des hospices , de sommes déposées pour le compte des fabriques et autres établissements publics, sont également passibles du timbre de 10 centimes. — *Déc. m. f. 5 nov. 1811.* — *J. E. 4207.*

698. Traitements. — Les quittances ou émargements donnés par les employés des Monts de Piété pour leur traitement, sont passibles du timbre de 10 centimes.

699. Versements à la caisse des dépôts et consignations. — Les récépissés de versements faits par les Monts de Piété à la caisse des dépôts et consignations, doivent être revêtus du timbre de 25 centimes. — Toutefois, si ces récépissés constituaient des effets négociables ou des obligations ordinaires, ils seraient exempts du timbre par application de la loi du 24 juin 1851.

700. Retraits. — Le droit de timbre de 10 centimes est exigible sur les reçus constatant le retrait des fonds déposés à la caisse des dépôts et consignations.

701. Communication. — Les agents de l'enregistrement ne peuvent pas exiger la représentation des registres et documents des Monts de Piété. — *R. G. 5836.*

MOUVEMENTS DE FONDS.

V. Fonds de subvention, Versements, Virements de fonds.

MOYEN LICITE.

702. Découverte des pièces en contravention. — La loi ne demande pas compte aux agents des moyens par lesquels ils se sont procuré les pièces en contravention à l'art. 18 de la loi du 23 août 1871 ; elle exige seulement la représentation de ces pièces ou l'aveu de la contravention par ceux qui l'ont commise. (*Rapporteur de la Commission du budget*). — *Inst. 2413 , p. 20.*

703. **Quittances remises à l'agent par malveillance.** — **Dommages-intérêts contre le dénonciateur.** — Les infractions à l'art. 18 de la loi du 23 août 1871 doivent être frappées de pénalités , quel que puisse être l'odieux du moyen employé pour les porter à la connaissance des fonctionnaires chargés de les constater et quelle que puisse être l'action civile à fin de *dommages-intérêts* que ce moyen serait de nature à légitimer. — *Arras. 5 fév. 1873.* — *R. p. 3604.*

MUTATIONS PAR DÉCÈS.

704. **Quittances des receveurs de l'enregistrement.** — Les quittances de droits de mutation par décès , délivrées par les receveurs de l'enregistrement , sont soumises au droit de timbre de 25 centimes. — *Inst. 2314.*

NON-VALEURS. — *V. n° 723.*

NOTAIRES.

705. **Quittances de frais et honoraires.** — Sont sujettes au timbre de 10 centimes les quittances de frais et honoraires payés à un notaire, lorsqu'il s'agit d'une somme supérieure à 10 francs ou d'un à-compte sur une somme excédant 10 francs.

706. Mentions de payement non signées. — Il en est de même des mentions non signées que le notaire inscrit sur la minute d'un acte pour constater le payement des frais et honoraires. L'art. 18 de la loi du 23 août 1871 s'applique, en effet, aux titres signés ou non signés pour empêcher qu'on n'élude les dispositions fiscales au moyen de conventions ou déclarations faites à l'avance ou de tout autre signe conventionnel qui remplacerait les quittances, bien que la signature du créancier n'eût pas été apposée. — *Rapport de la Commission.* — *J- E. 19104-2.* — *R. p. 3585.*

707. Reconnaissances de dépôt de sommes. — **Retraits.** — Le droit de timbre de 10 centimes s'applique aux reconnaissances de sommes *déposées* entre les mains des notaires par leurs clients, ainsi qu'au retrait de ces dépôts.

708. Décharge de sommes touchées par une commune ou un établissement de bienfaisance. — La quittance ou décharge délivrée par le receveur d'une commune ou d'un établissement de bienfaisance à un notaire, par suite du versement fait par ce dernier des sommes qu'il a touchées pour le compte de la commune ou de l'établissement, est sujette au timbre de 25 centimes. — *Sol. 12 mars 1859.* — *Dict. de M. Sollier, 693.*

NOURRICES. — *V. Assistance publique, Enfants assistés, Bureaux des nourrices.*

OBLIGATIONS TRENTENAIRES.

709. Arrérages. — Quittances. — Reçus. — Le payement des arrérages des obligations trentenaires ne donne pas lieu à l'application du timbre à 10 centimes, cette nature de valeurs étant assimilable aux rentes sur l'État. Sont également affranchis du timbre, les reçus ou quittances auxquels donne lieu l'échange de ces obligations (Circ. 14 déc. 1871), attendu que cette opération est faite uniquement dans l'intérêt du Trésor. — *Circ. Comp. 14 avril 1872 , art. 20.*

OBLITÉRATION du timbre mobile.

V. Timbre mobile.

OCTROIS.

710. Préposés des octrois. — Droit de constater les contraventions. — Les préposés des octrois peuvent constater les contraventions à l'art. 18 de la loi du 23 août 1871. Ils saisissent les pièces non timbrées et les joignent à leurs procès-verbaux, lesquels, rédigés sur papier timbré, sont remis au receveur de l'enregistrement pour le recouvrement des droits de timbre, amendes et frais. Un quart des amendes recouvrées est attribué, à titre de gratification, aux agents rédacteurs des procès-verbaux. — *L. précitée, art. 23.*

711. Droits d'octroi. — Quittances. — Les quittances des droits d'octroi payés par les contribuables sont frappées du timbre particulier de l'administra-

tion des contributions indirectes. — *Ord. 9 déc. 1814.*
— *J. E. 4988.*

712. Versements à la caisse du receveur municipal. — Les quittances délivrées par le receveur municipal, des produits de l'octroi perçus en régie simple, ou par voie d'abonnement avec l'administration des contributions indirectes, sont exemptes de timbre comme pièces de pure administration.

Mais, dans le cas de ferme ou de régie intéressée, les quittances du même comptable doivent être timbrées à 25 centimes, attendu qu'elles forment titre libératoire pour le fermier. — *Circ. Comp.* — *R. p. 2216.*

713. Payements à l'administration des contributions indirectes sur le produit des octrois. — Les quittances de sommes payées à l'administration des contributions indirectes, sur le produit des octrois, sont exemptes du timbre. — *Dict. de M. Sollier, art. 711-3.*

714. Remboursement des frais de perception. — Mais les quittances délivrées au receveur municipal par le receveur des contributions indirectes, pour le remboursement des traitements des préposés des octrois et autres frais de perception, sont sujettes au timbre de 25 centimes. — *Déc. m. f. 10 octobre 1844.* — *Inst. 1732-16.*

715. Consignations sur passe-debout. — Les quittances de remboursement de consignations sur *passe-debout*, données par les parties prenantes, sont sujettes au timbre de 10 centimes. — *V. Inst.*

*m. f. 20 juin 1859 , art. 1542-73. — Comp. — R. p.
2315.*

A l'égard des droits d'entrée consignés à l'octroi
par les contribuables , et dont le montant leur est
restitué à la sortie , toutes les fois qu'il n'y a pas lieu
de convertir ces consignations en perceptions défini-
tives , le timbre spécial aux contributions indirectes,
dont sont revêtus les passe-debout, permis de sortie ,
feuilles de conduite , exempte ces documents de tout
autre droit de timbre.— *Sol. 31 juillet 1873.*

**716. Contraventions en matière d'octroi.— Attri-
bution aux employés des contributions indirectes.**
— Les quittances délivrées par le receveur principal
des contributions indirectes, pour les parts d'amendes
revenant aux employés de cette administration sont
sujettes au timbre de 10 centimes lorsqu'il s'agit
d'une somme supérieure à 10 francs. — *Sol. 10 mars
1865. — Circ. Comp. 22 juillet 1865. — R. p. 2317.*

**717. Contraventions constatées dans le double
intérêt du Trésor et de l'octroi.** — Le versement
par l'administration des contributions indirectes à la
caisse du receveur municipal, des portions d'amendes
attribuées , soit à la commune et aux préposés de
l'octroi , soit à la commune seulement , donne lieu
au droit de timbre de 25 centimes , attendu que ,
dans ce cas , la commune est seule partie prenante.
— *Même déc.*

**718. Contraventions constatées par les agents
de l'octroi dans l'intérêt des contributions indirectes.** — La quittance donnée par le receveur du

bureau central de l'octroi au receveur des contributions indirectes, pour les attributions allouées aux employés de l'octroi, sans le concours de la commune, par suite de procès-verbaux dressés par ces agents dans l'intérêt des contributions indirectes, est soumise au timbre de 25 centimes, toutes les fois que la somme payée dépasse 10 francs. — *Même déc.* — *R. p. 2317.* — *Comp. Géraud supp. art. 77 , n° 3.*

719. États de répartition. — Dans tous les cas, les états de répartition d'amendes ou de portions d'amendes , émargés de l'acquit des ayants droit , donnent lieu à la perception du droit de timbre de 10 centimes par chaque émargement de somme supérieure à 10 francs.

OFFICIERS. — *V. Militaires et Marins.*

OFFICIERS de POLICE JUDICIAIRE.

720. Les officiers de police judiciaire concourent à la répression des contraventions à l'art. 18 de la loi du 23 août 1871. Ils doivent constater les infractions qui viennent à leur connaissance dans l'exercice de leurs fonctions. Ils saisissent les pièces en contravention et les joignent aux procès-verbaux qu'ils en rapportent (sur papier timbré) et qu'ils remettent aux receveurs de l'enregistrement, chargés de poursuivre le recouvrement des droits , amendes et frais.

Un quart des amendes recouvrées est attribué aux agents rédacteurs des procès-verbaux. — *Inst. 2413 et 2441.*

OPÉRATIONS DE TRÉSORERIE.

721. Sont exempts de timbre les récépissés et quittances entre comptables lorsqu'il s'agit d'opérations de trésorerie.

OPPOSITIONS.

722. Versements. — Récépissés. — Les récépissés de sommes versées à la caisse des dépôts et consignations par les comptables de deniers publics, par suite d'oppositions faites entre leurs mains, sont exempts de timbre.

ORDONNANCES DE DÉCHARGE.

723. Quittances ou acquits.— Les quittances relatives aux ordonnances de décharge ou de réduction, remise ou modération de contributions, sont exemptes de timbre comme constituant de simples actes d'administration.

ORDRE JUDICIAIRE.

724. Lettres missives. — Les lettres par lesquelles les créanciers convoqués à un ordre font connaître au juge-commissaire qu'ils sont désintéressés, sont exemptes du timbre de 10 centimes, attendu qu'elles ne forment pas titre libératoire pour le débiteur.

ORPHELINS.

725. Pensions d'orphelins placés chez des particuliers. — Les quittances de pensions d'orphelins placés pour le compte d'une commune ou d'un établissement de bienfaisance chez des particuliers , sont sujettes au timbre de 10 centimes , lorsqu'il y a traité ou convention avec les particuliers. — *Dict. de M. Sollier , art. 732-1.* — *V. Assistance publique, Enfants assistés.*

726. Quittances. — Les quittances données par les orphelins à leur sortie de l'hospice , pour les deniers provenant de leur travail , sont assujetties au timbre de 10 centimes.

OUVRIERS.

727. Salaires de travaux. — Toutes quittances au-dessus de 10 francs, pour salaires de travaux faits à la tâche ou à la journée par des ouvriers *non indigents* , employés pour le compte de l'État, des départements, des communes ou des établissements publics , sont sujettes au timbre de 10 centimes.

728. Secours à des ouvriers blessés. — Les quittances de secours accordés à des ouvriers blessés sont exemptes de timbre, en vertu de l'art. 16 de la loi du 13 brumaire an 7. — *Inst. m. int. 26 nov. 1840 , p. 295.*

729. Ouvriers militaires ou marins. — Sont également exemptes de timbre les quittances de gratifications allouées aux ouvriers militaires ou de la marine.

729 bis. Travaux militaires. — **Ouvriers intermédiaires.** — **Quittances.** — Mais sont sujets au timbre de 10 centimes :

1° Les acquits donnés par l'entrepreneur de travaux militaires sur la feuille de dépenses (rédigée sur timbre de dimension) à l'occasion du remboursement des avances qu'il a faites pour des fournitures ou des travaux non compris dans le devis ;

2° Les acquits donnés par un chef de détachement d'ouvriers civils, sur la feuille de dépense ayant pour objet le salaire de ces travailleurs, — si ce chef de détachement est le mandataire des ouvriers, — sans préjudice du droit exigible sur chacun des acquits donnés par les parties prenantes elles-mêmes. Dans le cas où le chef de détachement serait, en droit et en fait, pour les convenances de l'administration de la guerre, un intermédiaire entre l'État et les ouvriers, les acquits donnés par lui devraient être considérés comme des pièces d'ordre et de comptabilité intérieure, exemptes de timbre. — *Sol. 6 juillet 1872.*

OUVROIRS.

730. Quittances d'indemnités de travail. — Les quittances de salaires pour travaux faits dans un ouvroir doivent être timbrées à 10 centimes quand la somme payée est supérieure à 10 francs.

PAPIER TIMBRÉ.

731 Quittances entre particuliers. — **Timbre proportionnel.**— **Timbre de dimension.** — Une quittance ne peut être rédigée sur un coupon de timbre proportionnel à 10 centimes. Le seul mode de paiement du droit de timbre des quittances, aux termes de la loi du 23 août 1871, consiste dans l'apposition du timbre mobile ou du timbre à l'extraordinaire.

Toutefois la loi n'a pas exclu la faculté qu'ont toujours eue les particuliers de rédiger des quittances s. s. p. sur papier au timbre de dimension.

PASSEPORTS A L'ÉTRANGER.

732. Quittances. — Récépissés. — Les quittances à souche délivrées par les percepteurs, pour prix de formules de passeport à l'étranger, ne sont pas passibles du timbre comme formant double emploi avec la formule elle-même dont la remise équivaut à quittance du prix. — *Comp., D. m. f. 22 mai 1838.* — *Ins. 1577-27.*

733. Autres récépissés. — Sont également affranchis du timbre :

1° Les récépissés d'ordre que les receveurs des finances délivrent aux percepteurs ;

2° Les récépissés délivrés par les receveurs de l'enregistrement aux préfets ou sous-préfets , des quittances à souche des percepteurs. — *Circ. Comp. 14 avril 1872 , art. 51.*

PATENTES.

734. Quittances. — Les quittances de droits de patente , délivrées par les percepteurs des contributions directes , sont exemptes de timbre. — *Déc. m. f. 18 frimaire an 8. — Circ. 9 pluviôse an 10.*

735. Attributions aux communes. — Sont également affranchies du timbre les quittances délivrées par les receveurs municipaux aux receveurs des finances pour payement des attributions aux communes sur la contribution des patentes. — *Déc. m. f. 30 déc. 1831. — Inst. 1391.*

PATENTES DE SANTÉ. — *V. Droits sanitaires.*

PATURAGE ET PACAGE.

736. Taxes municipales. — Sont sujettes au timbre de 25 centimes les quittances des taxes établies sur les bestiaux conduits aux pâturages communaux. *Déc. m. f. 30 déc. 1831. — Inst. 1391*

PAUVRES. — *V. Droits des pauvres.*

PAVAGE.

737. Taxes municipales. — Les quittances au-dessus de 10 fr. , constatant le recouvrement des taxes de pavage des rues et des places , sont passibles du timbre de 25 centimes. — *Déc. m. f. 5 janvier 1860. — Inst. 2167-5.*

PÉAGE.

738. Droits affermés. — Les récépissés et quittances des receveurs des finances et des communes, constatant la recette des prix de ferme des droits de péage , sont soumis au timbre de 25 centimes.

739. Droits non affermés. — Les récépissés et quittances relatifs aux droits de péage non affermés sont exempts de timbre , attendu que ces droits sont perçus par un intermédiaire qui les verse dans la caisse du receveur des finances ou de la commune. — *Circ. Comp. 14 avril 1872 , art. 15.*

PÊCHE.

740. Baux et licences. — Les quittances des droits

et fermages de pêche, délivrées par les agents de l'administration des contributions indirectes , sont revêtues du timbre spécial de cette administration. — *Sol. 27 juillet 1865.*

741. Condamnations. — Les quittances des receveurs de l'enregistrement constatant le payement des amendes , dommages-intérêts et frais , en matière de délits de pêche, sont passibles du timbre de 25 centimes.

742. Attributions d'amendes aux agents verbalisateurs. — Le payement des attributions sur les amendes de pêche , aux agents qui ont constaté les délits , donne lieu à la perception du droit de timbre de 10 centimes , sauf le cas où les agents verbalisateurs sont des gendarmes. — *V. n° 83.*

PÉCULE.

Pécule des condamnés. — *V. Prisons.*

PÉNALITÉS.

Comptables publics. — **Peines disciplinaires** — *V. n°s 306 et 306 bis.*

V. les mots : *Amendes , Débiteur de l'amende.*

PENSIONS.

743. Pensions en général. — Les quittances de pensions de toute nature , accordées par l'État , les départements , les communes , les établissements publics et les compagnies , sont assujetties au timbre de 10 centimes.

744. Secours permanents. — Les quittances de secours périodiques sont également soumises au timbre de 10 centimes, attendu que ces secours sont assimilés à des pensions. — *V. Circ. Comp.*, *art. 24, n° 12.*

745. Frais d'entretien chez des particuliers, payés par des communes ou établissements de bienfaisance. — Les quittances de pensions de vieillards, d'infirmes ou d'orphelins placés pour le compte d'une commune ou d'un établissement de bienfaisance, chez des particuliers, sont sujettes au timbre de 10 centimes lorsqu'il y a traité ou conventions avec ces particuliers. — *Dict. de M. Sollier, art. 732-1.*

746. Frais d'entretien dans des hospices. — Les quittances au-dessus de 10 fr. des sommes payées aux hospices à titre de pensions ou de frais de séjour des malades *non indigents*, sont assujetties au timbre de 25 centimes. — *Sol. 10 mars 1859. — Même ouvrage, 732-2.*

747. Frais d'entretien dans les établissements généraux de bienfaisance.-- Sont assujetties au même droit de timbre, les quittances des pensions ou portions de pensions payées par les départements ou les communes, pour les personnes placées et entretenues dans les établissements généraux de bienfaisance, tels que les institutions de sourds-muets, les hospices des Quinze-Vingts, de Charenton, etc. — *Déc. m. f. 8 mars 1842. — J. E. 12962. — V. Assistance publique.*

Pensions d'aliénés. — *V. n°ˢ 37, 38 et 39.*

Pensions à des veuves et enfants d'anciens militaires. — *V. Militaires et Marins.*

Pensions des élèves des écoles du gouvernement. — *V. Écoles spéciales, Colléges, Lycées, Écoles normales, Écoles primaires, Bourses.*

748. Pensions civiles. — Quittances des pensionnaires. — Les quittances des pensions de retraite payées aux fonctionnaires et employés de l'État, des départements, des communes et des établissements publics sont passibles du timbre de 10 centimes, lors même que ces pensions seraient servies par suite de retenues sur les traitements ou remises.

PERCEPTEURS.

749. Quittances et récépissés. — Les percepteurs sont autorisés à apposer le timbre mobile sur les quittances et récépissés qu'ils délivrent, et sur les acquits et quittances qui leur sont donnés en leur qualité, sauf les cas d'exemption prévus par la loi.

Voir notamment les mots : *Amendes, Comptables publics, Contributions directes, Patentes, Passeports, Remises, Responsabilité, Timbre mobile.*

PERMIS DE CHASSE.

750. Quittances et récépissés. — Les quittances à souche délivrées par les percepteurs, pour prix de permis de chasse, sont des pièces d'ordre non sujettes au timbre.—*D. m. f. 22 mai 1838. — Inst. 1577-27.*

Il en est de même des récépissés que les receveurs des finances délivrent aux percepteurs.

Sont également affranchis du timbre les récépissés des receveurs de l'enregistrement constatant la remise entre leurs mains des quittances des percepteurs. — *Cir. Comp. 14 avril 1872, art. 38.*

750 bis. Remboursement de prix de permis. — Les quittances de remboursement, en cas de refus de permis, sont soumises au timbre de 10 centimes.— *Même circ.*

PÉTITIONS.

751. Rédaction sur papier timbré.— Distinction. — Toutes les pétitions, réclamations et demandes adressées aux administrations et établissements publics sont assujetties au timbre de dimension, à peine d'une amende de 50 francs. — *L. du 13 brumaire an 7, art. 12. — Loi du 2 juillet 1862, art. 22. — Inst. 2419.*

Il y a toutefois lieu de faire les distinctions ci-après :

1° Lettres adressées par les notaires aux trésoriers-payeurs généraux au sujet des pensionnaires de l'État (les demandes de renseignements et les demandes de liquidations de sommes dues à l'héritier d'un pensionnaire décédé sont sujettes au timbre) ;

2° Les lettres de transmission ou d'envoi de pièces justificatives sont dispensées du timbre, pourvu qu'elles ne tendent pas, même indirectement, à remplacer la demande de liquidation ou toute autre pièce justificative assujettie à la formalité ;

3° Enfin les correspondances relatives au visa ou au *vu bon à payer* sont exemptes de timbre, comme relatives à une mesure d'ordre intérieur requise dans l'intérêt du Trésor. — *V. Circ. Comp. 14 avril 1872, art. 73.*

752. Pétitions en remise d'amendes. — Instructions. — L'instruction des pétitions en remise présentées par les contrevenants incombe au receveur du lieu où la contravention a été constatée. Néanmoins, lorsque les renseignements obtenus par cet agent sont insuffisants, le receveur du domicile fournit à son collègue ses observations et son avis. — *Déc. 31 août 1873. — J. E. 19248.*

PHARMACIENS.

753. Droits de visite. — Les droits de visite chez les pharmaciens sont assimilés aux contributions directes; par suite, les quittances du montant de ces droits, délivrées par les percepteurs, sont exemptes de timbre. — *Circ. Comp. 14 avril 1872, art. 1er.*

754. Médicaments aux établissements de bienfaisance. — Les quittances du prix des médicaments fournis par les pharmaciens aux établissements de bienfaisance, sont assujetties au timbre de 10 centimes lorsqu'elles ont pour objet des sommes supérieures à 10 francs. — *Sol. 12 mars 1859. — Dict. de M. Sollier, art. 753.*

PLANS ET CARTES.

755. Quittances. — Les quittances relatives au produit de la vente des plans et cartes de la guerre ou de la marine sont soumises au timbre de 25 centimes.

PLURALITÉ.

§ 1er. — Droits de timbre.

756. États de solde. — Registres de factage. —
Il est dû sur les états de solde ou d'émargement
autant de droits de timbre de 10 centimes qu'il y a
d'acquits de sommes au-dessus de 10 francs , et, sur
les registres de factage ou de camionnage , un droit
par chaque reçu ou décharge d'objet.

**757. Constatation de plusieurs payements dans
une quittance unique. —** La quittance , donnée *à
une même personne* , de sommes dues à des titres
divers , ne donne lieu qu'à un seul droit de timbre,
attendu que le débiteur ne reçoit qu'un seul titre
libératoire.

Il en est de même, *à fortiori,* de la quittance unique constatant le payement de plusieurs à-comptes
d'une même créance.

Ainsi , quand un comptable public délivre une
quittance établissant, dans un seul et même contexte,
le payement simultané de sommes qui lui sont
comptées *par le même débiteur* , la quittance délivrée dans ces conditions constitue un acte unique,
passible d'un seul droit de timbre de 25 centimes. —
Circ. Comp. 26 juin 1866 , § 5.

Il n'en serait pas de même pour la quittance unique de sommes dues par des débiteurs différents.

758. Créanciers distincts. — Un seul acquit. —
Lorsqu'un mandat ou mémoire est acquitté par un
seul individu, *représentant des créanciers distincts* ,

il est dû autant de droits de timbre de 10 centimes qu'il y a d'ayants droit à des créances de plus de 10 francs.

759. Adjudicataire de travaux communaux. — Associés solidaires. — Acquit du mandat par tous les associés. — Lorsqu'à un adjudicataire de travaux communaux ou de fournitures pour le compte d'une commune ou établissement public, il a été adjoint, ainsi que le constate le procès-verbal d'adjudication, un ou plusieurs associés solidaires, qui s'engagent à supporter les charges de l'entreprise au même titre que l'adjudicataire principal, et tiennent ainsi lieu de caution, l'acquit du mandat, donné par tous les associés, n'est passible que d'un seul droit de timbre. Il n'y a, en réalité, qu'un seul acquit et une seule créance. La signature de tous les associés est la conséquence de l'engagement solidaire qu'ils ont pris aux termes du procès-verbal d'adjudication.

760. Comptable public. — Plusieurs quittances à-compte d'une même créance. — Un comptable public peut, sans contravention, donner plusieurs quittances à la suite les unes des autres, sur la même feuille de papier revêtue d'un seul timbre de 25 centimes, quand il s'agit d'à-comptes d'une même créance ou d'un seul terme de fermage ou de loyer. — *L. 13 brumaire an 7, art. 23.*

761. Plusieurs créances inférieures à 10 francs. — Quand un créancier englobe dans un même contexte *deux créances* séparément inférieures à 10 francs, mais dont la réunion excède ce chiffre, il y a lieu à l'apposition du timbre.

S'il est rédigé distinctement deux acquits , aucun d'eux n'est passible du timbre. — *R. p. 3145*

Mais on ne saurait , sans contravention , dans le but d'éviter le droit de timbre , rédiger deux acquits inférieurs à 10 francs d'une *même créance* supérieure à ce chiffre et payée en une seule fois.

762. Récépissé de produits communaux. — Plusieurs communes. — Le récépissé délivré par le trésorier général de produits versés pour le compte de plusieurs communes n'est passible que d'un seul droit de timbre. — *C. C. 29 mai 1872. — R. p. 3554.*

763. Pension de retraite. — Plusieurs termes. — Un seul acquit. — Lorsqu'un pensionnaire touche plusieurs trimestres de sa pension de retraite , il n'est dû qu'un seul timbre de 10 centimes sur la quittance unique qui constate ce payement.

Les acquits par duplicata que pourrait exiger le trésorier général seraient considérés comme pièces d'ordre et non assujettis au timbre, pourvu qu'il soit fait mention qu'ils sont donnés par duplicata.

764. Remises des receveurs. — Prélèvements.— Les receveurs de l'enregistrement doivent, à la fin de chaque mois , mentionner le prélèvement de leurs remises sur un état spécial (*Circ. Comp. 20 déc. 1872)*, y apposer leur acquit et appliquer le timbre mobile à la suite de chaque émargement. Mais, attendu que le droit de timbre de 10 centimes est dû pour chaque reçu , quittance ou décharge , si un receveur ne prélevait une somme pour ses remises que tous les deux mois, par exemple , il n'aurait à fournir dans l'année que six quittances à raison desquelles il ne serait dû que six droits. — *V. Sol. 10 mars 1873 , n° 487 bis.*

765. Bordereau de coupons au porteur. — Le payement fait par une société à une même personne, et d'après le même bordereau de coupons d'actions ou d'obligations au porteur , ne donne lieu qu'à la perception d'un seul droit de timbre de 10 centimes , puisque ce bordereau , quel que soit le nombre des coupons , ne constitue qu'un seul acte libératoire. — *V. Circ. Comp. 14 avril 1872 , art. 72-2.*

766. Caisse des dépôts et consignations. — Décharges. — Les sommes déposées à la caisse des dépôts et consignations ne forment qu'une seule créance relativement au propriétaire du dépôt. Mais les droits des créanciers de ce propriétaire sont distincts , et les décharges données à la caisse qui le représente sont passibles d'un droit de timbre particulier pour chaque créancier remboursé , comme elles l'auraient été en cas de payement direct par le débiteur lui-même. — *Déc. m. f. 17 mai 1831. —* J. E. 10013.

767. Entrepreneurs de transports. — Colis de provenances diverses. — Une seule décharge. — La décharge donnée par le même destinataire agissant dans son intérêt exclusif, de colis de provenances diverses remis par un entrepreneur de messageries ou de roulage (qui n'est pas correspondant d'un chemin de fer), n'est passible que d'un seul droit de timbre de 10 centimes.

768. Fabrique de sucre. — Registre des livraisons de betteraves. — Extraits de ce registre. — Le registre tenu dans une sucrerie, sur lequel on inscrit les livraisons de betteraves, doit être timbré à raison de 10 centimes par chaque livraison constatée. Mais l'extrait de ce registre, signé par un agent de la sucrerie et remis au cultivateur, n'est soumis qu'à un seul droit de timbre, quel que soit le nombre des livraisons qu'il constate.

769. Hospice. — Service des sœurs. — L'état des indemnités dues pour le service des sœurs, quittancé par la supérieure seulement, chargée de distribuer les sommes à chacune des sœurs, ne donne ouverture qu'à un seul droit de 10 centimes lorsque, par suite d'un traité passé entre l'hospice et la congrégation, il est alloué à cette dernière une indemnité proportionnée au nombre des sœurs.

§ 2. — AMENDES.

770. Amendes de contravention. — Il est dû une amende par chaque acte, écrit, quittance, reçu ou décharge, pour lequel le droit de timbre n'aurait pas été acquitté. — *L. 23 août 1871, art. 23.*

771. Facture de recouvrement sur papier libre. — Acquit ultérieur non timbré. — Amendes. — Lorsqu'une facture établie pour recouvrement (*V. Factures*) a été rédigée sur papier libre, et acquittée ensuite sans apposition du timbre mobile, il y a lieu de réclamer deux amendes de 50 francs.

772. Chemins de fer. — Groupage. — Contraventions. — **Amendes. — L'entrepreneur de transports qui, pour éviter l'application de l'art. 2 de la loi du 30 mars 1872, fait voyager un group avec un billet de voyageur dont il ne fait pas usage lui-même, est en contravention et passible d'autant d'amendes de 50 ou de 100 fr. qu'il y a eu de droits éludés.

Factures. — **Mentions de payement d'à-comptes.** — *V. n° 509 bis.*

POIDS ET MESURES.

773. Droits de vérification. — Les quittances délivrées par les percepteurs du montant des droits de vérification des poids et mesures sont exemptes de timbre, ces droits étant assimilés aux contributions directes. — *Circ. Comp. 14 avril 1872, art. 1er.*

POMPES A INCENDIE.

774. Sont sujettes au timbre de 10 centimes les quittances de sommes payées pour achat de pompes à incendie et pour leur réparation. — *Dél. 21 déc. — Sol. 29 avril 1843. — Dict. de M. Sollier, art. 766. 1830.*

POMPIERS.

775. États de solde. — Les acquits donnés en marge des états collectifs ayant pour objet le payement de la solde des pompiers d'une ville sont exempts du timbre par assimilation aux quittances concernant les gens de guerre. — *J. E. 14895-6.*

776. Gratifications. — Il en est de même des quittances de gratifications accordées aux pompiers. — *Dél. 24-26 déc. 1830.* — *J. E. 9874.*

PORTEURS DE CONTRAINTES.

777. États de frais. — **Acquits.** — Les acquits des porteurs de contraintes sur les états de frais rendus exécutoires par les sous-préfets, sont soumis au timbre de 10 centimes. — *Circ. Comp. 14 avril 1872, art. 44.*

POSTES.

778. Quittances des comptables. — Le timbre de 10 cent. n'est pas applicable aux quittances délivrées par les agents des postes; ces quittances restent soumises à la législation qui leur est spéciale. — *L. 23 août 1871, art. 20, n° 4.*

779. Reconnaissances. — Les reconnaissances d'articles d'argent et de valeurs cotées excédant 10 francs, délivrées par les receveurs des postes, ainsi que les duplicatas de ces reconnaissances, sont sujets au timbre de 25 centimes. — *L. 8 juin 1864.* — *Inst. 2297.* — *L. 23 août 1871, art. 2, n° 2.*

780. Acquits de sommes versées par des services publics aux agents des postes. — Les acquits mis par les agents des postes au pied des mandats délivrés par d'autres services publics, pour remboursement de droits de poste, sont des quittances entre comptables publics dispensées du timbre.

781. Frais de ports de lettres et paquets recouvrés par les receveurs de l'enregistrement. — Il en est de même des acquits apposés sur les relevés trimestriels prescrits par l'inst. 2052, lors du versement des frais de ports de lettres et paquets en matière criminelle, recouvrés par les receveurs de l'enregistrement pour le compte de l'administration des postes.

Sont également affranchies du timbre les quittances des receveurs de l'enregistrement pour versement de sommes indûment comptées à l'administration des postes.

782. Frais de ports de lettres. — **Payement par les communes et établissements publics.** — Les départements, communes et établissements publics, en matière de timbre, sont considérés comme de simples particuliers et passibles des mêmes droits. Le versement par une commune, un département ou un établissement public, dans une caisse de l'administration des postes, de taxes postales, constitue une recette de deniers publics dans le sens de l'art. 4 de la loi du 8 juillet 1865, dont les dispositions ont été maintenues en principe par la loi du 23 août 1871, et, en conséquence, les reçus qui en sont donnés par les comptables des postes sont passibles du droit de 25 centimes. — *Sol. 30 déc. 1871.*

783. Frais d'entretien des boîtes rurales. — **Acquit des mandats de remboursement.** — Les receveurs principaux des postes paient, à titre d'avances, les frais d'entretien des boîtes rurales. Les acquits mis au pied des mandats de remboursement qui leur sont ultérieurement délivrés, ne sont pas passibles du timbre, car ce sont des pièces d'ordre. D'ailleurs les acquits donnés par les ouvriers qui ont réparé ces boîtes sont sujets au timbre de 10 centimes quand ils sont supérieurs à 10 francs.

783 bis. Secours aux agents des postes. — Les quittances données au pied des mandats de secours délivrés au profit des agents des postes et payés par la caisse centrale du Trésor, ne sont exemptes de timbre que si les agents secourus doivent être considérés comme indigents. — *Sol. 15 mars 1872.*

784. Décharge d'une lettre chargée. — La décharge que donne le destinataire d'une lettre chargée, sur le carnet du facteur, est considérée comme une mesure d'ordre administratif, et dès lors elle n'est pas assujettie au timbre.

785. Transport des dépêches. — **Acquits donnés par les entrepreneurs de transports.** — Les acquits donnés par les entrepreneurs de transports des dépêches, sur les mandats qui leur sont délivrés pour leur payer le montant des termes stipulés par leur traité, doivent être revêtus du timbre de 10 centimes.

785 bis. Amendes attribuées au service des enfants assistés. — **Quittance.** — Le versement par l'administration des postes, à la caisse du receveur général des finances, du produit des amendes (transport frauduleux de lettres) attribuées au service des enfants assistés, constitue non pas une dépense effective pour le Trésor, mais une opération de pure administration. La quittance donnée par l'agent des finances à l'agent des postes est, comme pièce d'ordre, exempte de timbre. — *Sol. 21 août 1873.*

786. Concours des agents des postes pour la constatation des contraventions. — Lorsqu'un employé des postes constate la présence d'une facture ou note acquittée non timbrée, qui aurait dû l'être, dans un paquet d'échantillons, d'imprimés, de papiers de commerce ou d'affaires, il prévient du fait le receveur du timbre, s'il en existe un dans sa résidence, ou bien, à défaut de receveur, le directeur des postes du département, qui en réfère à son collègue de l'enregistrement.

Il est donné cours auxdites factures ou notes, quoique non timbrées, si les agents de l'enregistrement ne jugent pas convenable de les saisir et de dresser procès-verbal.

En cas de saisie, le procès-verbal constatant la contravention est rédigé par un agent de l'enregistrement et signé non-seulement par lui, mais aussi par un employé des postes. Une expédition du procès-verbal est laissée entre les mains du préposé des postes. — *Instruction de l'administration des postes insérée au Bulletin mensuel n° 36 du mois de mars 1872. — Inst. 2439.*

Le montant de l'attribution du quart des amendes recouvrées appartient, jusqu'à concurrence de sept dixièmes, à l'agent des postes et de trois dixièmes à celui de l'enregistrement. — *D. m. f. 14 janvier 1873. — Inst. 2463.*

787. Quittances sur cartes postales non timbrées. — Les agents des postes ne pouvant prendre connaissance des cartes postales sans manquer à leur serment de discrétion *(Déc. m. f. 15 fév. 1873)*, les dispositions de l'instruction n° 50, relatives au concours que l'administration des postes doit prêter à celle du timbre, en vue d'assurer la saisie des quittances passibles du droit de timbre, ne sont pas applicables aux cartes postales. — *Bull. mensuel des postes n° 47. — Voir cependant jugement Dieppe 23 mai 1873. — R. p. 3659.*

POURSUITES ET INSTANCES.

V. Procédure, Frais de poursuites et d'instances.

PRESCRIPTION.

788. Droits de timbre. — Les droits de timbre ne se prescrivent que par trente ans. — *Inst. 1180, § 10. — 1189, § 10. — 1721. — Sol. 16 juillet 1864.*

788 bis. Droits de timbre. — Déchéance quinquennale. — Si les redevables ont également trente ans pour demander le remboursement de droits de timbre, ce délai se réduit, en fait, à cinq ou six ans, comptés du 1er janvier de l'année durant laquelle la perception a eu lieu, attendu que, passé ce délai, l'administration est fondée à leur opposer la déchéance quinquennale établie par l'art. 9 de la loi du 29 janvier 1831.

789. Amendes. — Les amendes de timbre se prescrivent par deux ans *(L. du 16 juin 1824, art 14)* ; mais la prescription ne court que du jour où les agents chargés de constater les contraventions ont été mis

à portée de le faire au vu des pièces qui les renfer‑
ment. — *Cass. 2 janv. 1856.* — *Inst. 2078-5.*

789 bis. Amende payée. — **Remise.** — L'amende
qui a été payée depuis plus de deux ans ne peut
plus être restituée, même par voie gracieuse.

789 ter. Renonciation. — On ne peut d'avance
renoncer à la prescription (art. 2220 C. C.). Si, en ma‑
tière civile, on peut renoncer à la prescription ac‑
quise, il n'en est pas de même en ce qui concerne
les amendes, qui constituent des peines.

PRESTATIONS.

790. Quittances. — Sont exemptes de timbre les
quittances du montant des prestations pour répara‑
tions aux chemins vicinaux, attendu que ces pres‑
tations constituent un impôt direct. — *Déc. m. f. 30
déc. 1831.* — *Inst. 1391.*

PRISONS.

**791. Fonds déposés par un gendarme lors de
l'écrou d'un prisonnier.** — Les reçus délivrés aux
gendarmes à l'entrée des prisonniers dans un éta‑
blissement pénitentiaire, par l'agent comptable de
cet établissement, pour constater la remise entre
ses mains de fonds appartenant aux prisonniers, sont
exempts de timbre comme actes de police générale.
— *L. 13 brumaire an 7, art. 16.*

792. Fonds appartenant aux détenus, déposés
à la caisse des dépôts et consignations. — Le

récépissé délivré par la caisse des dépôts et consignations au gardien-chef d'une prison, qui a déposé des sommes appartenant aux détenus, est également exempt de timbre comme se rapportant à une opération d'ordre intérieur.

793. Fonds déposés par les détenus entre les mains de l'agent-comptable. — Mais les reconnaissances délivrées par l'agent-comptable d'une prison , de sommes déposées entre ses mains par les détenus, sont soumises au timbre de 10 centimes.

794. Dépenses des détenus. — Les quittances données par l'agent-comptable aux entrepreneurs du travail des détenus qui payent les dépenses particulières de ces derniers, sont également passibles du timbre à 10 centimes.

795. Dépenses des détenus. — Payement au moyen du pécule. — Il en est de même des quittances individuelles des fournisseurs pour les dépenses acquittées au moyen des deniers du pécule des condamnés.

796. Payement du pécule-réserve à un condamné libéré. — La quittance d'un condamné libéré constatant le payement de son pécule-réserve, à sa sortie de prison, est sujette au timbre de 10 centimes.

797. Payement aux héritiers du pécule disponible. — Il en est de même de la quittance des héritiers qui touchent le montant du pécule disponible.

**798. Produit du travail dans les prisons militaires. — Les récépissés des receveurs des finances relatifs au produit du travail dans les prisons militaires sont soumis au timbre de 25 centimes quand les versements sont faits directement par les redevables ou entrepreneurs. Ils sont exempts de timbre lorsque les sommes sont versées par un intermédiaire, c'est-à-dire par un greffier ou agent-comptable, qui a dû exiger le timbre au moment de la constatation de la recette réelle. — *Circ. Comp. 14 avril 1872, art. 11.*

799. Produits des maisons centrales de force et de correction. — Même solution pour les récépissés concernant les produits des maisons centrales de force ou de correction et des prisons départementales.— *Même circ. , art. 13.*

PROCÉDURE.

800. Constatation des contraventions. — Procès-verbal. — Les contraventions en matière de timbre sont constatées par des procès-verbaux. — *Cass. 26 fév. 1835. — Inst. 1470-14.*

Le procès-verbal doit être rédigé au moment même où la contravention est découverte *(Trib. Seine, 3 juin 1829).* Toutefois, si la pièce non timbrée ou irrégulièrement timbrée *fait partie* d'un dépôt public ou d'archives publiques, il convient de ne dresser procès-verbal que si le refus de payer le droit et l'amende exigibles rend une poursuite nécessaire. — *Dict. de Géraud, 5193.* — *V. n° 805.*

801. Annexe des pièces en contravention. — Les

pièces en contravention sont saisies et annexées au procès-verbal, à moins que les contrevenants ne consentent à signer ce procès-verbal ou à acquitter, sur-le-champ, l'amende encourue et le droit de timbre. — *L. 13 brumaire an 7, art. 31.*

Toutefois, la loi n'ordonnant pas, *à peine de nullité*, la représentation des pièces, même à défaut de signature du procès-verbal par le contrevenant, ou de payement immédiat de l'amende, les agents peuvent se dispenser de les saisir :

1° Quand elles font partie d'un dépôt public ou d'archives publiques, auquel cas ils se bornent à désigner ce dépôt ou ces archives. — *(Trib. Seine, 28 avril 1852. — J. E. 15440;*

2° Lorsqu'elles se trouvent momentanément dans un dépôt public à l'appui d'une production.

Les agents consignent alors les pièces dont il s'agit entre les mains du dépositaire, qui s'engage à les retenir jusqu'au terme de la poursuite et signe, en conséquence, le procès-verbal. — *Sol. 22 nov. 1861.* — *Dict. de Géraud, 5194.*

802. Agents ayant qualité pour dresser procès-verbal. — Avant la loi du 23 août 1871, les préposés des douanes, des contributions indirectes et ceux des octrois concouraient avec les employés de l'enregistrement à la répression de toutes les contraventions au timbre commises dans les actes sous signature privée. — *L. 2 juillet 1862, art. 23.* — *Inst. 2225.*

Ces mêmes préposés, ainsi que les officiers de police judiciaire et les agents de la force publique ont qualité pour constater, par procès-verbal, les infractions à l'art. 18 de la loi du 23 août 1871.

L'art. 2 de la loi du 30 mars 1872 autorise, en outre, les commissaires de surveillance administrative des chemins de fer à dresser procès-verbal des contraventions relatives au groupage. — *V. numéros 220 et 273.*

803. Procès-verbal dressé par un agent d'un service étranger à l'enregistrement. — Payement des frais. — Les procès-verbaux rapportés par les agents d'un service étranger à l'enregistrement sont rédigés (sur papier timbré), à la requête du Directeur général de l'enregistrement.

Ils sont remis par ces agents au receveur de l'enregistrement, qui fait les poursuites nécessaires pour le recouvrement des droits, amendes et frais. — *Inst. 2424, p. 6.*

Les frais avancés par le rédacteur lui sont immédiatement remboursés et font ensuite l'objet d'une régularisation en la forme ordinaire. — *Inst. 2441, p. 4.*

804. Découverte des contraventions. — Moyen licite. — En règle générale, il est interdit de retenir les pièces en contravention lorsque la découverte de ces pièces n'a pas été légalement opérée. Mais, en ce qui regarde spécialement les infractions à l'art. 18 de la loi du 23 août 1871, les agents n'ont pas à rendre compte des moyens par lesquels les pièces qui les constatent sont tombées entre leurs mains. La loi exige seulement la représentation de ces pièces ou l'aveu de la contravention par ceux qui les ont

commises. — *Rapport de la Commission.*— *Inst. 2443.*
— *V. n° 703.*

805. Procès-verbal. — Forme. — Modèle de procès-verbal. — Les procès-verbaux doivent être rapportés sur papier timbré, à la requête du Directeur général de l'enregistrement, des domaines et du timbre.

Il convient d'y décrire d'une manière exacte et circonstanciée les pièces en contravention, afin que cette description y supplée, dans le cas où elles viendraient à s'adirer. — *Trib. Seine, 26 déc. 1833.* — *Inst. 1458-11.*

Un procès-verbal peut être libellé comme il suit :

L'an mil huit cent soixante-treize, le dix-huit septembre, à la requête de M. le Directeur général de l'enregistrement, des domaines et du timbre, palais du Louvre, pavillon Colbert, rue de Rivoli à Paris, poursuites et diligences de M. X..., directeur de ladite administration à..., qui élit domicile en ses bureaux, rue...., et, au besoin, au bureau de l'enregistrement établi à.... (bureau dans le ressort duquel la contravention a été constatée),

Nous soussignés, X. et X., employés des contributions indirectes en résidence à Foix, dûment commissionnés et ayant serment en justice,

Certifions que ce matin, à dix heures, étant en tournée de service dans la commune de Montgaillard, nous avons trouvé arrêtée, sur la place de l'église, une voiture chargée de divers colis, et appartenant au sieur X..., entrepreneur de transport à Tarascon. Nous avons sommé le sieur B...., conducteur, de nous exhiber les lettres de voiture dont il était porteur. Obtempérant à notre réquisition, ledit sieur B... nous a représenté une liasse de papiers, parmi lesquels nous avons remarqué une facture émanée du sieur K..., négociant à Toulouse, rue des Balances, ainsi conçue :

« Toulouse, le 16 septembre 1873.

« Doit M. R..., épicier à Tarascon, pour les livrai-
« sons ci-après :

« Un fût huile d'olive 25 kil. à 2 fr. 10 ,　52 fr. 50

« Pour acquit,

« Signé : K.... »

Et attendu que cette facture, acquittée, n'était pas revêtue du timbre prescrit par l'art. 18 de la loi du 23 août 1871, nous avons saisi ladite pièce qui se trouve ci-annexée.

En foi de quoi, nous avons dressé contre le sieur K.... le présent procès-verbal pour valoir ce que de droit.

806. Affirmation. — Les procès-verbaux dressés par les employés de l'enregistrement ne sont pas sujets à affirmation.— *Inst. 1537, n° 203.*—Mais ceux des agents d'autres services sont soumis à cette formalité s'ils n'en sont pas dispensés par des règlements spéciaux.

807. Postes. — **Contraventions signalées par les agents de ce service.**— **Mode de procéder.**—Lorsqu'un employé des postes constate la présence d'une facture ou note acquittée non timbrée , qui aurait dû l'être, dans un paquet d'échantillons , d'imprimés , de papiers de commerce ou d'affaires , il prévient du fait le receveur du timbre, s'il en existe un dans sa résidence, ou bien, à défaut de receveur, le directeur des postes du département, qui en réfère à son collègue de l'enregistrement.

Il est donné cours auxdites factures ou notes, quoique non timbrées, si les agents de l'enregistrement ne jugent pas convenable de les saisir et de dresser procès-verbal.

Le procès-verbal constatant la contravention est *rédigé* par un agent de l'enregistrement et *signé* non-seulement par lui, mais aussi par un employé des postes.

Le montant de l'attribution appartient pour sept dixièmes à l'agent des postes et pour trois dixièmes à celui de l'enregistrement. — *D. m. f. 14 janvier 1873. — Inst. 2463.*

En cas de saisie, une expédition du procès-verbal est laissée entre les mains du préposé des postes.

Les employés de l'enregistrement auxquels est signalée l'existence de pièces non timbrées, doivent se transporter au bureau des postes pour prendre immédiatement connaissance de ces pièces et procéder, s'il y a lieu, dans la forme ordinaire, à la constatation des contraventions. La copie du procès-verbal à remettre à l'agent des postes, pour sa décharge, est considérée comme pièce administrative et faite sur papier non timbré. Le procès-verbal et la consignation faite en conséquence, doivent indiquer que la contravention a été signalée par les agents des postes. — *Inst. 2439.*

808. Emploi ou vente de timbres ayant déjà

servi. — Lorsque les agents reconnaissent qu'il a été apposé, sur une quittance, un timbre ayant déjà servi, outre le procès-verbal qui doit servir à réclamer le droit et l'amende de timbre, il est dressé un second procès-verbal destiné à être transmis au ministère public, chargé de poursuivre ce genre d'infractions devant le tribunal correctionnel. — *Inst. 2176.* — Dans le cas de vente ou de tentative de vente de timbre mobile ayant déjà servi, il n'est rédigé qu'un seul procès-verbal, qui est envoyé au ministère public.

809. Débit de timbres sans autorisation. — La contravention résultant du débit de timbres mobiles sans autorisation est constatée par un procès-verbal d'un agent de l'enregistrement, qui doit se faire assister d'un officier de police judiciaire, pour pouvoir procéder à la saisie des timbres composant le débit clandestin. — *Dict. de Géraud, art. 5197.*

810. Débiteur des droits et amendes. — L'art. 75 de la loi du 28 avril 1816 porte : sont solidaires pour le payement des droits et amendes de timbre..... les créanciers et les débiteurs pour les quittances. Cette disposition n'est pas applicable aux quittances en contravention à l'art. 18 de la loi du 23 août 1871, l'art. 23 de cette loi ayant déclaré le créancier contrevenant tenu personnellement et sans recours, nonobstant toute stipulation contraire, du montant des droits, frais et amendes.

811. Reçu non timbré donné par un employé. — Patron civilement responsable. — Lorsqu'il a été constaté qu'un reçu non timbré a été donné par un employé d'une maison de commerce au nom de la maison, les poursuites doivent être dirigées tant contre le contrevenant personnellement que contre le patron, pris comme civilement responsable. — *Comp. Jug. Rouen, 20 mars 1873.*

812. Instances. — Le recouvrement des droits et amendes est poursuivi par voie de contrainte.

En cas d'opposition, les instances sont instruites et jugées selon les formes prescrites par les lois des 22 frimaire an 7 et 27 ventôse an 9 sur l'enregistrement. — *L. 28 avril 1816, art. 76, premier alinéa.*

L'instruction se fait par simples mémoires respectivement signifiés sans ministère d'avocat ou d'avoué. Les jugements sont sans appel et ne peuvent être attaqués que par voie de cassation. — *L. 22 frimaire an 7, art. 65.*

813. Décès des contrevenants. — Héritiers. — Privilége. — En cas de décès des contrevenants, les droits et amendes sont dus par leurs successeurs, et jouissent, soit dans ces successions, soit dans les faillites ou tous autres cas, du privilége des contributions directes. — *L. du 28 avril 1816, art. 76, deuxième alinéa.*

PROCÈS-VERBAL. — *V. Procédure. — Un modèle de procès-verbal est donné au n° 805.*

PROPRIÉTAIRES.

814. Décharge. — Concierge. — Homme d'affaires. — La décharge donnée par un propriétaire à son homme d'affaires, pour à-compte sur ses revenus, à son concierge pour termes de loyers touchés pour son compte, etc., est passible du timbre de 10 centimes.

PUBLICATIONS.

815. Vente des publications du gouvernement. — Les récépissés des receveurs des finances, pour versements du produit de la vente des publications faites par le gouvernement, sont assujettis au timbre de 25 centimes. Il s'agit d'intérêts privés, et les récépissés opèrent la libération des débiteurs. — *Circ. Comp. 14 avril 1872, art 10.*

816. Versements de prix d'abonnements. — Il en est de même des récépissés délivrés par les receveurs des finances et par les percepteurs à des communes ou à des commissaires de police pour prix de leur abonnement à certains recueils. — *Déc. m. f. 11 oct. 1865. — Inst. 2341-12. — V. Journal officiel.*

QUÊTES.

817. Quittances. — Sont exemptes de timbre les quittances données par les receveurs des bureaux de bienfaisance, des sommes provenant de quêtes en faveur des pauvres. — *Déc. m. f. 9 janv. 1843. — R. G. 5982.*

QUITTANCE FINALE.

818. — Toute quittance finale d'une créance supérieure à 10 francs doit être revêtue du timbre, quand même ladite quittance serait de 10 francs ou au-dessous. — *L. 23 août 1871, art. 18 et 20.*

QUITTANCES rédigées d'avance.

819. Exigibilité du droit de timbre. — Le droit de timbre est dû sur une quittance dès l'instant qu'elle est rédigée et revêtue de la signature du créancier. Le créancier qui a préparé et signé, sans y apposer le timbre mobile, des quittances destinées à être remises à un tiers, chargé d'en opérer le recouvrement, est donc en contravention.

Le tribunal de Vouziers a décidé, il est vrai, contrairement à ce qui précède, que l'apposition du timbre n'est obligatoire qu'au moment où la quittance est remise au débiteur *(R. p. 3584)*; mais son jugement a été déféré à la Cour de Cassation.

QUITUS. — *V. Décomptes.*

RECETTES ACCIDENTELLES.

820. État. — **Départements.** — Le droit de timbre à 25 centimes s'applique, en général, aux récépissés ou quittances constatant le recouvrement des produits accidentels et imprévus revenant à l'État et aux départements.

821. Communes. — **Établissements publics.** — Le même droit est applicable aux quittances des receveurs communaux et hospitaliers, relatives à des recettes de même nature, opérées pour le compte des communes ou des établissements de bienfaisance.

RECEVEURS DE L'ENREGISTRE-
MENT. — *V. numéros 468 et suiv.*

RECEVEURS DES FINANCES.

822. — Les articles qui concernent les receveurs des finances ont été traités à leur titre spécial dans le cours de ce dictionnaire. — *V. notamment numéros 209 et suivants.*

RECOURS EN GRACE.

823. Demandes en remise. — Forme. — Effets. —. Les demandes en remise d'amendes sont adressées au ministre des finances. Elles doivent être rédigées sur papier timbré à peine d'une amende de 50 francs.

Tout recours en grâce a pour effet de suspendre, jusqu'à la décision à intervenir, les poursuites pour le recouvrement de sommes susceptibles d'être remises. — *V. Pétitions.* — *V. n° 825.*

RECOUVREMENT DES AMENDES.

824. Mode de recouvrement. — Les amendes de contravention à l'art. 18 de la loi du 23 août 1871 sont consignées au bureau du lieu où la contravention a été constatée. Le recouvrement est suivi par le receveur du *domicile du contrevenant,* pour le compte de son collègue *du lieu de la contravention,* qui seul doit décerner contrainte.

Il importe, dès lors, que les avertissements adressés aux contrevenants domiciliés dans le ressort d'un autre bureau fassent expressément connaître que le payement peut être effectué à la caisse du receveur du domicile sur la représentation de l'avertissement.

Ces avertissements doivent contenir toutes les indications nécessaires pour que le receveur du domicile soit en mesure de libeller régulièrement l'enregistrement en recette à titre de virement, ainsi que la quittance à souche à délivrer au redevable. — *Déc. 31 août 1873. — J. E. 19248.*

825. Pétitions en remise d'amendes. — L'instruction des pétitions en remise présentée par les contrevenants incombe, comme le recouvrement lui-même, au receveur du lieu où la contravention a été constatée. Néanmoins, lorsque les renseignements obtenus par cet agent sont insuffisants, le receveur du domicile fournit à son collègue ses observations et son avis. — *Déc. 31 août 1873. — J. E. 19248.*

REÇUS D'OBJETS.

826. Principe. — Le droit de timbre établi par l'art. 18 de la loi du 23 août 1871, ne s'applique pas seulement aux quittances, reçus et décharges de sommes. Il frappe encore les reçus et décharges *d'objets*, quelle que soit d'ailleurs la valeur des objets livrés ou déposés. — *V. nº 474.*

827. Industriel ou commerçant. — Reçu. — Ainsi le reçu donné par un commerçant d'un objet qui lui est remis, par exemple, le reçu par un horloger d'une montre ou bijou à réparer, par un teinturier d'une robe ou d'un effet à teindre ou nettoyer, par un relieur de livres à relier, etc., est passible du droit de timbre de 10 centimes.

828. Industriel ou commerçant. — Décharge. —

Il en serait de même de la décharge donnée au commerçant, lors de la restitution faite à son client des objets dont il s'agit.

Mais si le commerçant se contente, comme décharge, de la remise de son reçu, aucun nouveau droit n'est exigible.

829. Bulletin de livraison. — Ainsi , encore, le bulletin de livraison remis à un cultivateur par l'agent d'une sucrerie ou le préposé d'un magasin à fourrages militaire, et constatant la quantité de marchandises livrées, est soumis au timbre de 10 centimes. — *V. n*ᵒˢ *99, 99 bis , 207.*

REÇUS PROVISOIRES.

830. Titres déposés en garde dans la caisse d'une Société. — Les reçus provisoires sont passibles du timbre de 10 centimes, car la loi n'a créé aucune exception en leur faveur.

Ainsi , doivent être revêtus du timbre les récépissés provisoires de titres déposés en garde à la Banque ou dans la caisse d'une société de crédit , les reçus de titres nominatifs déposés pour encaissements, etc. — *Comp., J. E. 19120.*

831. Prix de vente de biens de l'État. — Les récépissés provisoires délivrés par les receveurs des domaines aux acquéreurs de biens de l'État sont soumis au timbre de 25 centimes, bien qu'ils n'impliquent pas la libération absolue des acquéreurs.

Il en est de même des récépissés délivrés par les receveurs des finances aux acquéreurs de bois domaniaux en sol et superficie. — *V. nᵒ 518.*

REDEVANCES.

832. Prise d'eau. — Permission d'usine. — Les redevances pour prise d'eau et permission d'usine sont recouvrées par l'administration des contributions indirectes, dont les quittances sont soumises à un timbre spécial.

REFUS DE COMMUNICATION.

V. n°s 277 et 289.

REFUS DE QUITTANCE.

833. — Rien dans la loi n'impose au débiteur l'obligation de retirer des mains de son créancier la preuve de sa libération, et ne donne à ce dernier le droit de le contraindre à la recevoir. Il appartient donc au débiteur, à ses seuls risques et périls, de payer les sommes qu'il doit sans demander quittance. — *Trib. Com. Seine 27 janvier 1873.* — *J. E. 19217-5.*

Cette décision n'est pas applicable aux quittances données par les comptables publics, dont la délivrance est obligatoire. — *L. 8 juillet 1865, art. 4.*

REGISTRES DE FACTAGE. — *V. Camionnage, Chemins de fer, Entrepreneurs de transports.*

REGISTRES DE L'ÉTAT CIVIL.

834. Décharges. — Les décharges délivrées aux maires par les greffiers, pour la remise au greffe des registres de l'état civil et des pièces à l'appui, sont exemptes de timbre comme se rattachant à une mesure d'ordre public.

835. Prix du papier timbré des registres. — Sont également exemptes de timbre, les quittances délivrées par les receveurs de l'enregistrement des sommes dues pour le prix du papier timbré ou du timbre à l'extraordinaire des registres de l'état civil. — *Déc. m. f. 28 juin 1832.* — *Inst. m. f. 20 juin 1859, art. 631.*

RÉGULARISATION D'AVANCES.

836. Acquits des mandats. — Les acquits mis par les receveurs au pied des mandats de régularisation d'avances ne sont pas assujettis au timbre de 10 centimes, ces mandats étant des pièces d'ordre.

RELIGIEUSES. — *V. Congrégat⁸ religieuses.*

RELIQUATS.

837. Reliquats sur divers services. — **Récépissés.** — **Quittances.** — Les récépissés délivrés par les receveurs des finances, pour l'application au compte des reliquats, étant purement d'ordre, sont exempts de timbre.

Quant aux quittances qui leur sont données pour les remboursements en numéraire, elles sont passibles ou non du timbre de 10 centimes, suivant la nature du service primitif. — *Circ. Comp. 14 avril 1872, art. 40.*

REMISE A TITRE DE DÉCHET.

838. — Une remise de 2 0/0 sur le timbre est accordée, à titre de déchet, à ceux qui font timbrer au préalable, par l'administration, leurs formules de quittances, reçus ou décharges. — *L. du 23 août 1871, art. 19.*

La remise porte sur le montant des droits payés et non sur le nombre des formules.

REMISES D'AMENDES.

839. Quittances. — Sont sujettes au timbre de 10 centimes les quittances apposées sur les mandats de payement ayant pour objet des restitutions, à titre de remise, de droits en sus et amendes. — *Circ. Comp. 26 fév. 1853.*

Il n'y a d'exemption de timbre qu'à l'égard des restitutions de droits et amendes indûment perçus. — *Déc. m. f. 16 août 1808. — Inst. 397-3. — V. n° 50.*

REMISES DES COMPTABLES.

840. Règle générale. — Sont sujettes au timbre de 10 centimes les quittances de remises mensuelles ou accidentelles prélevées par les comptables sur les revenus de l'État, des départements, des communes et des établissements publics. — *L. 23 août 1871, art. 18 et 20.*

841. Remises des percepteurs. — Les nécessités de la comptabilité exigent, attendu la diversité des opérations productives de remises aux percepteurs, des décomptes distincts et des quittances séparées. Comme il ne serait pas équitable d'assujettir au timbre chacune des quittances données pour le *même mois*, il suffit de timbrer les quittances mensuelles de remises sur *contributions directes;* on considère comme quittances d'ordre les quittances de remises sur redevances des mines, taxes des biens de mainmorte, etc..., à la condition, toutefois, de récapituler au verso de la quittance ; pour remises sur contributions directes, les diverses remises sur taxes spéciales, et de quittancer l'ensemble par duplicata. — *Circ. Comp. 14 avril 1872, art. 24, n° 7.*

842. Frais de distribution des premiers avertissements. — L'allocation de 2 centimes par avertissement ne constitue pas, pour le percepteur, un émolument personnel, mais bien un simple remboursement de ses avances pour un service public. Dès lors, la quittance relative à cette allocation est exempte de timbre. — *Même circ., art. 24, n° 9.*

843. Remises à raison de plusieurs services. — Lorsqu'un percepteur est en même temps receveur de plusieurs communes ou établissements publics, les quittances qu'il reçoit de *chaque* commune ou établissement sont passibles du timbre de 10 centimes, lorsque ces remises s'élèvent à plus de 10 francs.

844. Rétribution scolaire. — Le payement des remises allouées aux comptables, pour le recouvrement de la rétribution scolaire, donne également lieu à l'application du timbre de 10 centimes.

845. Impositions communales. — Sont sujettes au même droit de timbre les quittances que donnent les percepteurs pour les remises qui leur sont allouées à raison du recouvrement des impositions communales, lorsque ces remises excèdent 10 francs. — *Déc. m. f. 27 juillet 1867.— Inst. 2361, § 6.*

846. Taxe sur les chiens. — Il en est de même des quittances données par les percepteurs, au bas des mandats de payement qui leur sont délivrés par les maires, pour la rétribution de 12 centimes par chaque article de rôle de l'impôt des chiens. — *Dict. de M. Sollier, art. 853-3.*

847. Remises des receveurs de l'enregistrement. — D'après l'inst. 1413, § 7, ces comptables devaient joindre à leur bordereau mensuel une quittance dûment timbrée pour la somme prélevée chaque mois à titre de provision sur leurs remises.

Actuellement, toutes les quittances d'un bureau sont remplacées par un seul état, fourni par le matériel des finances, sur lequel les receveurs doivent mentionner tous les prélèvements, apposer leur acquit et appliquer le timbre mobile à la suite de chaque émargement. Le comptable en fonctions au 31 décembre donne quittance pour solde.

Cet état doit être tenu très-exactement au courant, et rempli par les comptables toutes les fois qu'ils touchent le montant d'un prélèvement, soit à la fin de chaque mois, soit lorsqu'ils cessent leurs fonctions. La remise de cet état, par le comptable sortant à son successeur, est mentionnée par une note manuscrite à la page 8 du compte de clerc à maître. — *Circ. Comp. du 20 déc. 1872. — V. n° 487 bis.*

RENTES.

848. Payements et remboursements de rentes. — Les quittances relatives aux payements ou aux remboursements des rentes dues aux communes par les particuliers, sont sujettes au timbre de 25 centimes. — Celles qui constatent les payements ou les remboursements de rentes dues par les communes aux particuliers, sont assujetties au timbre de 10 centimes.

849. Recouvrements opérés par les percepteurs pour des établissements de bienfaisance. — Les quittances que délivrent les receveurs d'hospices, pour les sommes recouvrées pour leur compte par les percepteurs, sont affranchies du timbre ; les débiteurs seuls doivent payer le droit au moment où ils se libèrent entre les mains des percepteurs. — *Circ. Comp. 14 avril 1872, art. 60.*

850. Rentes italiennes. — Quittances d'arrérages. — Les quittances d'arrérages données par les parties intéressées sont soumises au timbre de 10 centimes. — *Circ. Comp. 14 avril 1872, art. 71.*

851. Rentes sur l'État. — Dépôts pour achats. — Les récépissés de fonds ou de titres remis aux receveurs des finances, à des agents de change ou à des banquiers, pour acheter ou vendre des rentes, sont assujettis au timbre de 10 centimes. — *Déc. m. f. 10 fév. 1865. — Inst. 2344-9. — Circ. Comp. 14 avril 1872, art. 67.*

852. Rentes sur l'État. — Titres déposés pour renouvellement ou conversion. — Il en est de même des récépissés de titres déposés pour renouvellement (les coupons étant épuisés), pour réunion de plusieurs titres en un seul, pour conversion, etc.

**853. Rentes sur l'État. — Quittance du prix de

vente. — Décharge de titres. — Lors du remboursement du prix de vente, ou de la remise des titres achetés, renouvelés ou convertis, la décharge donnée par le déposant est également soumise au timbre de 10 centimes.

854. Rentes sur l'État.— Quittances d'arrérages. — Les quittances d'arrérages des rentes sur l'État sont exemptes du timbre. — *Déc. m. f. 27 nov. 1871. — Circ. Comp. 1er déc. 1871 et 14 avril 1872, art. 19.*

855. Rentes viagères d'ancienne origine et de la vieillesse. — Il en est autrement des quittances de pensions payées par l'État, telles que les rentes viagères d'ancienne origine et les rentes viagères de la vieillesse. — *Circ. Comp. 14 avril 1872, art. 23 et 68.*

RÉPARTITION.

856. Dépenses communales. — Contribution foncière. — Sont exemptes de timbre les quittances du montant de la répartition de la contribution foncière d'un terrain communal entre les habitants qui jouissent de ce terrain, *sans addition de sommes au profit de la commune.*— *Déc. m. f. 9 fév. 1835.*— J. E. *11176.*

RESPONSABILITÉ.

857. Responsabilité des comptables publics. — Les ordonnances, taxes, exécutoires et généralement tous mandats payables sur les caisses publiques , les bordereaux, quittances, reçus ou autres pièces, peuvent être revêtus du timbre à 10 centimes par les agents chargés du paiement.

Le timbre est oblitéré, au moyen d'une griffe, par ces agents, qui demeurent *responsables des contraventions* commises à raison des pièces acquittées à leur caisse. — *D. 27 nov. 1871, art. 3.*

858. Receveur des communes et des établissements publics. — Aux termes de deux décisions ministérielles, des 24 mai 1819 et 16 février 1835, les receveurs des communes et des établissements publics étaient déjà responsables des droits et amendes de timbre exigibles sur les quittances qui leur sont délivrées et qu'ils joignent à leurs comptes de gestion.

859. Sociétés, compagnies, assureurs. — Les sociétés et compagnies, assureurs, entrepreneurs de transports et tous autres assujettis aux vérifications des agents de l'enregistrement, peuvent, *sous leur responsabilité*, revêtir du timbre les acquits concernant les actions, obligations, dividendes et intérêts payables au porteur, les rentes sur l'étranger, ainsi que toutes autres pièces de dépense, états de solde et d'émargement.— *D. 27 nov. 1871, art. 3.* —*V. n° 48.*

RESTITUTIONS.

860. Restitutions au Trésor. — Les récépissés des receveurs des finances relatifs aux restitutions effectuées au Trésor sont soumis au timbre de 25 centimes comme opérant la libération des débiteurs. — *Circ. Comp. 14 avril 1872, art. 54.*

**861. Restitutions par les communes et établisse-
ments publics.** — Est soumise au timbre de 10 centimes la quittance de restitution d'une somme versée
indûment ou payée en trop à une commune ou à
un établissement de bienfaisance. Il n'y a d'exception
que dans le cas où le payement concernerait des
indigents ou aurait pour objet une dépense jouissant,
eu égard à sa nature, de l'exemption du droit de
timbre. — *Sol. 12 mars 1859.* — *Dict. de M. Sollier,
art. 885.*

862. Restitutions diverses. — Taxes de brevet
d'invention. — *V. n° 123.*

Centimes communaux. — *V. n° 187.*

Caisse de la vieillesse. — Cantonniers. — Retenues irrégulières. — *V. n° 161.*

Restitutions pour délits dans les bois des communes
et établissements publics. — *V. n° 522.*

Restitutions concernant l'enregistrement. — *V. n°
469, § 4.*

RETENUES.

863. Pensions civiles. — Les récépissés des receveurs des finances constatant le versement des
retenues pour le service des pensions civiles sont
soumis au timbre de 25 centimes. Mais, quand les
retenues ne sont qu'un prélèvement opéré sur les
traitements, et ne constituent pas un versement
effectif, les quittances qui en sont délivrées sont
affranchies du timbre. — *Circ. Comp. 14 avril 1872,
art. 5.*

864. Solde des officiers de terre et de mer. —

Les récépissés des mêmes comptables, relatifs à la retenue de 2 0/0 sur la solde des officiers de terre et de mer, sont exempts de timbre, la retenue ne constituant qu'un simple prélèvement opéré sur la solde. — *Même circ., art. 8.*

865. Cumul. — La quittance constatant la retenue pour cause de cumul, subie par les fonctionnaires députés, est également exempte de timbre. Il s'agit d'un prélèvement et non pas d'un versement effectif. — *Même circ., art. 9.*

866. Caisse de la vieillesse. — Cantonniers. — Quittances. — *V. n° 160 bis et 161.*

Caisse d'épargne. — Cantonniers. — Quittances. — *V. n° 173.*

RÉTRIBUTION SCOLAIRE.

867. Quittances. — Les quittances du montant de la rétribution scolaire, délivrées par les receveurs communaux aux parents des élèves admis dans les écoles primaires ou dans les salles d'asile, sont exemptes de timbre. — *L. 3 juillet 1846, art. 9.* — *Inst. 1760.* — *Déc. m. f. 24 déc. 1860.* — *Inst. 2187-4.*

Mais les quittances des instituteurs et institutrices, relatives à cette rétribution, sont passibles du timbre de 10 centimes.

REVENUS DES DOMAINES.

868. Quittances. — Les quittances relatives aux revenus des propriétés domaniales, départementales ou communales, sont soumises au timbre de 25 centimes. — *Inst. 2314.*

REVENU des valeurs mobilières.

869. Impôt sur le revenu. — Quittances. — Les quittances des receveurs de l'enregistrement, relatives à la taxe de 3 0/0 sur le revenu des valeurs mobilières créé par la loi du 29 juin 1872, sont exemptes de timbre, attendu que cette taxe constitue un impôt direct. — *L. 13 brumaire an 7, art. 16.*

REVERSEMENTS.

870. Trop payé. — Les récépissés des receveurs des finances, pour reversements de trop payé, sont exempts de timbre, ces reversements n'étant que la suite d'erreurs, et ne constituant, dès lors, que des opérations d'ordre intérieur. — *Circ. Comp. 14 avril 1872, art. 14, n° 3.*

SALAIRES.

871. Quittances. — Les quittances de salaires, lors même qu'ils sont payés des deniers du Trésor, tombent sous l'application de l'art. 18 de la loi du 23 août 1871. Mais l'impôt n'est pas dû pour les acquits apposés sur les mandats collectifs de salaires délivrés au nom d'agents de l'État chargés, par la nature de leurs fonctions, de la répartition de la somme ordonnancée. — *Circ. Comp. 14 avril 1872, art. 24, n° 1. — V. Ouvriers.*

872. États de journées. — Les états de journées d'ouvriers employés aux travaux communaux et aux chemins vicinaux de grande et moyenne communication ne sont pas assujettis au timbre de dimension ; mais la quittance de chacune des parties prenantes, portée sur ces états, donne lieu à l'apposition d'un timbre de 10 centimes, lorsqu'elle est de plus de 10 francs. — *Circ. Comp. 14 avril 1872.* — *V. États de solde.*

873. **Indigents**. — Sont exemptes de timbre les quittances de salaires payés aux ouvriers employés aux chemins vicinaux, lorsque leur *indigence* est régulièrement constatée. — *Déc. m. f. 31 déc. 1853.* — *Inst. 2003, § 5.*

Conservateurs des hypothèques. — *V. ce mot.*

SECOURS.

874. **Quittances de secours**. — **Condition pour l'exemption du timbre**. — Les quittances de secours ne sont exemptes du timbre que lorsque les payements sont faits à des indigents. — *L. 13 brumaire an 7, art. 16.*

875. **Anciens employés**. — Les quittances de secours accordés par une administration à d'anciens employés ou à leurs veuves, sont passibles du timbre de 10 centimes, s'il n'est pas fait mention de l'indigence des parties prenantes.

876. **Anciens militaires**. — De même lorsque des secours sont alloués, pour toute autre cause que l'indigence, à d'anciens militaires ou à des veuves d'anciens militaires, les quittances de ces secours sont assujetties au timbre de 10 centimes. — *Circ. Comp. 14 avril 1872, art. 24, n° 11.*

877. Secours permanents. — Les quittances des secours dits *permanents*, du ministère de la guerre, tombent sous l'application de l'art. 18 de la loi du 23 août 1871, et sont sujettes au timbre de 10 centimes, attendu qu'il s'agit de secours spéciaux et périodiques, assimilés à des pensions, dont ils tiennent lieu. — *Même circ., art. 24, n° 12.*

878. Aveugles de l'hospice des Quinze-Vingts. — Les quittances apposées sur les certificats de vie produits à titre de justification du payement des secours viagers accordés aux aveugles de l'hospice des Quinze-Vingts, sont exemptes de timbre par application de l'art. 16 de la loi du 13 brumaire an 7. — *Circ. Comp. 5 avril 1873, n° 2.* — *Rép. pér. 3664.*

879. Voyageurs indigents. — Sont également exemptes de timbre les quittances relatives aux secours de route alloués aux indigents. — *Inst. m. int. 30 nov. 1840, p. 295, § 15.*

880. Colons et réfugiés. — Il en est de même des quittances de secours payés aux colons ou réfugiés, lorsque leur indigence est constatée. — *Déc. m. f. 10 sept. 1830.* — *Dél. 16 fév. 1844.* — *J. E. 10207 et 13577.*

Choléra. — *V. ce mot.*

881. Payements de secours par intermédiaires. — L'exemption du timbre édictée par la loi du 13 brumaire an 7, n'est pas limitée au cas où les secours sont remis directement aux indigents; elle s'applique aussi aux quittances constatant des payements faits à des tiers chargés de secourir des personnes dont l'indigence est constatée. — *Inst. m. f. 20 juin 1859, art. 631.*

Aussi, lorsque les bureaux de bienfaisance font faire des distributions d'argent par l'intermédiaire de personnes autres que les receveurs de ces établissements, les quittances des sommes distribuées que donnent ces personnes, au lieu et place des indigents qui les ont reçues, sont affranchies du timbre. — *Sol. 10 mars 1843.* — *R. G. 5982-4.* — *V. n° 134.*

882. Secours de loyers. — Les quittances de secours de loyers accordés aux indigents sont également dispensées du timbre, même dans le cas où elles ne sont pas délivrées par les indigents eux-mêmes, pourvu, néanmoins, qu'il y soit fait mention de la cause du payement et que l'indigence du locataire soit justifiée. — *Sol. 13 avril 1858.* — *Dict. de M. Sollier, art. 895.*

SÉMINAIRES.

883. Comptabilité. — Sont sujettes au timbre de 10 centimes les quittances données ou reçues par les agents comptables des séminaires.

884. Communication. — Les agents de l'enregistrement doivent s'abstenir, jusqu'à nouvel ordre, de faire des vérifications dans ces établissements. — *Déc. m. f. 16 sept. 1858.* — *Inst. 2131.*

SIGNATURE.

885. Écrit libératoire non signé. — Le droit de

timbre de 10 centimes doit être appliqué à chaque acte libératoire, quittance, reçu ou décharge, *signé ou non signé*. — *Inst. 2413, p. 19.*

886. Défaut de signature. — États d'émargement. — Feuilles de salaires. — De ce que tout écrit libératoire, même *non signé*, est passible du timbre de 10 centimes, il ne faudrait pas conclure que le timbre doit toujours être apposé sur un écrit destiné à constater un paiement, si d'ailleurs il ne le constate pas.

Ainsi, une feuille d'émargement ou de salaires d'ouvriers, non émargée de l'acquit des parties prenantes, ne fournit pas la preuve du paiement des salaires ; il n'y a pas de contravention lorsque, *en cet état*, elle n'est pas revêtue de timbres mobiles. Elle émane uniquement du débiteur et n'est pas opposable au créancier.

887. États de salaires. — Signes tenant lieu d'acquits. — Distinction. — Lorsque des états de salaires se trouvent émargés de signes quelconques, il faut distinguer ; s'il est établi que les signes émanent des parties prenantes, on doit les considérer comme des *signes conventionnels* tenant lieu de signatures et ayant pour effet d'emporter libération, et le droit de timbre de 10 centimes est exigible ; mais, si les signes émanent du débiteur, ils ne peuvent faire présumer la libération, alors même que le montant des états serait porté comme soldé dans les écritures régulièrement tenues d'une société ou d'une compagnie, car il n'y a pas titre libératoire opposable au créancier ; le droit de timbre ne saurait être exigé dans ce dernier cas.

888. Payement de coupons d'obligations au porteur. — **Bordereau non rédigé.** — Le payement de coupons d'obligations au porteur, lorsqu'il n'est pas rédigé de bordereau, donne ouverture à la perception du droit de timbre à 10 centimes par chaque coupon supérieur à 10 francs, attendu que les coupons, entre les mains de la société ou de la compagnie débitrices, constituent autant d'écrits non signés emportant libération. — *Circ. Comp. 14 avril 1872, art. 72, n° 2.*

889. Défaut de signature. — **Mentions de payement de frais d'actes et honoraires.** — Les mentions, même non signées, inscrites par un notaire en marge d'un acte ou sur l'expédition pour constater le payement des frais et honoraires qui lui sont dus, sont assujetties au timbre de 10 centimes. Elles emportent libération et sont opposables au créancier.

Il en est de même de pareilles mentions mises dans de semblables conditions par tous autres officiers publics. — *R. p. 3585.*

Compagnies d'assurances. — **Traitements.** — **Signes conventionnels.** — *V. n° 74.*

Groupage. — **Registre de factage non signé par le destinataire.** — *V. n° 230.*

SOCIÉTÉS.

890. Communication. — Les sociétés sont tenues de représenter aux agents de l'enregistrement leurs livres, registres, titres, pièces de recette, de dépense et de comptabilité afin qu'ils s'assurent de l'exécution des lois sur le timbre. — *L. 23 août 1871, art. 22.* — *V. Communication.*

891. Faculté d'apposer et d'oblitérer les timbres mobiles. — Les sociétés et compagnies *assujetties aux vérifications* des employés de l'enregistrement peuvent, *sous leur responsabilité*, user de la faculté d'apposer et d'oblitérer les timbres sur les acquits donnés à leur caisse, des dividendes et intérêts payables au porteur, ainsi que sur toutes autres pièces de dépense, états de solde et d'émargement, bulletins de dépôt, etc. — *Décr. 27 nov. 1871, art. 3.* — *Inst. 2424, p. 3.* — *V. n° 48.*

892. Récépissés entre agents. — Lorsqu'une société est soumise aux investigations des préposés de l'enregistrement, les récépissés échangés entre ses comptables ou agents doivent être considérés comme des pièces d'ordre intérieur, non soumises au timbre de 10 centimes.

893. Dépôts de titres pour encaissement des dividendes. — Les récépissés donnés par une société, des titres nominatifs qui lui sont déposés pour encaissement des dividendes, doivent être timbrés à 10 centimes.

894. Dépôt de titres en garde. — Récépissés. — Les *récépissés provisoires* délivrés par les sociétés aux propriétaires de titres d'actions ou d'obligations, qui en font le dépôt en garde dans les caisses sociales, sont passibles du droit de timbre de 10 centimes. Quant aux récépissés définitifs, dits *récépissés de garde,* ils sont passibles du droit de timbre de dimension, parce qu'ils contiennent l'indication des conditions auxquelles est fait le dépôt, et forment le titre d'une sorte de contrat intervenu entre la société et le déposant.— *J. E. 19120-2.— Comp. Déc. m. f. 6 janv. 1865.— Inst. 2341-16.*

895. Dépôt de titres en garde. — Décharge. — La décharge donnée à la société lors du·retrait des titres déposés en garde dans sa caisse, est soumise au droit de timbre de 10 centimes.

896. Reçus de coupons. — Les reçus de coupons donnés par une société à un banquier, sont assujettis au même droit, attendu qu'on ne saurait assimiler des coupons d'actions et obligations à des effets de commerce.

897. Comptes courants. — Carnets de dépôts. — La plupart des établissements ou sociétés de crédit délivrent à leurs clients qui ont avec eux des comptes courants, un carnet sur lequel s'inscrit chaque dépôt de sommes. Il est dû un droit de 10 centimes pour chaque reçu constatant un dépôt de plus de 10 francs.

898. Carnets de dépôt. — Reçu par duplicata. — Si, indépendamment de la mention inscrite sur le carnet de dépôt, l'établissement délivre un reçu par duplicata, un nouveau droit de timbre est exigible sur ce reçu.

899. Reconnaissances de dépôts de sommes remboursables à terme avec intérêt. — Quand, au lieu de simples reçus, les sociétés délivrent des reconnaissances, avec stipulation de terme et d'intérêts, ces reconnaissances, qui constituent de véritables obligations, sont passibles du timbre proportionnel, conformément à l'art. 6 de la loi du 6 prairial an 7 et 4 de la loi du 5 juin 1850. — *J. E. 4581.*

SOCIÉTÉS DE SECOURS MUTUELS.

900. Quittances. — Reçus. — Décharges. — L'art. 11 du décret du 26 mars 1852 a exempté du timbre tous les actes qui intéressent les sociétés de secours mutuels. Cette disposition a été modifiée par la loi du 23 août 1871 en ce qui concerne les actes s. s. p., *signés* ou *non signés*, emportant quittance, reçu ou décharge, non compris dans les exceptions admises par cette dernière loi. — *J. E. 19135-7.*

901. Quittances des trésoriers. — Les quittances délivrées par les trésoriers des sociétés de secours mutuels sont assujetties au timbre de 10 centimes quand elles dépassent 10 francs.

Il en est ainsi même quand la quittance est délivrée à un comptable public, par exemple le caissier d'une caisse d'épargne. Une société de secours mutuels n'est pas une administration publique, et, dès lors, la quittance délivrée dans ce dernier cas par son trésorier ne saurait être considérée comme une quittance d'ordre, de comptable à comptable.

902. Pensions et trousseaux des enfants des sociétaires. — Sont également soumises au timbre les quittances des économes des lycées constatant le payement par les sociétés du prix de la pension ou du trousseau des enfants des sociétaires. — *Déc. m. f. 8 nov. 1867.— Inst. 2361, § 9.*

903. Mandats d'articles d'argent. — Sont sujets au timbre de 25 centimes les mandats d'articles d'argent concernant les fonds reçus par les membres des sociétés de secours mutuels ou envoyés par ces sociétés à leurs membres, aux veuves de ceux-ci et aux économes des lycées. — *Même déc.*

SOCIÉTÉS SAVANTES.

904. Cotisations. — Les quittances de cotisation, délivrées aux membres d'une société savante, sont assujetties au timbre de 10 centimes quand il s'agit de sommes supérieures à 10 francs.

SŒURS. — *V. Congrégations religieuses.*

SOUSCRIPTIONS.

905. Souscriptions en général. — Les quittances de souscriptions sont passibles du timbre de 10 centimes quand il s'agit de sommes supérieures à 10 francs.

906. Souscriptions charitables. — Le droit de timbre est même applicable aux quittances de souscriptions volontaires pour œuvres de charité, attendu qu'elles peuvent servir aux débiteurs des souscriptions à justifier de leur libération.

907. Comptables publics. — Dans le cas où les quittances seraient délivrées par un comptable public (receveur d'une commune ou d'un bureau de bienfaisance), ce serait le timbre de 25 centimes et non celui de 10 centimes qui devrait être apposé. — *Déc. m. f. 28 déc. 1866 et 10 juillet 1868.*

908. Association d'utilité publique — Sont passibles du timbre à 25 centimes les quittances de sommes payées aux receveurs des finances ou aux receveurs des communes , par suite de souscription au profit d'associations d'utilité publique. — *Déc. m. f. 10 sept. 1830. — Inst. 1391.*

909. Chemins vicinaux. — Il en est de même des quittances délivrées par les receveurs municipaux aux débiteurs de souscriptions volontaires pour dépenses concernant les chemins vicinaux.

910. Actions et obligations. — Les quittances de chaque versement de terme de souscription à des actions ou obligations émises par une société ou compagnie , sont passibles du droit de timbre de 10 centimes.

911. Département. — Ville. — Commune. — S'il s'agit d'obligations émises par un département, une ville ou une commune, la quittance du comptable doit être revêtue du timbre de 25 centimes.

912. Emprunts de l'État. — Mais les récépissés de souscriptions aux emprunts de l'État sont exempts de timbre. — *Circ. Comp. 14 avril 1872, art. 29 et 48.*

913. Excédants de versements. — Restitution. — Il en est de même des quittances ayant pour objet la restitution des sommes versées en trop par des souscripteurs.

STATIONNEMENT.

914. Quittances. — Les quittances des receveurs municipaux, constatant la recette des droits de stationnement sur la voie publique, sont soumises au timbre de 25 centimes.

SUBSISTANCES MILITAIRES.

915. Quittances. — Sont sujettes au timbre de 25 centimes les quittances des sommes payées à divers pour subsistances militaires, sauf les exceptions indiquées au titre : *Militaires et marins.*

SUBVENTIONS.

916. Départements. — Les récépissés délivrés par les receveurs des finances, constatant la recette des subventions accordées par l'État aux départements, sont soumis au timbre de 25 centimes. — *Circ. Comp. 14 avril 1872, art. 15, n° 9.*

917. Communes et établissements publics. — Les quittances délivrées aux receveurs des finances et autres agents comptables, pour subventions allouées aux communes et aux établissements de bienfaisance sur les fonds de l'État, du département ou des cotisations municipales, sont également assujetties au timbre du 25 centimes. — *Déc. m. f. 21 août 1865.* — *Inst. 2311-12.*

918. Établissements de bienfaisance. — Affectation charitable. — Toutefois, il y a exemption de timbre pour les quittances de subvention accordées aux établissements de bienfaisance, lorsqu'il est expressément mentionné dans les mandats que ces subventions ont une affectation charitable et qu'elles s'appliquent, par exemple, à des ateliers de charité, à des distributions de vivres, à des fournitures ou à des secours en faveur des pauvres. — *Sol. 21 déc. 1869. — Inst. 2400-5.*

919. Chemins vicinaux. — Subventions industrielles. — Les quittances délivrées par les receveurs municipaux aux débiteurs des subventions industrielles, pour dégradations aux chemins vicinaux, sont passibles du timbre de 25 centimes.

920. Subventions diverses. — Sont sujettes au timbre de 10 centimes les quittances de sommes payées à titre de subventions : 1° aux fabriques, consistoires et autres établissements religieux ; 2° aux sociétés de secours mutuels ; 3° aux sociétés d'agriculture ; 4° aux théâtres et autres établissements analogues, etc.

Fonds de subvention. — *V. ce mot.*

SUCCESSIONS.

Droits de succession. — *V. n° 468.*

921. Successions vacantes. — Les quittances du produit des successions vacantes, données aux curateurs par les receveurs de l'enregistrement, sont passibles du timbre à 25 centimes. Mais les récépissés des versements faits par ces receveurs à la caisse des dépôts et consignations sont exempts de timbre.

922. Successions en déshérence. — Les quittances constatant les restitutions aux héritiers ou les payements aux créanciers sont assujetties au timbre de 10 centimes.

SUCRERIES.

923. Constatation de la livraison des betteraves.
— Il est tenu dans les fabriques de sucre un registre destiné à constater les livraisons de betteraves faites par les cultivateurs. Toute inscription de livraison est soumise au timbre de 10 centimes comme reçu d'objets.

924. Extrait du registre de livraison. — La copie d'une inscription de livraison, délivrée par l'agent de la sucrerie, est sujette au timbre de 10 centimes comme récépissé. Il n'en serait pas de même de la copie faite par le cultivateur lui-même et non signée par l'agent de la sucrerie.

925. Plusieurs livraisons. — Un seul extrait. — Il n'est dû qu'un seul droit de timbre de 10 centimes, quel que soit le nombre de livraisons constaté par l'extrait remis au cultivateur.

926. Récépissé de livraisons de betteraves. — Le récépissé remis par l'agent d'une sucrerie au cultivateur, mentionnant la quantité des betteraves formant l'objet de la livraison, est également soumis au timbre de 10 centimes.

SURVEILLANCE.

927. Frais de surveillance. — Récépissé. — Sont assujettis au timbre de 25 centimes les récépissés des receveurs des finances relatifs aux frais de surveillance des lignes télégraphiques, des chemins de fer, des associations ouvrières, des sociétés et établissements divers. — *Circ. Comp. 14 avril 1872, art. 12 et 17.*

SYNAGOGUES.

928. Quittances. — Les quittances données ou reçues par les trésoriers de ces établissements sont sujettes au timbre de 25 centimes, sauf les exceptions prévues par la loi.

Communication. — *V. n° 286.*

SYNDICATS.

929. Quittances. — Sont assujetties au droit de timbre de 25 centimes les quittances des receveurs des communes, relatives au produit des biens propres aux syndicats.

Syndic de faillite. — *V. numéros 510 et 510 bis.*

TABACS.

930. Émargement par les planteurs sur les feuilles de décomptes. — Les émargements mis par les planteurs sur les feuilles de décomptes, pour les sommes qui leur sont payées par les agents des contributions indirectes, doivent être revêtus du timbre mobile de 10 centimes.

931. Récépissés de livraisons. — Les récépissés délivrés aux planteurs de tabacs, des livraisons qu'ils effectuent, leur servent ultérieurement à toucher le montant de leur fourniture. Ils sont passibles du timbre de 10 centimes au moment seulement où ils sont acquittés.

TAXATIONS.

932. Débitants-distributeurs. — Les débitants-distributeurs de papier timbré donnent reçu par émargement, sur un état collectif, de la remise de 1 fr. 50 0/0 qui leur est allouée sur le prix d'achat des papiers et des timbres mobiles. Chaque reçu ayant pour objet une remise au-dessus de 10 francs est passible du timbre de 10 centimes.

933. Passeports à l'intérieur. — Les quittances par émargement données par les percepteurs pour la remise de 3 0/0 qui leur est accordée sur le prix des formules de passeports à l'intérieur, seraient également passibles du timbre de 10 centimes si ces quittances s'élevaient au-dessus de 10 francs.

TAXES A TÉMOINS.

934. Quittances. — Le timbre mobile de 10 centimes est applicable aux acquits des taxes à témoins, lorsqu'il s'agit de taxes au-dessus de 10 francs. — *Inst. 2424.*

TÉLÉGRAPHIE.

935. Transport du matériel. — Bulletin-récépissé. — Le bulletin-récépissé délivré par l'inspecteur des lignes télégraphiques, et qui accompagne le transport par les chemins de fer du matériel de l'administration des télégraphes, est exempt de timbre, attendu qu'il s'agit d'un transport effectué dans l'intérêt d'un service public. — *Déc. m. f. et Inst. 11 juin et 3 août 1873.* — *Inst. 2271-2.* — Mais la quittance du prix de transport qui serait donnée au pied du bulletin serait passible du timbre de 10 centimes dans le cas où ce prix s'élèverait au-dessus de 10 francs.

936. Taxes de la télégraphie privée. — Versements. — Sont exemptes de timbre les quittances à souche remises par les percepteurs aux receveurs des stations télégraphiques et les récépissés délivrés par les receveurs des finances, soit à ces derniers, soit aux percepteurs, pour constater le versement de ces taxes. — *Circ. Comp. 14 avril 1872, art. 4.*

937. Frais de surveillance. — Mais les récépissés des frais de surveillance des lignes télégraphiques sont assujettis au timbre de 25 centimes, attendu que ces frais ne constituent pas un impôt, mais une charge de la concession, et que les récépissés peuvent servir de justification de l'acquittement de cette charge. — *Même circ., art. 12.*

THÉÂTRES.

938. Billets de place. — Cartes d'abonnement. — Les billets de place et les cartes d'abonnement au théâtre sont soumis au droit de timbre de 10 centimes lorsque le prix de la place ou de l'abonnement excède 10 francs. — *Inst. 2124.*

939. Subventions. — Les quittances des subventions accordées à un théâtre sont sujettes au timbre de 10 centimes.

Droits des pauvres. — *V. ce titre.*

TIMBRE.

940. Quittance de droits de timbre. — Sont exemptes du timbre les quittances données par les receveurs de l'enregistrement pour prix de papiers timbrés ou pour payement de droits de timbre à la charge des communes ou des établissements publics. — *Inst. m. f. 20 juin 1859, art. 1009 et 1010.*

TIMBRE DE DIMENSION.

941. Quittance à la suite d'un écrit timbré. — L'acquit donné au pied d'un mémoire ou de tout autre écrit dûment timbré au timbre de dimension, est même passible du timbre spécial de 10 centimes (Séance du 22 août 1871). — *Inst. 2413, p. 19.*

942. Quittance seule écrite sur papier timbré. — Mais si la quittance elle-même était seule rédigée sur papier timbré au timbre de dimension, le timbre de 10 centimes ne serait pas appliqué. Il ferait double emploi avec le timbre de dimension qui n'aurait été employé qu'à raison de la quittance. *Non bis in idem.*

TIMBRE EXTRAORDINAIRE.

943. Timbrage de formules imprimées. — Les sociétés, compagnies et particuliers qui, pour s'affranchir de l'obligation d'apposer et d'oblitérer les timbres mobiles, veulent soumettre au timbre à l'extraordinaire des formules imprimées pour quittances, reçus ou décharges, sont tenus de déposer ces formules et d'acquitter les droits (sauf la remise de 2 0/0 accordée à titre de déchet) au bureau de l'enregistrement de leur résidence ou à celui désigné par l'administration, s'il existe plusieurs bureaux dans la même ville. — *Décr. 27 nov. 1871, art. 4.*

On ne peut timbrer les formules à l'extraordinaire qu'après l'impression. L'empreinte du timbre est apposée de manière à couvrir une partie de l'impression, et les formules imprimées en noir doivent être timbrées à *l'encre bleue.* — *Inst. 2424, p. 4.*

944. États de solde et d'émargement. — Registres de factage. — Les formules d'états de solde ou de paiement, dits états *d'émargement*, les registres de factage ou de camionnage et les autres documents pour lesquels il est dû un droit de timbre, par chaque payement excédant 10 francs, ou par chaque objet reçu ou déposé, ne peuvent être timbrés à l'extraordinaire qu'autant que le droit à percevoir par chaque page correspond à l'une des quotités des timbres de dimension en usage (actuellement 0 fr. 60, 1 fr. 20, 1 fr. 80, 2 fr. 40 et 3 fr. 60). — *Décr. 27 nov. 1871, art. 5.*

945. Chèques. — Carnet à souche. — Feuilles séparées. — On peut timbrer à l'extraordinaire des formules de chèques, alors même qu'elles ne formeraient pas un carnet à souche, attendu que cette condition n'est pas imposée par la loi du 14 juin 1865.

946. Chèques. — Libellé. — Si le libellé des formules présentées au timbre à l'extraordinaire ne contient rien de contraire aux prescriptions de la loi du 14 juin 1865 *(Inst. 2312)*, ou rien qui implique nécessairement qu'elles seront employées à l'émission de lettres de change, on doit les admettre à cette formalité.

947. Récépissés de chemins de fer. — Les récépissés à souche des chemins de fer sont timbrés à l'extraordinaire tant sur la souche que sur le récépissé. — *Inst. 2252.*

948. Récépissés des papiers remis pour être timbrés. — Les récépissés délivrés par les receveurs, des papiers déposés pour être timbrés à l'extraordinaire *(Inst. 2338),* sont exempts du timbre comme pièces d'ordre intérieur.

TIMBRE MOBILE.

949. Emploi pour les quittances. — 1° Timbre à 25 centimes. Ce timbre s'applique, en général, à toutes les quittances délivrées par les comptables publics à raison des recettes qu'ils opèrent pour le compte de l'État, des départements, des communes et des établissements publics. — *L. 8 juillet 1865, art. 4.*

2° Timbre à 10 centimes. Il est apposé sur tous titres émanant des particuliers, signés ou non signés, emportant libération, reçu ou décharge. Les exceptions sont indiquées à leur titre dans le corps de cet ouvrage.

950. Principaux écrits libératoires auxquels s'applique le timbre de 10 centimes. — Le timbre mobile de 10 centimes s'applique notamment :

Aux factures acquittées délivrées par les négociants et le commerce] de détail ;

Aux quittances et bordereaux concernant le payement des pensions, des ordonnances, des exécutoires, des taxes à témoins et autres ;

Aux mandats de toute nature payables sur les caisses publiques ; aux quittances qui constatent le payement des dividendes et intérêts par les sociétés et compagnies ; aux billets de place (théâtres, chemins de fer, etc.) et bulletins de bagages, ayant donné lieu à une perception supérieure à 10 francs ;

Aux reçus des objets transportés et livrés dont il est donné décharge (registres de factage, camionnage, livraison, etc.) ;

Aux émargements donnés pour acquit de leur solde ou salaire par les fonctionnaires, officiers et employés salariés par l'État, les communes, les établissements publics, les compagnies et les particuliers, pour des sommes excédant 10 francs ;

Aux quittances de loyers, d'honoraires, de bordereaux de négociation des agents de change, courtiers, etc. ;

Aux reçus de titres, valeurs ou objets négociés, livrés ou vendus, à l'exception des reçus d'effets de commerce. — *Inst. 2424, p. 1.*

951. Apposition et oblitération par les comptables publics. — Les comptables de deniers publics sont autorisés à apposer le timbre mobile sur les quittances qu'ils délivrent et sur celles qu'ils reçoivent en leur qualité. — *Inst. 2314. — Décr. 27 nov. 1871, art. 3.*

Dès que le timbre a été apposé, il est immédiatement annulé au moyen d'une griffe dont la forme a été réglée par arrêté ministériel du 20 juillet 1863. La griffe est appliquée à l'encre grasse et de manière à ce qu'une partie de son empreinte soit imprimée sur la feuille de papier, de chaque côté du timbre mobile. — *Inst. 2260.*

Les receveurs des postes ont la faculté d'annuler les timbres mobiles au moyen des griffes en usage pour l'oblitération des timbres-poste et en faisant porter l'empreinte, partie sur la feuille de papier, et partie sur le timbre mobile. — *Inst. 2260.*

951 bis. L'apposition d'un timbre mobile *insuffisant*, par un comptable qui *avait qualité* pour timbrer la pièce, ne donne lieu qu'à un supplément de droit, sans amende. — *Sol. 29 juillet 1871.* — Lorsqu'un comptable appose un timbre mobile sur un écrit *qu'il n'est pas autorisé* à timbrer, il n'encourt pas personnellement d'amende pour ce fait. L'arrêté du 20 juillet 1863 (Inst. 2260) le déclare passible de peines disciplinaires ; mais, la pièce étant considérée comme non timbrée, les parties qui l'ont rédigée restent débitrices des amendes et des droits de timbre, sans qu'il y ait lieu de tenir compte du droit déjà acquitté. — *Sol. 21 août et 30 nov. 1871.*

952. Apposition et oblitération par les sociétés. — Particuliers. — En ce qui regarde spécialement les écrits libératoires des agents comptables des sociétés, compagnies, établissements privés, et des particuliers, le timbre est collé et immédiatement oblitéré par l'apposition à *l'encre noire,* en travers du timbre, de la *signature* du créancier ou de celui qui donne reçu ou décharge, ainsi que de la date de l'oblitération.

Cette signature peut être remplacée par une griffe,

apposée à l'encre grasse, faisant connaître la résidence, le nom ou la raison sociale du créancier et la date de l'oblitération du timbre. — *Décr. 27 nov. 1871*, *art. 2.*

Les sociétés, compagnies, assureurs, etc., peuvent, en outre, sous leur responsabilité, oblitérer eux-mêmes au moyen de leur griffe le timbre des quittances qu'ils reçoivent lors du payement des intérêts et dividendes, ou lors du remboursement des titres.

952 bis. Oblitération des timbres mobiles. — Les compagnies de chemins de fer qui timbrent leurs billets et bulletins, ne sauraient être dispensées de se conformer aux prescriptions du règlement d'administration publique du 27 novembre 1871, en ce qui concerne l'oblitération des timbres mobiles. — *Sol. 20 déc. 1871. Ariége.*

953. Billets de chemin de fer. — Les billets de place délivrés par les compagnies et entrepreneurs, et dont le prix excède 10 francs, peuvent, si la demande en est faite, n'être revêtus d'aucun timbre ; mais ces compagnies et entrepreneurs doivent se conformer au mode de justification et aux époques de payement déterminés par un arrêté du directeur général de l'enregistrement (du 29 déc. 1871). — *Décr. 27 nov. 1871*, *art. 6.*— *V. Chemins de fer.*

954. A quel moment le timbre mobile doit être apposé. — L'apposition et l'oblitération du timbre mobile doivent précéder la signature du créancier. Une quittance, signée d'avance en vue du payement, trouvée entre les mains du *créancier* ou d'un tiers chargé du recouvrement, est en contravention si elle n'est pas revêtue du timbre mobile. Cependant le tribunal de Vouziers a décidé, le 30 janvier 1873, que l'apposition du timbre mobile n'est obligatoire qu'au moment de la remise de la quittance au débiteur. — *J. E. 19217-6.* — *R. p. 3584.* — Ce jugement a été déféré, par l'administration, à la censure de la Cour suprême.

Autres usages des timbres mobiles. — *V. n° 211.* — *V. Mandats-poste.*

955. Contraventions. — Sont considérés comme non timbrés : 1° les actes, pièces ou écrits sur lesquels le timbre mobile a été apposé sans l'accomplissement des conditions prescrites ou sur lesquels a été apposé un timbre ayant déjà servi ; 2° les actes, pièces ou écrits sur lesquels un timbre mobile a été apposé en dehors des cas prévus par la loi. — *V. n°ˢ 40, 41, 44, 45. — 372.*

956. Approvisionnement des comptables. — Les comptables publics prennent, chez les receveurs de l'enregistrement, les timbres qui leur sont nécessaires. Ils en payent le prix comptant et les comprennent comme numéraire dans leurs situations de caisse. — *Arr. du 20 juillet 1863, art. 4. — Inst. 2260.*

957. Carnet d'achat. — Les percepteurs des contributions directes, les receveurs municipaux et les receveurs des établissements de bienfaisance sont tenus d'avoir un carnet sur lequel est constatée chaque livraison de timbres à 25 centimes. Le rapprochement du nombre des timbres inscrit sur ce carnet de celui des quittances qui ont dû être timbrées à 25 centimes d'après le journal à souche , permet de s'assurer si toutes les quittances sujettes au droit de timbre ont réellement acquitté ce droit. — *Inst. 2328.*

958. Vente par les débitants de tabac. — L'administration peut faire vendre les timbres mobiles à 10 centimes par les débitants de tabac qu'elle juge à propos de désigner. La désignation est faite par le directeur de l'enregistrement de chaque département, de concert avec son collègue des contributions indirectes, et avec le préfet. — *Déc. m. f. 2 mars 1872. — Inst. 2436.*

959. Approvisionnement des débitants chez les entreposeurs de tabac. — Les débitants de tabac peuvent se fournir de timbres mobiles chez les entreposeurs où ils prennent leurs tabacs. Les entreposeurs s'approvisionnent chez le receveur de l'enregistrement de leur résidence chargé des débits auxiliaires ; ils payent comptant le prix des timbres , sous déduction de la remise de 1 fr. 50 c. par cent francs. Chaque livraison aux débitants de tabac est inscrite sur le carnet prescrit. — *Inst. 2459, p. 4.*

960. Débitants de tabac. — Minimum d'approvisionnement. — Les débitants de tabac chargés de la vente des timbres mobiles doivent toujours être pourvus d'un minimum de timbres , dont la quotité est fixée d'accord entre le directeur de l'enregistrement et celui des contributions indirectes. — *Inst. 2459 , p. 4.*

TRAITEMENTS.

961. Quittances. — Les quittances de traitement et émoluments des fonctionnaires, officiers des armées de terre et de mer , et employés salariés par l'État , les départements , les communes et tous les établissements publics , sont assujetties au droit de timbre de 10 centimes. — *L. 23 août 1871 , art. 18 et 20.*

Il doit être acquitté autant de droits de 10 centimes qu'il y a de quittances données par chaque fonctionnaire ou employé , individuellement , pour une somme de plus de 10 francs. — *V. nᵒˢ 487 et suiv.*

962. Agents communaux. — Les acquits de traitement donnés par les agents communaux sont passibles du timbre de 10 centimes dès qu'il s'agit de sommes supérieures à 10 francs.

La distinction qu'on faisait autrefois entre les traitements supérieurs et inférieurs à 300 francs est évidemment supprimée par les art. 18 et 20 de la loi du 23 août 1871.

962 bis. Débiteur du droit de timbre. — En droit, le timbre de 10 centimes est à la charge personnelle de *celui* (commune, département, établissement public, etc.) *qui doit le traitement,* sauf conventions contraires, auxquelles, d'ailleurs, l'administration ne peut que rester étrangère. — *Sol. 7 nov. 1873.*

963. Traitement mensuel inférieur à 10 francs. — L'émargement ou l'acquit d'un traitement mensuel de dix francs et au-dessous est exempt de timbre, car il n'est pas considéré comme à-compte du traitement annuel. Le traitement de chaque mois constitue une créance distincte. — *V. n° 10.*

963 bis. Comme conséquence, chaque quittance de la somme revenant à *chacun des employés* qui a rempli *successivement la même fonction*, constitue une quittance distincte qui n'est assujettie au timbre que s'il s'agit d'une somme excédant 10 francs, alors que le traitement annuel applicable à la fonction est supérieur à 10 francs. — *Sol. 7 juillet 1873.* — *Comp. Ins. 1370, § 9.*

964. Mandats pour ordre. — Les mandats de traitement délivrés pour ordre au nom d'intermédiaires (préfets, secrétaires des facultés, greffiers des cours et tribunaux, etc.), sont affranchis du droit de timbre parce que les quittances de traitements ou états d'émargement à l'appui doivent naturellement être timbrés. — *Circ. Comp. 14 avril 1872, art. 24, n° 6.*

TRAITES.

965. Service de la marine. — **Tabacs.** — **Fonds commun des chancelleries consulaires.** — Sont exempts de timbre, par application de l'art. 20 de la loi du 23 août 1871, les acquits dont peuvent être revêtus : 1° les traites tirées pour les dépenses de la marine et des services coloniaux ; 2° les traites tirées par les consuls de France à l'étranger pour le service des tabacs ; 3° les traites des chancelleries consulaires tirées de l'étranger à l'ordre du caissier central du Trésor.

966. Traites forestières. — **Récépissés.** — Dé-

charges. — Sont assujettis au timbre de 25 centimes les récépissés délivrés aux adjudicataires, constatant la remise des traites par eux souscrites pour prix de vente de bois ou de coupes de bois de l'État, des communes et des établissements publics. — *Circ. Comp. 14 avril 1872, art. 2, n° 57* (1).

Mais il y a exemption de timbre pour les récépissés de traites déposées à la trésorerie générale par les receveurs des communes et des établissements publics, et pour les décharges de ces dépôts, ces opérations étant d'ordre administratif. — *Même circ., art. 56.*

TRAVAUX.

967. Travaux en régie. — Agents des ponts et chaussées. — Reçus. — Les reçus donnés par des agents des ponts et chaussées aux trésoriers généraux, de fonds destinés à payer les salaires d'ouvriers employés par l'État ou les départements, sont exempts de timbre. Mais chacun des acquits fournis par les parties prenantes, sur les états de solde ou de décomptes, doit être timbré à 10 centimes si la somme payée excède 10 francs.

968. Travaux en régie. — Remboursements d'avances — Les mandats de payement pour remboursement d'avances, quittancés par les agents chargés de la direction des travaux exécutés en régie, sont exempts de timbre comme pièces d'ordre intérieur. — *Déc. m. f. 16 août 1853. — Inst. 2003-4.*

---

(1) Cette solution ne nous paraît pas exacte.

969. Travaux publics. — Frais et honoraires à la charge des particuliers. — Sont sujets au timbre de 10 centimes les acquits dont sont revêtus les mandats d'avances délivrés par les préfets, sur les budgets départementaux, au profit des ingénieurs, à charge de faire face aux frais des travaux publics qu'ils effectuent, dans certains cas, pour le compte des particuliers. — *Déc. m. f. 13 mars 1865.* — *D. 2341-5.*

Sont soumis au timbre de 25 centimes les récépissés des receveurs des finances constatant le recouvrement sur les particuliers des avances faites aux ingénieurs. — *Circ. Comp. 14 avril 1872, art. 15, n° 5.*

970. Travaux d'art, de salubrité, etc. — Taxes. — Les quittances des receveurs des communes constatant le payement des taxes pour les travaux d'art, de salubrité, etc., sont sujettes au droit de timbre de 25 centimes. — *V. les mots Mémoires, Prisons, etc.*

TRÉSOR PUBLIC.

971. Placements de fonds. — Retraits. — Le placement de fonds à la caisse du Trésor, par les communes et établissements publics, ne constitue pas une opération réelle de recette; c'est un véritable prêt dont le titre consiste en un récépissé que le déposant conserve comme une valeur en portefeuille et non comme récépissé libératoire. Ce récépissé est de tout point assimilable aux effets publics (bons du Trésor, traites, etc.), et, à ce titre, exempt de timbre.

Les quittances constatant les retraits des dépôts

sont également exempts de timbre. — *Circ. Comp. 14 avril 1872, art. 32.*

972. Bons du Trésor. — Acquits. — Dépôts. — Les bons du Trésor constituant des valeurs négociables, il n'y a pas lieu d'exiger le timbre de 10 centimes pour les acquits dont ils peuvent être revêtus. Les reconnaissances de dépôts de fonds à placer en bons du Trésor ou de bons à renouveler, délivrées par les receveurs des finances , sont considérées comme pièces d'ordre intérieur, exemptes de timbre. — *Circ. Comp. 14 avril 1872, art. 70.*

973. Restitutions au Trésor.— Les récépissés des receveurs des finances pour versement de sommes restituées au Trésor, sont soumis au timbre de 25 centimes. — *Circ. Comp. 14 avril 1872, art. 54.*

974. Caissier central du Trésor. — Fonds reçus des trésoriers généraux. — Les récépissés de fonds reçus par le caissier central du Trésor des trésoriers généraux, sont exempts de timbre comme constatant un versement de comptable à comptable pour les besoins du service.

TRÉSORIERS GÉNÉRAUX.

975. Transmissions de fonds entre comptables. — Sont exempts de timbre comme constatant des versements opérés de comptable à comptable, pour les besoins du service, les récépissés des trésoriers généraux et des receveurs des finances, délivrés aux titres ci-après :

Remises du caissier du Trésor ;

Fonds reçus des trésoriers généraux ;

Fonds reçus des trésoriers-payeurs d'Afrique ou des colonies ;

Remises des payeurs d'armée ;

Fonds envoyés aux trésoriers généraux ;

Fonds envoyés aux trésoriers-payeurs d'Afrique ou des colonies ;

Envois aux payeurs d'armée. — *Circ. Comp.* 14 *avril 1872, art. 50.*

976. Opérations d'ordre. — Sont également exempts de timbre les récépissés et les quittances des trésoriers généraux relatifs à des recettes et à des dépenses d'ordre intérieur ou de comptabilité.

976 bis. — *L'acquit* mis sur un bordereau d'agent de change, constatant l'achat de rentes par la chambre syndicale, *d'après la demande du trésorier général* transmise par le directeur du mouvement général des fonds, pour le compte du sieur X..., qui avait versé les fonds au trésorier général contre quittance timbrée à 10 centimes, étant uniquement destiné à établir la situation du compte existant entre le Trésor et la chambre syndicale des agents de change, et étant exigé pour le service intérieur des finances, *doit être considéré comme une simple mention d'ordre, exempte de timbre.* — *Sol. 12 nov. 1873.*

977. Fonds disponibles versés à la caisse de la Banque de France. — Récépissés. — Les récépissés délivrés aux trésoriers généraux qui versent leurs fonds disponibles dans la caisse des succursales de la Banque de France, sont exempts de timbre ; la Banque est un intermédiaire entre le Trésor et les trésoriers généraux.

978. Mandats des trésoriers généraux.—Acquits. — Les acquits apposés sur les mandats des trésoriers généraux sont exempts de timbre par application de l'art. 20 de la loi du 23 août 1871. — *Circ. Comp.*, *art. 34 et 69.*

979. Dépôts de fonds remboursables à terme. — Les reconnaissances délivrées par les trésoriers généraux, pour dépôts effectués par les particuliers, de fonds remboursables à terme, avec intérêts, présentent tous les caractères d'obligations de sommes et doivent être rédigés sur du papier au timbre proportionnel. — *Circ. Comp. 14 avril 1872, art. 72, n° 20.*

980. Récépissés de titres nominatifs. — Le récépissé, donné par un trésorier général, de titres nominatifs à lui déposés pour encaissement de dividendes, doit être revêtu du timbre de 10 centimes.

981. Intérêts de la dette flottante. — **Frais de trésorerie.** — **Émoluments des trésoriers généraux.** — Sont assujetties au timbre de 10 centimes les quittances des trésoriers généraux apposées sur les extraits trimestriels d'autorisation de payement, ainsi que les quittances du trésorier général et du receveur particulier, produites à l'appui des décomptes d'émoluments, de remises sur placements des communes et d'autres allocations. — *Circ. Comp. 14 avril 1872, art. 18.*

982. Remises sur le produit des coupes extraor-dinaires des bois des communes. — Sont soumises au timbre de 10 centimes les quittances des remises allouées aux trésoriers généraux sur le produit des coupes extraordinaires des bois des communes et des établissements publics.

983. Trésorier général des invalides de la ma-rine. — Recouvrements et payements pour son compte. — Les récépissés que les receveurs des finances se délivrent à eux-mêmes pour la recette, ou qu'ils délivrent au trésorier des invalides, sont exempts de timbre; mais les récépissés délivrés aux particuliers sont passibles du timbre de 25 centimes.

Quant à la dépense, il n'y a pas lieu de timbrer les quittances données par le trésorier des invalides au pied des certificats de remise de fonds, cette opération étant purement d'ordre. Mais les pièces des dépenses acquittées pour son compte doivent être timbrées à 10 centimes, à raison des quittances y apposées. — *Circ. Comp. 14 avril 1872, art. 34.*

TRONCS.

984. Quittances. — Sont exempts de timbre les quittances des receveurs municipaux ou hospitaliers constatant le versement des sommes trouvées dans les troncs. — *Sol. 12 mars 1859. — Dict. de M. Sollier, art. 998.*

UNIVERSITÉ. — *V. n° 425.*

VACCINATIONS.

985. Quittances des médecins. — Sont sujettes au timbre de 10 centimes les quittances des indemnités accordées aux médecins et officiers de santé pour vaccinations gratuites. — *Inst. 1132-16.*

VENTES.

986. Récépissés et quittances. — Sont assujettis au timbre de 25 centimes les récépissés et quittances délivrés aux particuliers pour versement dans les caisses publiques du produit des ventes ou adjudications des propriétés mobilières ou immobilières de l'État, des départements, des communes et des établissements publics, des marchandises et des poudres abandonnées en douane et dans les magasins de l'État, des objets mobiliers déposés aux greffes, des épaves maritimes, des animaux abandonnés, des objets déposés aux lazarets, des articles de messagerie non réclamés et autres épaves de terre.

987. Frais de vente. — Les quittances de sommes payées à divers pour frais de vente (estimation, impression, port et apposition d'affiches, criée, bougies, etc.), sont passibles du timbre de 10 centimes.

988. Avances de frais par les receveurs de l'enregistrement. — Régularisation. — Les quittances données par les receveurs de l'enregistrement, au bas des mandats qui leur sont délivrés en remboursement des frais de vente par eux avancés, sont exemptes de timbre.

VERSEMENTS.

989. Comptables publics. — Sont exceptés du droit de timbre les récépissés délivrés par les trésoriers généraux et par les receveurs particuliers des finances pour les versements faits par les percepteurs et receveurs de deniers publics. — *L. 13 brumaire an 7, art. 56, et déc. m. f. 1er mai 1822. — Inst. 1041.*

990. Intérêts privés. — Sont soumis au timbre de 25 centimes les récépissés des receveurs des finances pour les recettes excédant 10 francs qui n'ont pas le caractère de contribution directe, mais qui, quant aux parties versantes, concernent exclusivement des intérêts privés. — *Dict. de M. Sollier, art. 811.*

VIDANGES.

991. Adjudication. — **Marché.** — **Quittances.** — Est assujettie au timbre de 25 centimes la quittance délivrée par un receveur municipal en payement du prix d'une adjudication passée pour l'enlèvement des boues et des vidanges des fosses d'aisance d'une ville. S'il s'agit du prix d'un marché payé par la ville, la quittance de l'entrepreneur est sujette au timbre de 10 centimes.

VIREMENTS DE FONDS.

992. — Les récépissés auxquels donnent lieu les virements de fonds entre comptables sont exempts de timbre, attendu que ces virements constituent de simples opérations de comptabilité.

VISITEURS.

993. — Sont sujettes au timbre de 25 centimes les quittances de sommes au-dessus de 10 francs payées aux visiteurs des bestiaux mis en vente dans les foires et marchés et aux visiteurs des fours et cheminées, dans l'intérêt de la sécurité publique. — *Dict. de M. Sollier, art. 1010.*

VOITURES.

V. Chevaux, Voitures et Stationnement.

VOITURIERS.

V. Entrepreneurs de transports, Messagers.

FIN DU DICTIONNAIRE.

APPENDICE

EXTRAIT DU RAPPORT

Fait à l'Assemblée nationale au nom de la Commission du budget (1), chargée d'examiner le projet de loi ayant pour objet d'établir des augmentations d'impôts et des impôts nouveaux (enregistrement et timbre), par M. Mathieu-Bodet, *membre de l'Assemblée nationale, et déposé dans la séance du 20 juillet 1871.*

§ XII. — Droit de timbre sur les quittances.

Art. 18 à 23. — La loi du 13 brumaire an VII a soumis au droit de timbre tous les actes civils et judiciaires, toutes les écritures qui peuvent être produites

---

(1) Cette Commission était composée de MM. le comte Benoist - d'Azy, *président;* de Lasteyrie, Casimir Périer, *vice-présidents;* Lambert de Sainte-Croix, Cochery, Magnin, Caillaux, *secrétaires;* Princeteau, le marquis de Larochejacquelin, Beulé, le duc Decazes, Plichon, Mathieu-Bodet, le général baron de Chabaud-Latour, le marquis de Talhouet, Bocher, Leurent, Teisserenc de Bort, Germain, Raudot, Ancel, Paris, Buffet, de Labouillerie, Leblond. Breton, Gouin, Broët, de Lavergne, Guichard.

en justice et y faire foi (1). Elle y a soumis, spécialement, les quittances de sommes supérieures à 10 fr. (2).

Ce droit a été élevé successivement. Il est actuellement, pour les feuilles de la plus petite dimension, de 50 c. (3).

Le timbre sur les quittances ne donne, en ce moment, presque rien au Trésor ; si l'on excepte les fournisseurs de l'État, des communes et des établissements publics, dont les quittances sont l'objet d'un contrôle effectif, personne n'acquitte le droit.

L'inexécution de la loi, sur ce point, provient de plusieurs causes :

Le droit de timbre, dans le plus grand nombre de cas, est trop élevé.

Actuellement, le papier est timbré à l'avance. Les parties, n'ayant pas la précaution de s'en approvisionner, sont le plus souvent dans l'impossibilité de s'en procurer quand elles ont à en faire usage.

Les amendes ne sont pas suffisamment élevées.

---

(1) *L. 13 brumaire an 7.* — Art. 1er. La contribution du timbre est établie sur tous les papiers destinés aux actes civils et judiciaires, et aux écritures qui peuvent être produites en justice et y faire foi. Il n'y a d'autres exceptions que celles nommément exprimées dans la présente.

(2) Art. 2. Sont exceptés du droit de la formalité du timbre, savoir :

. . . .

Toutes autres quittances, même celles entre particuliers, pour créances en sommes non excédant 10 fr., quand il ne s'agit pas d'un à-compte ou d'une quittance finale sur plus forte somme.

(3) Loi du 2 juillet 1862, art. 17

Enfin, l'administration n'a pas les moyens suffisants pour assurer la perception des taxes.

La commission a pensé qu'il ne suffisait pas de maintenir le droit de timbre sur les quittances , qu'il fallait encore édicter un ensemble de dispositions pour assurer le payement de ce droit.

Elle croit qu'elle atteindra ce but en abaissant sensiblement les taxes, en rendant le mode de perception facile, en édictant une pénalité sévère, et en donnant à l'administration des moyens de contrôle qui lui manquaient antérieurement.

Elle s'est particulièrement préoccupée des résultats obtenus en Angleterre. Jusqu'en 1853, dans le Royaume-Uni comme en France, les quittances devaient être rédigées sur papier timbré ; la taxe était proportionnelle. L'impôt ne produisait presque rien. Le chancelier de l'Échiquier (M. Gladstone) proposa de supprimer le droit proportionnel , de le remplacer par un droit fixe de 1 penny sur toutes les quittances de 2 livres , et de permettre l'usage des timbres mobiles. Le système de M. Gladstone eut un succès complet. Voici ce que dit à ce sujet une note du consul français à Londres :

« M. Gladstone , en rendant compte des résultats à la « Chambre des communes, quelques mois après la mise « à exécution du statut, annonça que le produit avait de « beaucoup dépassé l'attente. L'empressement apporté « dans tout le pays à se procurer des timbres fut en effet « si grand, que l'administration chargée de les fabriquer « ne put que difficilement satisfaire à toutes les deman-« des. La consommation avait pris des proportions in-« connues jusque-là, ce qu'explique du reste la modicité « du droit ; et le chancelier de l'Échiquier put dire avec « raison que l'obéissance qui, sous l'ancienne loi, n'avait

« été que l'exception, était devenue la règle. On est una-
« nime aujourd'hui à reconnaître, après une expérience
« de plusieurs années, que jamais la loi n'a mieux fonc-
« tionné, n'a mieux concilié tous les intérêts, en assu-
« rant le payement de l'impôt sans qu'il en résulte pour
« le contribuable aucune perte de temps ni aucun dé-
« rangement. »

La commission fait l'application du même système en
France. L'article 18 abaisse à 10 centimes le droit de timbre auquel sont imposées les quittances. Ce droit fixe de
10 centimes sera perçu sur toutes les quittances ou acquits
donnés au pied des factures; sur les reçus et décharges de
sommes, titres, valeurs et objets; la loi ajoute : « et généralement tous les titres de quelque nature qu'ils soient,
signés ou non signés, qui emporteraient libération, reçu
ou décharge », pour empêcher qu'on ne parvienne à élu-
der les dispositions fiscales au moyen de conventions ou
déclarations faites à l'avance, ou de tout autre signe conventionnel qui remplacerait les quittances, bien que la
signature du créancier ne fût pas apposée sur le titre.

Les termes généraux de l'article 18 comprennent, dans
leur définition, les billets de chemins de fer, car ces billets emportent libération et décharge; par conséquent,
lorsqu'un billet donnera lieu à une perception supérieure
à dix francs, il sera sujet au droit de timbre de 10 centimes. Ainsi, pour un trajet en chemin de fer d'environ
80 kilomètres et au-dessus, en première classe, le voyageur payera une taxe supplémentaire de 10 centimes; en
seconde classe, la taxe ne sera perçue que pour un trajet
de plus de 115 kilomètres; elle ne sera exigible que pour
un trajet excédant 160 kilomètres en troisième classe.

La commission n'a pas considéré le bulletin de bagages
comme un reçu d'objets, mais comme un reçu de som-

mes. Par suite, il ne donnera ouverture au droit de 10 centimes que lorsque le prix de l'excédant de bagages s'élèvera au-dessus de 10 francs.

Le droit de 10 centimes est dû par chaque quittance, reçu ou décharge. Ce n'est pas, en effet, un droit de timbre sur la consommation du papier, c'est une taxe prélevée sur l'écrit libératoire, indépendante, par conséquent, de la dimension du papier.

La taxe sera perçue au moyen de timbres mobiles. Les négociants pourront, néanmoins, faire usage de papiers timbrés à l'avance. L'article 19 leur accorde, dans ce dernier cas, un déchet de 2 pour 100.

La commission soumet également au droit de 10 centimes les chèques créés par la loi du 14 juin 1865, quelles que soient les sommes qui y seront portées. Ces titres peuvent, sans aucun inconvénient, être assujettis à un droit aussi minime.

L'impôt ne peut être productif, à raison de son abaissement, qu'à la condition de frapper toutes les quittances, reçus, décharges, même les quittances des arrérages des rentes sur l'État, de toute créance, même des traitements des fonctionnaires, employés, officiers de l'armée, qui, jusqu'ici, ont été affranchis de toute taxe (1).

L'article 20 admet des exceptions pour les acquits au pied des effets de commerce qui ont déjà acquitté le droit proportionnel, et pour les quittances énumérées en l'article 16, relatives au payement des contributions directes, des droits d'enregistrement, et de la solde des troupes.

Quant aux quittances délivrées par les comptables de deniers publics, à celles des douanes et des contributions

---

(1) Article 16 de la loi du 13 brumaire an 7.

indirectes, et aux envois de valeurs confiées à la poste, elles sont aujourd'hui soumises à un droit de timbre et à une législation spéciale. Cette législation est maintenue.

La commission s'est occupée particulièrement de la sanction de la loi et des moyens d'en assurer l'exécution.

La loi prononce une amende de 50 francs contre le créancier qui a consenti à délivrer une quittance ou un reçu non timbré. Cette amende, qui n'a, d'ailleurs, rien d'excessif, est celle qui est édictée contre les actes sous signatures privées non timbrés. Bien que la loi civile déclare que les frais de quittance sont supportés par le débiteur, il est naturel de mettre l'amende à la charge du créancier, car c'est lui qui commet, en réalité, la contravention en signant la quittance ou le reçu sur une pièce qui n'a pas acquitté l'impôt. C'est, d'ailleurs, le seul moyen de l'intéresser à l'exécution de la loi. L'amende contre le débiteur aurait porté ce dernier à dissimuler avec plus de soin l'existence des quittances irrégulières au point de vue du fisc.

C'est, du reste, le système de répression employé en Angleterre, où il a produit de bons résultats. L'amende, en Angleterre, est de 250 francs.

Les agents de l'administration de l'enregistrement auront le droit d'exiger la représentation des pièces de comptabilité déposées au siége des grandes compagnies, telles que les compagnies de chemins de fer, d'assurance, de transport et de navigation. Cette faculté n'a rien d'insolite : tous les établissements publics y sont soumis, et les compagnies elles-mêmes ont été assujetties aux vérifications des employés de l'enregistrement pour l'assiette et le recouvrement des droits imposés par les lois du 5 juin 1850 sur le timbre des actions et obligations, et des polices d'assurances de toutes natures, du 23 juin

1857 sur le droit de transmission, du 13 mai 1863 sur les récépissés de chemins de fer, et du 13 août 1810 sur les colis et objets abandonnés chez les entrepreneurs de transports.

Les compagnies sont appelées à donner et à recevoir un grand nombre de quittances et de reçus. Nous exigeons qu'elles se conforment strictement à la loi nouvelle. Leur exemple sera suivi, et il contribuera efficacement à vulgariser les prescriptions de la loi fiscale.

Les contraventions seront constatées par tous les agents qui sont déjà autorisés à verbaliser en matière de timbre. Nous y ajoutons les agents de la force publique : il importe, en effet, que la surveillance soit aussi étendue que possible pour atteindre le but que nous nous proposons. La loi ne demande pas compte aux agents des moyens par lesquels ils se sont procuré les pièces qui constatent la contravention ; elle exige seulement la représentation de ces pièces ou l'aveu de la contravention par ceux qui l'ont commise. Un quart des amendes recouvrées sera attribué aux agents qui auront ainsi constaté la fraude.

Il est bien entendu que la quittance ne sera pas obligatoire. Si le débiteur veut s'exposer à payer une seconde fois en cas de réclamation nouvelle de la part du créancier, par suite d'oubli ou d'autre cause, il sera libre de ne pas se faire donner une quittance. Mais s'il y a une quittance sans payement du droit de timbre, l'amende sera encourue.

Il est difficile de déterminer, *à priori*, le produit du droit de timbre à 10 centimes. Il sera, dans tous les cas, considérable ; en effet, la taxe s'applique à toutes les factures acquittées, délivrées par les négociants et par le commerce de détail, au payement des rentes sur l'État, des dividendes et des intérêts des compagnies, aux billets et aux bulletins de bagages des chemins de fer ayant donné lieu à une perception supérieure à 10 francs, aux reçus des objets transportés dont le destinataire donne décharge sur les registres de factage, aux émargements individuels donnés chaque mois par les fonctionnaires, officiers, employés, salariés de l'État, des départements, des communes et des compagnies; aux chèques, aux quittances de loyer; aux reçus pour livraison de titres ou valeurs négociés ou déposés, etc.

Le nombre de toutes ces pièces peut être annuellement de plus de 100 millions; la commission a prévu en conséquence une recette de 10 millions qui sera probablement dépassée.

DISCUSSION DE LA LOI DU 23 AOUT 1871

Séance de l'Assemblée nationale du 22 août 1871.

. . . .

« Art. 18. — A partir du 1er décembre 1871, sont soumis à un droit de timbre de 10 centimes :

« 1° Les quittances ou acquits donnés au pied des factures ou mémoires; les quittances pures et simples, reçus ou décharges de sommes, titres, valeurs ou objets, et en général tous les titres, de quelque nature qu'ils soient, signés ou non signés, qui emporteraient libération, reçu ou décharge.

« 2° Les chèques tels qu'ils sont définis par la loi du 14 juin 1865, dont l'art. 7 est et demeure abrogé.

« Le droit est dû pour chaque acte, reçu, décharge ou quittance ; il peut être acquitté par l'apposition d'un timbre mobile, à l'exception toutefois du droit sur les chèques, lesquels ne peuvent être remis à celui qui doit en faire usage sans qu'ils aient été revêtus de l'empreinte du timbre à l'extraordinaire. Le droit de timbre de dix centimes n'est applicable qu'aux actes faits sous signatures privées et ne contenant pas de dispositions autres que celles spécifiées au présent article. »

. . . .

. . . .

M. de Soubeyran propose, sur le second paragraphe de l'art. 18, un amendement ainsi conçu :

« Les chèques, tels qu'ils sont définis par la loi du 14 juin 1865, ne seront soumis au timbre de 10 centimes qu'à partir de 1876. »

La parole est à M. de Soubeyran.

M. DE SOUBEYRAN. Messieurs, les observations qui ont été présentées il y a quelques instants par M. le Président, au sujet de l'amendement de M. Rouveure, me rendent très-faciles les explications que j'ai à vous présenter.

M. le Président vous a fait observer que la loi de 1865 était une loi complète sur les chèques, et qu'on ne pouvait pas, incidemment, remanier une loi spéciale. Nous aurons bientôt à examiner une proposition de M. Rouveure sur l'usage des chèques, — du moins M. Rouveure vient d'annoncer son intention de présenter un projet de loi spécial ; — je viens, en attendant, vous demander de vouloir bien supprimer de l'article 18 le paragraphe 2. Voici pourquoi : En 1865, on a jugé à propos de présenter une loi sur les chèques, et l'art. 7 de cette loi est ainsi conçu :

« Les chèques sont exempts de tout droit de timbre pendant dix ans. »

La loi de 1865 a été discutée très-longuement ; deux commissions spéciales ont été nommées ; on a examiné, dans ces deux commissions, si on pouvait présenter un droit de timbre de 5 centimes ou de 10 centimes, ou un droit de 1 centime par 1,000 francs. Après un examen approfondi, on a reconnu qu'il était impossible de frapper les chèques d'un droit de timbre ou d'enregistrement quelconque sans nuire à leur développement.

Aujourd'hui, où vous avez à payer des sommes considérables à l'étranger, deux milliards en numéraire, il ne vous échappera pas que la question a une grande importance. En effet, pour faire les opérations commerciales du pays, en France on a l'habitude de se servir , en grande partie, de numéraire et de billets de banque.

Aujourd'hui, vous êtes obligés de payer en numéraire 2 milliards, ou plutôt 1 milliard 675 millions , puisque 325 millions doivent être payés par une compensation provenant de l'achat d'une partie des chemins de fer de l'Est par la Prusse.

Ces 1 milliard 675 millions qui doivent sortir ne peuvent être remplacés dans la circulation que par des billets de banque ou par des sommes que l'étranger vous doit et qu'il a à payer en France, ou par une progression sensible dans l'usage des chèques.

En 1868 et 1869, on a été frappé d'un fait très-digne d'attention ; le stock métallique de la Banque de France augmentait dans une forte proportion. De 500 millions, il est arrivé à 1 milliard 200 millions, et on a pu constater que cet accroissement énorme du numéraire de la Banque coïncidait avec l'augmentation des dépôts de fonds dans les institutions de crédit, chez les banquiers, et avec les progrès de l'organisation du crédit par suite des règlements plus fréquents en chèques des opérations commerciales engagées. Ce fait s'est produit également dans tous les pays où l'usage des chèques a été introduit.

L'emploi multiplié des chèques, son organisation par suite d'une chambre de liquidation, a produit en Angleterre ce magnifique résultat que, d'après les économistes les plus autorisés, ce grand pays, qui a des relations commerciales énormes avec le monde entier, est parvenu à y faire face avec un stock métallique que l'on évalue à 1 milliard 500 millions seulement, tandis qu'en France on estime qu'il faut, pour rendre au commerce les mêmes services, 6 milliards.

Si, sur cette somme de 6 milliards, on enlève 1 milliard 675 millions, et si, en même temps, on frappe l'instrument de crédit si ingénieux et si utile qui a été mis à la disposition du commerce français, dont l'usage a été règlementé en 1865, comment se feront les opérations commerciales ? Ne devez-vous pas vous préoccuper de la gêne qui peut se produire inopinément sur le marché, et dont l'article introduit incidemment dans une loi d'enregistrement sera peut-être la cause ?

Je pourrais entrer dans de plus grands développements sur ce sujet ; mais l'Assemblée a bien voulu reconnaître tout à l'heure qu'on ne peut toucher à la loi si importante de 1865 sans un examen approfondi, et vous devez reconnaître que le paragraphe 2 de l'art. 18 du projet de loi en discussion enlève à la loi concernant les chèques une de ses parties essentielles. La loi de 1865, veuillez ne pas l'oublier, n'accorde l'exemption de tout droit de timbre que pour dix ans, et en Angleterre, où on connaît si bien toutes ces questions, l'exemption, le privilége, si vous le voulez, accordé aux chèques, a duré cinquante années.

Nous vous demandons donc, Messieurs, de respecter l'article 7 de la loi de 1865, et de vouloir bien remarquer que l'article 18 de la loi est un article nouveau introduit par la commission. Le gouvernement, en effet, soucieux des intérêts du commerce, préoccupé, dans les graves circonstances actuelles, de ne pas porter atteinte à un utile instrument de crédit, n'avait pas compris dans la loi de l'enregistrement le droit de timbre qui vous est proposé aujourd'hui par la commission.

Nous vous demandons, Messieurs, de prendre l'amendement en considération et de le renvoyer à la commission. (Marques d'assentiment sur divers bancs.)

M. LE RAPPORTEUR. Je désire donner à l'Assemblée une très-courte explication pour justifier l'article, ou plutôt le paragraphe qui vous est soumis.

Ce que vient de dire l'honorable M. de Soubeyran est parfaitement exact. Il est certain que dans la loi du 14 juin 1865, quand on a dispensé les chèques des droits de timbre, on a entendu non-seulement les exempter du timbre proportionnel, mais encore du timbre fixe. J'ai vérifié moi-même le fait, je m'en serais d'ailleurs rapporté parfaitement à la déclaration de l'honorable M. de Soubeyran.

Ainsi, il y a un engagement primitif qui a été pris en 1865 de ne pas timbrer les chèques avant dix ans, c'est-à-dire jusqu'en 1875, et non jusqu'en 1876, comme le dit l'amendement.

Je dois dire que nous n'avons point entendu porter atteinte à cet engagement; car les engagements qui sont pris par le législateur d'une époque antérieure lient le législateur de l'époque subséquente.

M. Langlois. Mais non !

M. le Rapporteur. Vous allez voir comment nous avons entendu respecter les engagements antérieurs ; voici comment nous avons raisonné.

Nous avons dit et nous reconnaissons que les titres qui se présentent sous la forme d'un chèque ne doivent être frappés d'aucun droit de timbre, pas plus d'un droit proportionnel que d'un droit fixe.

Mais quel est le droit que nous établissons maintenant ? (Bruit.)

Messieurs, ce que je vais dire n'est pas une subtilité, cela est très-sérieux.

Le droit de quittance et le droit de timbre sur les titres se confondent-ils ? Non, Messieurs, et la preuve, c'est que les titres qui sont assujettis au droit de timbre n'en sont pas moins soumis au droit de quittance, s'ils n'en ont pas été expressément exemptés ; par conséquent, le chèque, qui a été affranchi du droit de timbre par la loi de 1865, doit rester dans les conditions d'un titre qui aurait donné lieu à la perception du droit, et, comme les autres titres timbrés, il doit être assujetti au droit particulier de 10 centimes, qui est un droit de quittance.

Voilà ce que nous avons entendu faire ; par conséquent, nous n'avons point eu l'intention de violer l'article 7 de la loi de 1865.

Pourquoi avons-nous assujetti les chèques au droit fixe de quittance de 10 centimes ? Parce que nous avons voulu atteindre tous les reçus, sans autres exceptions que celles qui sont contenues dans la loi. Cet impôt ne sera productif qu'à la condition qu'il sera général. Si vous voulez faire des distinctions plus ou moins légitimes, plus ou moins justifiées, vous ne savez pas où vous vous arrêterez et vous manquerez le but que vous voulez atteindre.

Je reconnais que les observations économiques qui ont été présentées tout à l'heure par l'honorable M. de Soubeyran sont très-sérieuses.

Si l'Assemblée pense qu'un droit de 10 centimes sur le reçu, car le chèque, qui est un titre de créance pendant qu'il est dans les mains du bénéficiaire, devient un reçu quand il a été acquitté, quand il est dans la caisse de l'établissement dépositaire ; si l'Assemblée, dis-je, croit que ce droit fixe de dix centimes est de nature à entraver, à gêner ce courant qui s'est établi, qui porte les capitaux oisifs dans les caisses des établissements dépositaires où ils deviennent productifs, il ne faut pas l'établir, il faut en affranchir les chèques, sans hésiter.

Nous devons encourager ces dépôts par les raisons excellentes qui ont été données tout à l'heure par l'honorable M. de Soubeyran, raisons auxquelles j'ai applaudi de tout cœur. Si le droit de quittance entrave réellement ces dépôts, vous avez raison, il ne faut pas l'établir.

Mais nous avons examiné cette question ; nous avons pensé que le droit de dix centimes, qui est un droit vraiment bien minime, ne changera nullement cette habitude. Nous avons, pour la plupart, des comptes courants dans des établissements dépositaires ; nous faisons chaque jour usage de chèques, et, pour moi, je déclare que ce droit de 10 centimes ne m'y fera pas renoncer.

Si vous pensez que ce droit ne peut mettre un obstacle sérieux à ces dépôts, vous maintiendrez ce droit de quittance ; si, au contraire, vous croyez qu'il peut les entraver, vous ne le consacrerez pas par votre vote. (Très-bien ! très-bien !)

M. DE SOUBEYRAN. Messieurs, il ne s'agit pas en ce moment de savoir si le droit de 10 centimes peut gêner, entraver l'usage du chèque ; permettez-moi de vous dire que la question a une importance beaucoup plus considérable. C'est celle-ci : Quand vous créez, en vertu de la loi, un droit, une faveur, si vous voulez, et qu'en vertu de cette loi, qui constitue un droit, il s'établit des usages qui sont utiles au commerce et à l'industrie, est-il sage, est-il utile de revenir incidemment, subrepticement, je puis dire, sur les prescriptions d'une législation spéciale? Nous ne le pensons pas, et nous croyons qu'il y a tout intérêt pour le Trésor, pour la Commission, pour l'Assemblée, à respecter la loi. (Marques d'assentiment sur plusieurs bancs.)

Maintenant, quant aux observations présentées par M. le rapporteur, je dois ajouter que les arguments qu'il vient d'exposer devant vous sont en faveur de la thèse que je défendais tout à l'heure.

Il vous est facile de le reconnaître, si vous rapprochez le deuxième paragraphe de l'article 18 de l'article 20, toutes les observations présentées tout à l'heure avec beaucoup de modération par M. le rapporteur, ce sont les mêmes arguments que nous avons entendus en 1865; les prétentions du fisc étaient les mêmes en 1865; elles ont été rejetées. (Mouvements divers).

M. BENOIST-D'AZY. Il s'agit d'un impôt de 10 centimes par chèque; croyez-vous que cela puisse influer sur la circulation? (Aux voix! aux voix!)

M. DE SOUBEYRAN. Mais ce n'est pas une question de quotité dans le produit de l'impôt! Quoi! c'est pour 300 ou 400 mille francs que vous allez manquer aux engagements pris dans la loi de 1865 et à un point essentiel de la loi! (Bruit! Aux voix! aux voix!)

M. LANGLOIS. Chacun plaide pour son saint!

M. LE PRÉSIDENT. Je mets aux voix l'amendement de M. de Soubeyran.

(L'amendement, mis aux voix, n'est pas adopté).

M. LE PRÉSIDENT. Je mets aux voix l'article 18.

(L'article 18 est mis aux voix et adopté).

M. LE PRÉSIDENT. Je consulte maintenant l'Assemblée sur le paragraphe additionnel proposé par M. Claude.

(Le paragraphe additionnel de M. Claude (des Vosges), mis aux voix, n'est pas adopté).

« Art. 19. — Une remise de 2 pour 100 sur le timbre est accordée, à titre de déchet, à ceux qui feront timbrer préalablement leurs formules de quittances, reçus ou décharges. »

(L'article 19, mis aux voix, est adopté).

« Art. 20. — Sont seuls exceptés du droit de timbre de 10 centimes :

« 1° Les acquits inscrits sur les chèques, ainsi que sur les lettres de change, billets à ordre et autres effets de commerce assujettis au droit proportionnel ;

« 2° Les quittances de 10 francs et au-dessous, quand il ne s'agit pas d'un à-compte ou d'une quittance finale sur une plus forte somme ;

« 3° Les quittances énumérées en l'article 16 de la loi du 13 brumaire, à l'exception de celles relatives aux traitements et émoluments des fonctionnaires, officiers des armées de terre et de mer, et employés salariés par l'État, les départements, les communes et tous les établissements publics ;

« 4° Les quittances délivrées par les comptables de deniers publics, celles des douanes, des contributions indirectes et des postes, qui restent soumises à la législation qui leur est spéciale.

« Toutes autres dispositions contraires sont abrogées. »

M. LE PRÉSIDENT. M. Pagès-Duport a présenté un amendement au paragraphe 2.

Je lui donne la parole.

M. Pagès-Duport. Messieurs, l'article 20 de la commission contient une disposition qui consacre une illégalité choquante entre les contribuables.

Voici cette disposition :

« Sont exceptées du droit de timbre de 10 centimes les quittances de 10 francs et au-dessous, quand il ne s'agit pas d'un à-compte ou d'une quittance finale sur une plus forte somme. »

Ainsi, s'il s'agit d'un acheteur qui acquitte une somme totale en plusieurs fois, il sera obligé de payer le timbre de 10 centimes sur chaque quittance. Mais s'il s'agit d'un acheteur qui peut payer en entier la chose achetée, il n'acquittera qu'une seule fois l'impôt. Je trouve qu'il y a là une très-grande injustice, et je propose de rédiger ainsi le paragraphe 2 :

« Sont seules exceptées du droit de timbre de 10 centimes les quittances de 10 francs et au-dessous, sauf le premier à-compte d'une somme totale supérieure à 10 francs. »

De la sorte, vous rétablissez l'égalité entre les classes heureuses et les classes malheureuses. En effet, Messieurs, vous ne pouvez pas contraindre un acheteur qui ne peut se libérer que par à-compte à payer cinq ou six fois, jusqu'à dix fois l'impôt, tandis que celui qui paye au comptant ne reçoit qu'une seule quittance et ne subit qu'un timbre de 10 centimes. (Approbation sur plusieurs bancs.)

M. le Président. Je mets d'abord aux voix le paragraphe 1er de l'article 20 nouveau, qui n'est pas contesté.

(Le paragraphe 1er est mis aux voix et adopté).

M. le Président. M. Pagès-Duport a proposé de rédiger ainsi le second paragraphe :

« Les quittances de 10 francs et au-dessous , sauf le premier à-compte d'une somme totale supérieure à 10 francs. »

Je mets aux voix l'amendement de M. Pagès-Duport. (L'amendement, mis aux voix, n'est pas adopté.)

M. le Président. Je mets aux voix les paragraphes second et suivants de l'article 20.

La dernière partie de l'article 20 est mise aux voix et adoptée.

L'ensemble de l'article 20 est ensuite mis aux voix et adopté.

. . . .

. . . .

« Art. 21. — Les sociétés, compagnies, assureurs, entrepreneurs de transports et tous autres, assujettis aux vérifications des agents de l'enregistrement par les lois en vigueur, sont tenus de représenter auxdits agents leurs livres, registres , titres , pièces de recette , de dépense et de comptabilité , afin qu'ils s'assurent de l'exécution des lois sur le timbre.

« Tout refus de communication sera constaté par procès-verbal et puni d'une amende de 100 francs à 1,000 francs. » — Adopté.

. . . .

. . . .

« Art. 22. — Toute contravention aux dispositions de l'article 18 sera punie d'une amende de 50 fr. L'amende sera due par chaque acte, écrit, quittance, reçu ou décharge, pour lequel le droit de timbre n'aurait pas été acquitté.

« Le droit de timbre est à la charge du débiteur; néanmoins, le créancier qui a donné quittance, reçu ou décharge, en contravention des dispositions de l'article 18, est tenu personnellement et sans recours, nonobstant toute stipulation contraire, du montant des droits, frais et amendes.

« La contravention sera suffisamment établie par la représentation des pièces non timbrées et annexées aux procès-verbaux que les employés de l'enregistrement, les officiers de police judiciaire, les agents de la force publique, les préposés des douanes, des contributions indirectes et ceux des octrois, sont autorisés à dresser, conformément aux articles 31 et 32 de la loi du 13 brumaire an 7. Il leur est attribué un quart des amendes recouvrées.

« Les instances seront instruites et jugées selon les formes prescrites par l'article 76 de la loi du 28 avril 1816. » — Adopté.

« Art 23. — Un règlement d'administration publique déterminera la forme et les conditions d'emploi des timbres mobiles créés en exécution de la présente loi. Toute infraction aux dispositions de ce règlement sera punie d'une amende de 20 francs.

« Sont applicables à ces timbres les dispositions de l'article 21 de la loi du 11 juin 1859.

« Sont considérés comme non timbrés :

1° Les actes, pièces ou écrits sur lesquels le timbre mobile aurait été apposé sans l'accomplissement des conditions prescrites par le règlement d'administration publique, ou sur lesquels aurait été apposé un timbre ayant déjà servi ;

2° Les actes, pièces ou écrits sur lesquels un timbre mobile aurait été apposé en dehors des cas prévus par l'article 18. » — Adopté.

. . . .

(L'ensemble du projet a été adopté dans la séance du

23 août 1871. — La loi a été promulguée au *Journal officiel* du 25 août 1871).

LOI DU 23 AOUT 1871.

Art. 18. — A partir du 1er décembre 1871 , sont soumis à un droit de timbre de 10 centimes :

1° Les quittances ou acquits donnés au pied des factures ou mémoires, les quittances pures et simples, reçus ou décharges de sommes , titres, valeurs ou objets, et généralement tous les titres, de quelque nature qu'ils soient , signés ou non signés , qui emporteraient libération , reçu ou décharge ;

2° Les chèques , tels qu'ils sont définis par la loi du 14 juin 1865 , dont l'art. 7 est et demeure abrogé. (1)

---

(1) *L. 14 juin 1865.* — Article 1er. Le chèque est l'écrit qui, sous forme d'un mandat de payement, sert au tireur à effectuer le retrait, à son profit ou au profit d'un tiers, de tout ou partie de fonds portés au crédit de son compte chez le tiré et disponibles. — Il est signé par le tireur et porte la date du jour où il est tiré. — Il ne peut être tiré qu'à vue. — Il peut être souscrit au porteur ou au profit d'une personne dénommée. — Il peut être souscrit à ordre et transmis même par voie d'endossement en blanc.

Art. 7 (abrogé). Les chèques sont exempts de tout droit de timbre pendant dix ans, à dater de la promulgation de la présente loi.

Le droit est dû pour chaque acte, reçu, décharge ou quittance ; il peut être acquitté par l'apposition d'un timbre mobile, à l'exception toutefois du droit sur les chèques, lesquels ne peuvent être remis à celui qui doit en faire usage sans qu'ils aient été préalablement revêtus de l'empreinte du timbre à l'extraordinaire.

Le droit de timbre de 10 centimes n'est applicable qu'aux actes faits sous signatures privées et ne contenant pas de dispositions autres que celles spécifiées au présent article.

Art. 19. — Une remise de 2 0/0 sur le timbre est accordée, à titre de déchet, à ceux qui feront timbrer préalablement leurs formules de quittances, reçus ou décharges.

Art. 20. — Sont seuls exceptés du droit de timbre de 10 centimes :

1° Les acquits inscrits sur les chèques, ainsi que sur les lettres de change, billets à ordre et autres effets de commerce assujettis au droit proportionnel ;

2° Les quittances de 10 francs et au-dessous, quand il ne s'agit pas d'un à-compte ou d'une quittance finale sur une plus forte somme ;

3° Les quittances énumérées en l'article 16 de la loi du 13 brumaire an 7 (1), à l'exception de celles relatives

---

(1) *Extrait de l'art. 16 de la loi du 13 brumaire an 7.* — Sont exceptés du droit et de la formalité du timbre, savoir :

...... Les quittances ou récépissés délivrés aux collecteurs et receveurs de deniers publics ; celles que les collecteurs de contributions directes peuvent délivrer aux contribuables ; celles des contributions indirectes qui s'expédient sur les actes, et celles de toutes les autres contributions qui se aux traitements et émoluments des fonctionnaires, officiers des armées de terre et de mer, et employés salariés par l'État, les départements, les communes et tous les établissements publics ;

4° Les quittances délivrées par les comptables de deniers publics, celles des douanes, des contributions indirectes et des postes qui restent soumises à la législation qui leur est spéciale. (1).

---

délivrent sur feuilles particulières et qui n'excèdent pas 10 francs ;

Les quittances des secours payés aux indigents, et des indemnités pour incendies, inondations, épizooties et autres cas fortuits ;

Toutes autres quittances, même celles entre particuliers, pour créances en sommes non excédant 10 francs, quand il ne s'agit pas d'un à-compte ou d'une quittance finale sur une plus forte somme ;

...... Les quittances pour prêt et fournitures,........... et autres pièces ou écritures concernant les gens de guerre, tant pour le *service de terre que pour le service de mer ;*...

(1) *Comptables de deniers publics.* — *L. 8 juillet 1865.* — Art. 4. Le timbre des quittances de produits et revenus de toute nature, délivrées par les comptable de deniers publics, est réduit à 20 centimes (25 cent., L. du 23 août 1871, art. 2). La délivrance de ces quittances est obligatoire. Le prix du timbre, lorsqu'il est exigible, s'ajoute de plein droit au montant de la somme due, et est soumis au même mode de recouvrement.

Sont maintenues les dispositions de l'art. 16 de la loi du 13 brumaire an 7, concernant les contributions directes, et celles des art. 19 et 243 de la loi du 28 avril 1816, relatives aux quittances des douanes et à celles des contributions indirectes.

Douanes. — *L. 28 avril 1816.* — Art. 19. Les actes délivrés

Toutes autres dispositions contraires sont abrogées.

Art. 22. — Les sociétés, compagnies, assureurs, entrepreneurs de transports et tous autres, assujettis aux vérifications des agents de l'enregistrement par les lois en vigueur, sont tenus de représenter auxdits agents leurs livres, registres, titres, pièces de recette, de dépense et de comptabilité afin qu'ils s'assurent de l'exécution des lois sur le timbre.

Tout refus de communication sera constaté par procès-verbal et puni d'une amende de 100 francs à 1,000 francs.

Art. 23. — Toute contravention aux dispositions de l'art. 18 sera punie d'une amende de 50 francs. L'amende sera due par chaque acte, écrit, quittance, reçu ou

---

par les douanes porteront un timbre particulier, dont le droit est réglé comme suit, sans qu'il puisse y avoir addition du décime : pour les acquits à caution, les actes relatifs à la navigation et les commissions d'emploi, 75 centimes ; pour les quittances de droits au-dessus de 10 francs, 25 centimes ; pour toutes autres expéditions, 5 centimes.

L'administration des douanes fera elle-même appliquer ce timbre, et comptera de son produit.

Les dispositions ci-dessus ne concernent pas les actes judiciaires dressés par les agents des douanes. Ces actes seront assujettis au timbre ordinaire.

Contributions indirectes. — L. 28 avril 1816. — Art 243. Les expéditions et quittances délivrées par les employés seront marquées d'un timbre spécial dont le prix est fixé à 10 centimes.

Postes. — L. 8 juin 1864. — Art. 6. A partir du 1er janvier 1865, est réduit à 20 centimes (25 cent., L. du 23 août 1871, art. 2) le droit de timbre dû pour les reconnaissances de valeurs cotées ou les quittances de sommes au-dessus de 10 francs, envoyées par l'administration des postes.

décharge, pour lequel le droit de timbre n'aurait pas été acquitté (1).

Le droit de timbre est à la charge du débiteur (2); néanmoins, le créancier qui a donné quittance, reçu ou décharge en contravention aux dispositions de l'art. 18, est tenu personnellement et sans recours, nonobstant toute stipulation contraire, du montant des droits, frais et amendes (3).

La contravention sera suffisamment établie par la représentation des pièces non timbrées et annexées aux procès-verbaux que les employés de l'enregistrement, les officiers de police judiciaire, les agents de la force publique, les préposés des douanes, des contributions indirectes et ceux des octrois, sont autorisés à dresser conformément aux art. 31 et 32 de la loi du 13 brumaire an 7 (4). Il leur est attribué un quart des amendes recouvrées.

---

(1) La délivrance d'une quittance non timbrée, par un comptable public, est également punie d'une amende de 50 francs, en vertu de l'article 22 de la loi du 2 juillet 1862.

(2) Il n'est rien innové à l'article 29 de la loi du 13 brumaire an 7, portant : Le timbre des quittances fournies à la République ou délivrées en son nom, est à la charge des particuliers qui les donnent ou les reçoivent.

(3) Cette disposition crée une exception à l'article 75 de la loi du 28 avril 1816, ainsi conçu : Seront *solidaires* pour le payement des droits de timbre et des amendes: tous les signataires, pour les actes synallagmatiques; les prêteurs et les emprunteurs, pour les obligations; *les créanciers et les débiteurs, pour les quittances*.....................

(4) *Loi du 13 brumaire an 7.* — Art. 31. Les préposés de la régie sont autorisés à retenir les actes, registres

Les instances seront instruites et jugées selon les formes prescrites par l'art. 76 de la loi du 28 avril 1816 (1).

Art. 24. Un règlement d'administration publique déterminera la forme et les conditions d'emploi des timbres mobiles créés en exécution de la présente loi. Toute infraction aux dispositions de ce règlement sera punie d'une amende de 20 francs.

Sont applicables à ces timbres les dispositions de l'article 21 de la loi du 11 juin 1859 (2).

---

ou effets en contravention à la loi du timbre, qui leur seront présentés, pour les joindre aux procès-verbaux qu'ils en rapporteront, à moins que les contrevenants ne consentent à signer lesdits procès-verbaux ou à acquitter sur-le-champ l'amende encourue et le droit de timbre.

(L'article 32 de la même loi a été modifié par l'article 76 de la loi du 28 avril 1816).

(1) *Loi du 28 avril 1816.* — Art. 76. Le recouvrement des droits de timbre et des amendes de contravention, y relatives, sera poursuivi par voie de contrainte; et, en cas d'opposition, les instances seront instruites et jugées selon les formes prescrites par les lois des 22 frimaire an 7 et 27 ventôse an 9 sur l'enregistrement. (Instruction faite sur simples mémoires respectivement signifiés. — Jugements sans appel.)

En cas de décès des contrevenants, lesdits droits et amendes seront dus par leurs successeurs, et jouiront, soit dans les successions, soit dans les faillites ou tous autres cas, du privilége des contributions directes (V. loi du 12 novembre 1808, art. 1er).

(2) *L. 11 juin 1859.* — Art. 21. Ceux qui auront sciemment employé, vendu ou tenté de vendre des timbres mobiles ayant déjà servi, seront poursuivis devant le tribunal correctionnel et punis d'une amende de 50 francs à 1,000 francs. En cas de récidive, la peine sera d'un emprisonnement de cinq jours à un mois et l'amende sera doublée. — Il pourra être fait application de l'art. 463 du Code pénal.

Sont considérés comme non timbrés : 1° les actes, pièces ou écrits sur lesquels le timbre mobile aurait été apposé sans l'accomplissement des conditions prescrites par le règlement d'administration publique, ou sur lesquels aurait été apposé un timbre ayant déjà servi ; 2° les actes, pièces ou écrits sur lesquels un timbre mobile aurait été apposé en dehors des cas prévus par l'art. 18.

DÉCRET DU 27 NOVEMBRE 1871

Art. 1ᵉʳ. — Il est établi, pour l'exécution de l'art. 18 de la loi sus visée (Loi du 23 août 1871), un timbre mobile à 10 centimes, conforme au modèle annexé au présent décret.

L'administration de l'enregistrement, des domaines et du timbre fera déposer au greffe des cours et tribunaux des spécimens de ce timbre mobile. Le dépôt sera constaté par un procès-verbal dressé sans frais.

Art. 2. — Ce timbre mobile est apposé sur les quittances ou acquits donnés au pied des factures et mémoires, les quittances pures et simples, les reçus ou décharges de sommes, titres, valeurs ou objets, et généralement sur tous les titres, de quelque nature qu'ils soient, signés ou non signés, et qui emporteraient libération, reçu ou décharge.

Ce timbre est collé et immédiatement oblitéré par l'apposition, *à l'encre noire*, en travers du timbre, de la signature du créancier ou de celui qui donne reçu ou décharge, ainsi que de la date de l'oblitération.

Cette signature peut être remplacée par une griffe apposée *à l'encre grasse*, faisant connaître la résidence, le nom ou la raison sociale du créancier et la date de l'oblitération du timbre.

Art. 3. — Les ordonnances, taxes, exécutoires et généralement tous mandats payables sur les caisses publiques, les bordereaux, quittances, reçus ou autres pièces peuvent être revêtus du timbre à 10 centimes par les agents chargés du payement. Le timbre est oblitéré, au moyen d'une griffe, par ces agents, qui demeurent responsables des contraventions commises à raison des pièces acquittées à leur caisse.

Les sociétés et compagnies, assureurs, entrepreneurs de transport et tous autres, assujettis aux vérifications des agents de l'enregistrement par l'art. 22 de la loi du 23 août 1871 et par les lois antérieures, peuvent également, sous leur responsabilité, user de la même faculté, en ce qui concerne les actions, obligations, dividendes et intérêts payables au porteur, les rentes sur l'étranger, ainsi que toutes autres pièces de dépense, états de solde et d'émargement.

Art. 4. — Les sociétés, compagnies et particuliers qui, pour s'affranchir de l'obligation d'apposer et d'oblitérer les timbres mobiles, veulent soumettre au timbre à l'extraordinaire des formules imprimées pour quittances, reçus ou décharges sont tenus de déposer ces formules et d'acquitter les droits (sauf la remise de 2 0/0 accordée à titre de déchet) au bureau de l'enregistrement de leur résidence ou à celui qui sera désigné par l'administration, s'il existe plusieurs bureaux dans la même ville.

Art. 5. — Les formules d'états de solde ou de payement, dits états *d'émargement*, les registres de factage ou de camionnage et les autres documents pour lesquels il est dû un droit de timbre, par chaque payement excédant 10 francs ou par chaque objet reçu ou déposé, ne peuvent être timbrés à l'extraordinaire qu'autant que le droit à percevoir, par chaque page, correspondra à l'une des quotités des timbres de dimension en usage (actuellement 0 fr. 60, 1 fr. 20, 1 fr. 80, 2 fr. 40 et 3 fr. 60).

Art. 6. — Les billets de place délivrés par les compagnies et entrepreneurs, et dont le prix excède 10 francs, peuvent, si la demande en est faite, n'être revêtus d'aucun timbre ; mais ces compagnies et entrepreneurs sont tenus de se conformer au mode de justification et aux époques de payement déterminés par l'administration.

ARRÊTÉ DU 29 DÉCEMBRE 1871.

Art. 1er. — Les compagnies de chemins de fer qui voudront, pour les billets ou bulletins de place, de recettes supplémentaires, de correspondance, de bagages, et de chiens, assujettis au timbre par l'art. 18 de la loi du 23 août 1871, user de la faculté accordée par l'art. 6 du règlement d'administration publique susvisé, percevront, sous leur responsabilité et à leurs risques et périls, les droits de timbre exigibles à raison desdits billets et bulletins.

Le montant de ces droits sera versé, pour toutes les gares du réseau, à l'expiration de chaque mois, et dans les cinq derniers jours du mois suivant, au bureau de l'enregistrement qui sera désigné à cet effet.

Art. 2. — A l'appui du versement il sera fourni, par le directeur de la compagnie, un état indiquant distinctement, par chaque gare de départ, le nombre de billets ou de bulletins assujettis au timbre et délivrés :

1° Pour la circulation des voyageurs ;

2° Pour recettes supplémentaires ;

3° Pour les bagages ;

4° Pour les chiens ;

5° Pour les voitures de correspondance.

Cet état sera certifié conforme aux écritures de la compagnie. Il sera totalisé, et le montant des droits de timbre sera provisoirement liquidé et payé en conséquence.

Si, par suite des vérifications faites par les compagnies, il était reconnu des erreurs ou omissions, les droits se rapportant à ces erreurs ou omissions feraient l'objet d'un état spécial et détaillé indiquant les différences en plus ou en moins. Cet état serait fourni avec celui du mois pendant lequel ces erreurs ou omissions auraient été constatées.

Art. 3. — L'administration pourra faire vérifier, tant au siége social que dans les gares du réseau, si elle le juge convenable, l'exactitude des résultats présentés par les états indiqués à l'article précédent. A cet effet, tous les documents de comptabilité et autres, nécessaires pour la vérification, seront conservés par les compagnies pendant trois mois au moins à partir du jour du versement des droits, pour être communiqués aux agents de l'enregistrement.

Si de cette vérification il résulte un complément de droit au profit du Trésor, il sera acquitté immédiatement. Dans le cas où la vérification ferait ressortir un excédant dans les versements effectués par les compagnies, cet excédant serait imputé sur le montant du plus prochain versement.

Art. 4. — A défaut de versement des droits dans les délais et suivant les formes prescrits ci-dessus, le recouvrement en sera poursuivi contre les compagnies comme en matière de timbre.

Art. 5. — Le présent règlement sera notifié aux compagnies, qui demeurent chargées de le porter à la connaissance de tous les agents comptables de leur réseau. Il sera applicable aux perceptions faites ou à faire pendant le mois de décembre 1871.

Ce règlement pourra être modifié ou complété si l'intérêt du Trésor l'exige.

LOI DU 28 FÉVRIER 1872

Art. 11. — Le droit de décharge de 10 centimes, créé par l'art. 18 de la loi du 23 août 1871, pour constater la remise des objets, sera réuni à la taxe due pour les récépissés et lettres de voiture, qui est fixée ainsi qu'il suit :

Récépissé délivré par les compagnies de chemins de fer (droit de décharge compris), 35 centimes (1).

---

(1) *Loi du 13 mai 1863* — Art. 10. A partir du 1er juillet prochain, est réduit à 20 centimes le droit de

Lettre de voiture (droit de décharge compris), 70 centimes.

~~~~~~~~~

LOI DU 30 MARS 1872

Art. 1er. — A partir du 8 avril 1872, le droit de timbre des récépissés délivrés par les chemins de fer, en exécution de la loi du 13 mai 1863, est fixé, y compris le droit de la décharge donnée par le destinataire, à 70

---

timbre des récépissés, que les compagnies de chemins de fer sont tenues de délivrer aux expéditeurs, lorsque ces derniers ne demandent pas de lettre de voiture. (Droit porté à 25 centimes ; loi du 23 août 1871, art. 2.) — Le récépissé énoncera la nature, le poids et la désignation des colis, les noms et l'adresse du destinataire, le prix total du transport et le délai dans lequel ce transport devra être effectué. — Un double du récépissé accompagnera l'expédition et sera remis au destinataire. — Toute expédition non accompagnée d'une lettre de voiture doit être constatée sur un registre à souche, timbré sur la souche et sur le talon, à peine d'une amende de 50 fr....................

(Par un décret du 2 janvier 1864, il a été établi des timbres mobiles destinés à être apposés sur les récépissés accompagnant les envois venant des pays étrangers ou sur les pièces tenant lieu de récépissés. — Un arrêté du ministre des finances, du 7 mai 1864, a autorisé les receveurs des bureaux de douanes *frontière de terre*, placés dans les gares des chemins de fer, à apposer ces timbres mobiles).
~~~~~~~~~

centimes pour chacun des transports effectués autrement qu'en grande vitesse.

Ces récépissés pourront servir de lettres de voiture pour les transports qui, indépendamment des voies ferrées, emprunteront les routes, canaux et rivières. Les modifications qui pourraient survenir en cours d'expédition, tant dans la destination que dans le prix et les conditions du transport, pourront être écrites sur ces récépissés.

Le droit de 70 centimes n'est pas assujetti aux décimes.

Art. 2. — Les entrepreneurs de messageries, et autres intermédiaires de transports, qui réunissent en une ou plusieurs expéditions des colis ou paquets envoyés à des destinataires différents, sont tenus de remettre aux gares expéditrices un bordereau détaillé et certifié, écrit sur papier non timbré, et faisant connaître le nom et l'adresse de chacun des destinaires réels.

Il sera délivré, outre le récépissé pour l'envoi collectif, un récépissé spécial à chaque destinataire. Ces récépissés spéciaux ne donneront pas lieu à la perception du droit d'enregistrement au profit des compagnies de chemins de fer, mais ils seront établis par les entrepreneurs de transports eux-mêmes, sur des formules timbrées que les compagnies de chemins de fer tiendront à leur disposition, moyennant remboursement des droits et frais. Les numéros de ces récépissés seront mentionnés sur le registre de factage ou de camionnage que lesdits entrepreneurs ou intermédiaires seront tenus de faire signer pour décharge par les destinataires.

Ces livres ou registres seront représentés, à toute réquisition, aux agents de l'enregistrement.

Chaque contravention aux dispositions qui précèdent, sera punie d'une amende de 50 francs, et de 100 francs en cas de récidive dans le délai d'un an.

Ces contraventions seront constatées par tous les agents ayant qualité pour verbaliser en matière de timbre, et par les commissaires de surveillance administrative.

LOI DU 30 MARS 1872

(AUTRE)

Art. 4. — Sont exempts du droit de timbre des quittances, reçus ou décharges de toute nature, les reconnaissances et reçus donnés, soit par lettres, soit autrement, pour constater la remise d'effets de commerce à négocier, à accepter ou à encaisser.

FIN DE L'APPENDICE.

Foix , typographie et lithographie POMIÈS.

www.ingramcontent.com/pod-product-compliance
Lightning Source LLC
LaVergne TN
LVHW050304060726

842525LV00002B/405